A. DEDENON

HISTOIRE DU BLAMONTOIS

DANS LES

TEMPS MODERNES

I. Le Comté de Blâmont, annexé au Duché de Lorraine.
II. La Prévôté et le Bailliage.
III. Le District et les Cantons.
IV. Le Canton actuel de Blâmont.

Ouvrage honoré d'une subvention de la Ville de Blâmont

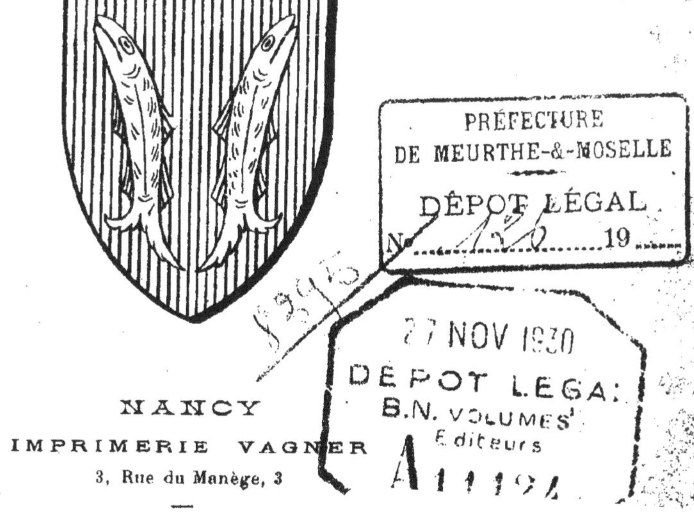

NANCY
IMPRIMERIE VAGNER
3, Rue du Manège, 3

1930

HISTOIRE DU BLAMONTOIS

DANS LES

TEMPS MODERNES

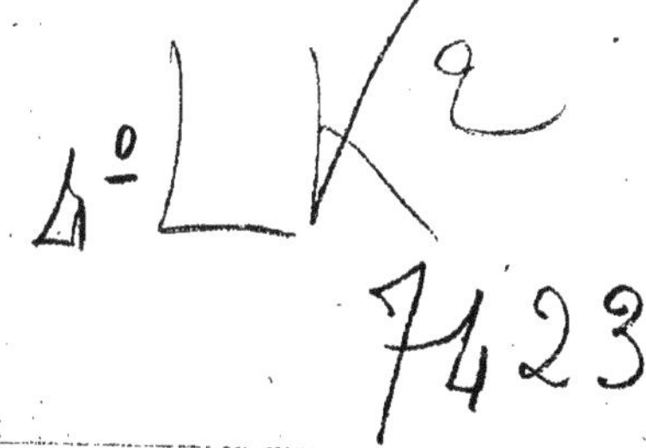

HISTOIRE DU BLAMONTOIS

DANS LES

TEMPS MODERNES

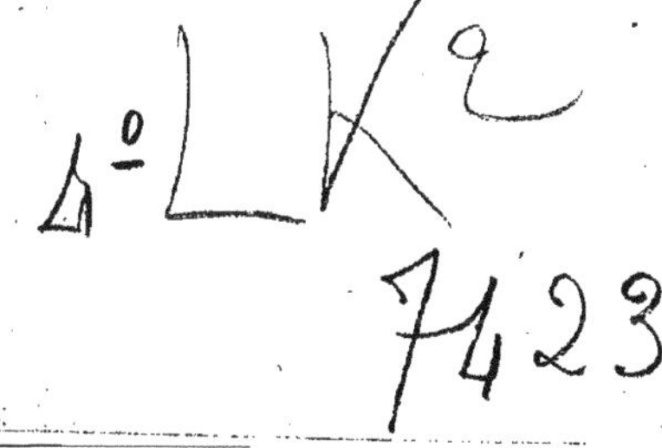

A. DEDENON

HISTOIRE DU BLAMONTOIS

DANS LES

TEMPS MODERNES

I. Le Comté de Blâmont, annexé au Duché de Lorraine.
II. La Prévôté et le Bailliage.
III. Le District et les Cantons.
IV. Le Canton actuel de Blâmont.

Ouvrage honoré d'une subvention de la Ville de Blâmont

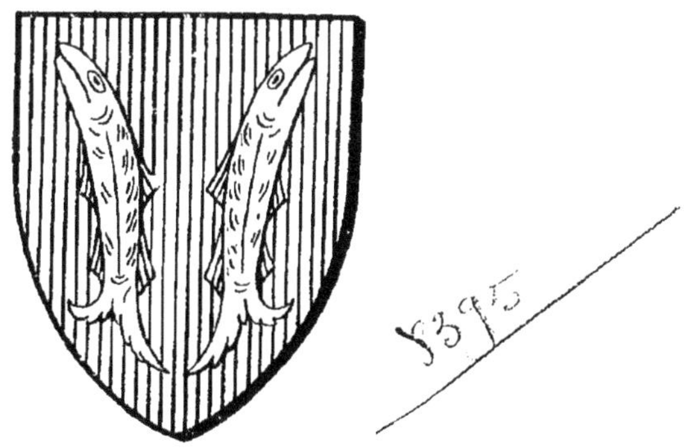

NANCY
IMPRIMERIE VAGNER
3, Rue du Manège, 3

1930

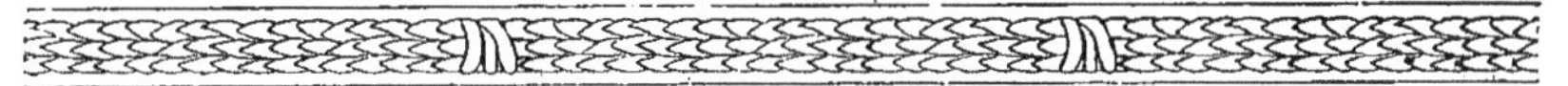

AVANT-PROPOS

L'histoire du Blâmontois n'est pas dépourvue d'intérêt, surtout pour les personnes qui l'habitent ou qui, nées dans ce pays, ont gardé avec lui quelque attache. A tout cœur bien né la patrie est chère, la petite patrie aussi bien que la grande.

Nous possédons déjà une notable partie de cette histoire. Elle est contenue dans la remarquable notice de M. le comte E. de Martimprey sur Les Sires et Comtes de Blâmont, *publiée par la* Société d'Archéologie Lorraine, *dans ses* Mémoires *de 1890 et 1891. Là se trouve exposée la période des débuts, avec la formation du Comté et les gestes de la famille qui l'a gouverné, non sans éclat, pendant trois siècles. Peu de détails ont échappé au chroniqueur consciencieux, et son mérite est grand d'avoir mis en pleine lumière un passé si lointain. Il serait superflu de revenir sur ses patientes recherches.*

Mais son étude s'arrête aux premières années du XVIe *siècle, au moment où s'éteint la noble famille des Comtes de Blâmont. Le pays n'en a pas moins continué ses destinées jusqu'à nos jours, et les phases nouvelles de son histoire sont comparables aux anciennes pour leur importance et leur intérêt.*

Nous nous proposons d'aborder ce sujet et de retracer cette période plus rapprochée de nous. L'étude en sera plus facile, puisqu'avec le temps les documents deviennent plus clairs et plus abondants et qu'il suffira d'en faire un classement méthodique. Notre seule ambition est d'offrir un récit succinct, substantiel, en laissant au lecteur curieux le soin de retrouver des détails plus complets dans les sources que nous indiquerons.

L'évolution des faits nous servira de guide pour la marche et les divisions du livre. Il nous faudra donc envisager successivement le pays sous l'autorité des ducs de Lorraine : Comté annexé; sous le régime français : Prévôté et Bailliage; sous la Révolution et l'Empire : District et Canton; enfin sous les divers régimes qui se sont succédé au XIXe siècle : Canton actuel.

Nous nous arrêterons à la guerre franco-allemande de 1870. Vouloir étudier les faits contemporains serait une entreprise inutile, puisque les témoins sont là, qui se souviennent encore, et surtout très délicate, puisqu'il faut le recul du temps pour voir les événements sous leur vrai jour.

Nous nous faisons un devoir et une joie d'exprimer ici notre vive reconnaissance à des amis nombreux, et particulièrement à MM. les chanoines Munier et Ségault, qui, par leur précieux concours, nous ont facilité la tâche et, par leurs conseils encourageants, ont su vaincre nos longues hésitations.

Les monographies étaient naguère en grande faveur. Un fervent partisan de ces études modestes, M. E. Babelon, souhaitait pour elles un exposé clair, substantiel et agréable, fait par un enfant du lieu, pour les gens du pays, tout imprégné des senteurs du terroir, capable d'évoquer l'ombre des aïeux. Pour y réussir, ajoutait-il, le talent est moins nécessaire que l'amour du sujet. Avons-nous eu tort de suivre ce conseil? Nous espérons, du moins, que, suppléant aux lacunes de notre œuvre, le lecteur indulgent ne refusera pas à ces pages un bienveillant accueil.

AUTEURS CONSULTÉS

E. AMBROISE. — *Les vieux Châteaux de la Vesouze* (Pays Lorrain, 1910).

Notice sur les Châtelains de Blâmont.

L'arrondissement de Lunéville avant Léopold.

Le Procès des Baronnies (Mém. Acad. Stan., 1911, 1912).

Le Pays des Baronnies (B.S.A.L., 1914, 1919, 1920, 1921).

Annuaires de la Meurthe.

Archives départementales de M.-et-M. (Séries B., H., I., Q.)

Archives départementales des Vosges (Série G.).

Archives communales de Blâmont et des villages environnants.

BAQUOL. — *Dictionnaire du Haut et du Bas-Rhin.*

BAUMONT. — *Histoire de Lunéville.*

BÉNÉDICTINS. — *Histoire générale de Metz.*

A. BENOIT. — *Etude sur le pays de Lunéville* (M.S.A.L., 1865).

Les Abbayes cisterciennes (J.S.A.L., 1867).

La Garde d'Honneur à cheval de Lunéville.

Invasion de 1814 dans les Vosges.

La défense de Toul en 1815.

Les corps francs du Ct Brice en Lorraine.

BERNHARDT. — *Deneuvre et Baccarat.*

F. BOUVIER. — *Les premiers Combats de 1814.*

Brisach. — *Journal de Marche du 1er bataillon de la Garde Mobile de la Meurthe* (Paris, 1882).

Brun. — *Les Chefs d'Etat à Lunéville en 1831.*

D. Calmet. — *Histoire de Lorraine.*
Histoire de l'Abbaye de Senones (Edition Dinago).

E. Chatton. — *Histoire de l'Abbaye de Saint-Sauveur et Domèvre* M.S.A.L., 1897-1898).
Itinéraire des Reîtres en Lorraine, en 1587 (M.S.A.L., 1911).

Constantin. — *L'Election de l'Evêque constitutionnel de la Meurthe en 1791* (Rev. quest. hist., 1913).

Ch. Cuissard. — *Notes pour servir à l'Histoire de Cirey* (Paris, Chapelot, 1914).

E. Delorme. — *L'arrondissement de Lunéville.*

E. Duvernoy. — *Inventaire des Archives communales de l'arrondissement de Lunéville.*

Guerrier. — *Annales de Lunéville.*

L. Jérôme. — *Les Cahiers du Clergé lorrain aux Etats Généraux de 1789* (Berger-Levrault, 1919).

H. Lepage. — *L'ancien Diocèse de Metz et pouillés de ce Diocèse.*
Les Communes de la Meurthe.
Le Département de la Meurthe.
Les Seigneurs et le Château de Turkestein (M.S.A.L., 1886).

Marchal. — *Histoire de Lunéville.*

E. Martin. — *Histoire du Diocèse de Nancy et de Toul.*

E. de Martimprey. — *Les Sires et Comtes de Blâmont* (M.S.A.L., 1890-1891).
L'Abbaye de Haute-Seille (M.S.A.L., 1887).

Meurisse. — *Histoire des Evêques de Metz.*

Nollet-Faber. — *La Lorraine militaire.*

D. Pelletier. — *Nobiliaire de Lorraine.*

Pfister. — *Histoire de Nancy.*

des Robert. — *Les Campagnes de Charles IV.*

Roussel. — *Histoire générale de la Guerre franco-allemande en 1870.*

Saucerotte. — *Lunéville pendant la Guerre de 1870 et le rapatriement.*

L. Schaudel. — *Badonviller.*

Ségur (le Comte de). — *Mémoires du général Comte de Ségur* (t. III, 1895).

SELLÈRE (le Baron). — *Documents pour servir à l'Histoire de la Principauté de Salm.*

Souvenirs de Lunéville de 1814 à 1826 (Journal de Lunéville, 1895, mars et avril).

VIVILLE. — *Dictionnaire de la Moselle.*

MASSU. — *Les Mémoires de Massu* (manuscrit de la Biblioth. municip. de Nancy).

Dessin de J. Divoux. LE VIEUX CHATEAU DE BLAMONT, VU DE L'OUEST *D'après un Cliché Weick, Saint-Dié.*

PREMIÈRE PARTIE

Le Comté de Blâmont, annexé au Duché de Lorraine

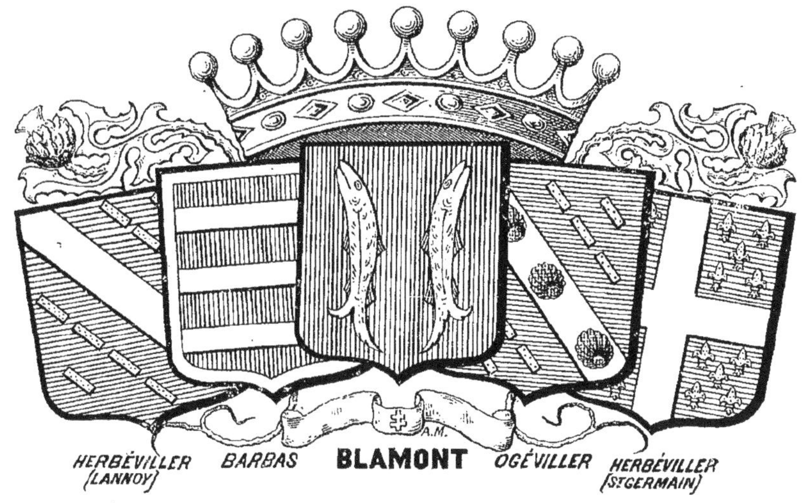

I

Cession du Comté au Duc René II

1° Actes de transmission

A la mort de Louis de Blâmont, dernier rejeton masculin de sa famille, tout son apanage échut à son oncle, Olry II, évêque de Toul. Ce prélat, très âgé et souffreteux, languissait en son château de Mandres-aux- Quatre-Tours, et faisait prévoir une fin prochaine. Le duc René II n'était pas sans l'apercevoir. Non seulement il avait flatté la vanité du vieillard, en lui procurant la mitre, mais il l'accablait encore de prévenances intéressées. Ses calculs ne le trompèrent point.

En 1500, Olry fit au Duc la promesse formelle de lui céder tout son avoir après sa mort, sauf à en garder l'usufruit sa vie durant.

En 1503, il lui permit d'en prendre possession effective. La cérémonie d'usage fut fixée au dimanche 24 mars pour Deneuvre, au 27 mars pour Blâmont, au 30 mars pour Mandres (1). Le 16 mars 1504, un nouvel acte réitéra la donation, tout en accentuant la réserve d'usufruit.

Enfin, en 1506, la cession devint définitive, le testateur ayant terminé, le 6 mai, sa longue et pénible agonie.

---

(1) On peut lire la relation de cette cérémonie curieuse dans les *Communes*, de Lepage : articles : Deneuvre, Blâmont, Mandres, qui reproduisent la pièce B. 578 des *Archives départementales*.

On sait que *la Ban-cloche* de Blâmont sonna son glas funèbre, pendant trois jours et trois nuits, et qu'un mausolée fut érigé à sa mémoire dans la Collégiale (1). On sait aussi que la Collégiale de Deneuvre reçut sa dépouille mortelle. Puis ce fut l'oubli autour d'une figure qui ne fut pas sans mérite et qui reste une gloire pour le Blâmontois.

Cependant une telle succession souleva d'assez vives oppositions, Bonne de Neufchâtel, veuve de Louis de Blâmont, remariée à Guillaume de Fürstemberg, rêvait d'achever ses jours au château qui avait abrité les années de son premier mariage, et elle réclamait, en outre, une somme de 1.200 florins pour son douaire, et de 120 florins pour la rente de son *Morgengaw* (Cadeau de mariage). René II n'accorda pas la jouissance du château, mais se montra bon prince, en concédant une rente annuelle de 1.000 francs barrois et une somme de 2.000 livres, une fois payée, pour les arrérages (2).

Yolande de la Haye, petite nièce de l'Evêque défunt, opposa des revendications plus difficiles à écarter (3). Ses prétentions s'appuyaient sur les coutumes de Bar et de Metz. Elle les fit valoir devant la Cour, réunie à Bar, en 1504; un docteur ès-lois était son mandataire. Une sentence du 3 juin éluda la plaidoirie et décida que « Messire Olry, « oncle de feu Loys de Blâmont, était son plus proche héritier mâle, « habile à lui succéder en la moitié des terres de Blâmont, lui-même « possédant l'autre moitié par un partage de famille remontant à « 40 ans; que la comtesse de Nemours (Yolande), au contraire, était « inhabile à succéder, ces fiefs étant tous masculins... »

Mais, se croyant victime d'un déni de justice, la plaignante, appuyée par son mari, fit savoir qu'elle porterait appel partout où besoin serait, devant le Roi de France, ou même devant l'Empereur. C'est au cours de ce procès que s'éteignit l'Evêque. Yolande en profita pour réclamer même la part de ce dernier, et, en somme, revendiquer tout l'héritage.

Pour en finir, René II proposa une transaction qui fut acceptée, le 25 août 1507 : Yolande devait se contenter de 12.000 livres tournois et renoncer à toute prétention contraire à la jouissance du Duc.

L'un et l'autre ne se doutaient pas qu'ils touchaient à la fin de leur carrière. Yolande mourut quelques mois après, le Duc descendit dans la tombe, l'année suivante, le 10 décembre 1508, à la suite d'un refroidissement contracté au cours d'une chasse aux loups dans sa propriété de Fains.

On ne voit pas qu'il ait pris contact avec ses nouveaux sujets; le temps lui en manqua. Cependant il s'était soucié de régler le sort des officiers qu'il voulait donner aux seigneuries de Deneuvre et de Blâmont. Il disjoignit ces deux seigneuries, mais pour les annexer toutes

---

(1) Voir dans B. 3234, la dépense payée à cet effet à l'ymaigier Gilles, de Neufchâteau.

(2) Voir *Archives départementales M.-et-M.*, B. 578, n°s 16-17-18.

(3) Elle était petite-fille de Jean de la Haye et d'Isabelle de Blâmont; mariée quatre fois en quinze ans, elle mourut à Paris, en 1507, après une vie mouvementée, où le jeu et la dépense eurent une trop grande place.

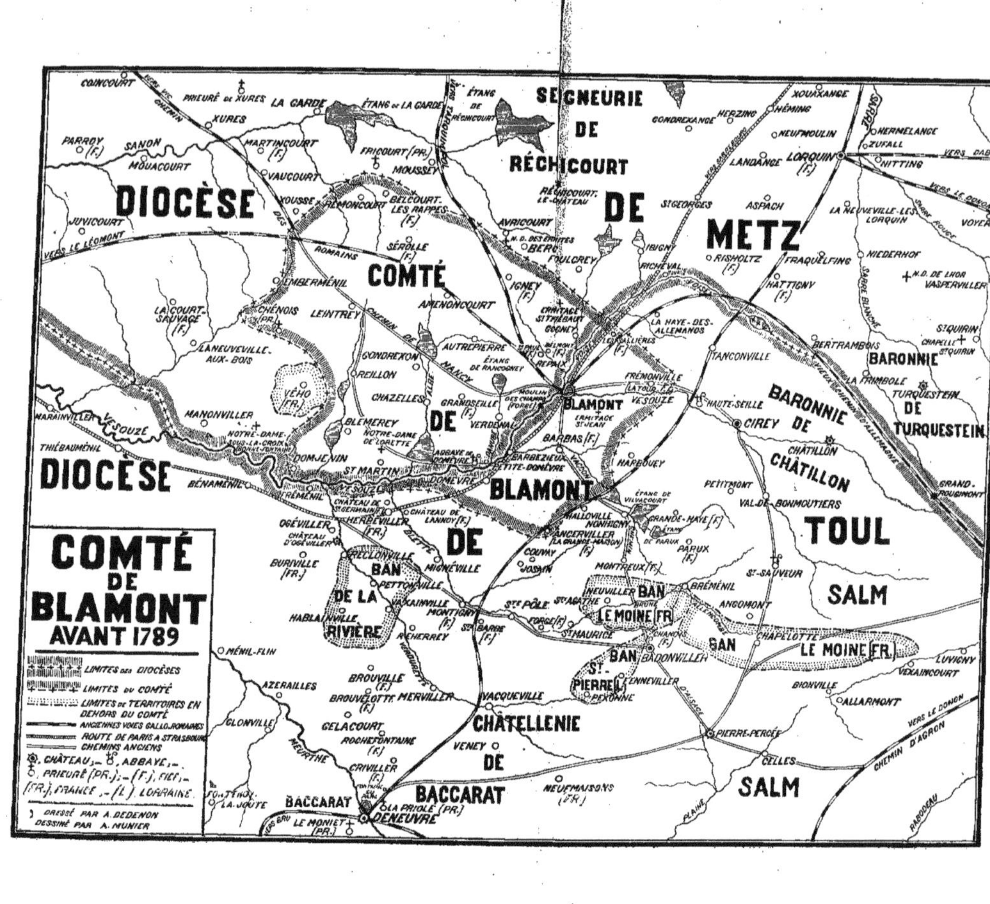
COMTÉ DE BLAMONT AVANT 1789
LIMITES DES DIOCÈSES
LIMITES DU COMTÉ
LIMITES DE TERRITOIRES EN DEHORS DU COMTÉ
ANCIENNES VOIES GALLO-ROMAINES
ROUTE DE PARIS A STRASBOURG
CHEMINS ANCIENS
CHÂTEAU, ABBAYE, PRIEURÉ (PR.); (F.) FIEF; (FR.) FRANCE; (L.) LORRAINE.
DRESSÉ PAR A. DEDENON
DESSINÉ PAR A. MUNIER
DIOCÈSE DE METZ
SEIGNEURIE DE RÉCHICOURT
COMTÉ DE BLAMONT
DIOCÈSE DE TOUL
BARONNIE DE TURQUESTEIN
BARONNIE DE CHÂTILLON
SALM
BAN DE LA RIVIÈRE
BAN LE MOINE (FR.)
BAN ST PIERRE (L.)
BAN LE MOINE (FR.)
CHÂTELLENIE DE BACCARAT
BLAMONT
CIREY
BACCARAT
DENEUVRE
BADONVILLER
DOMÈVRE
RÉCHICOURT LE CHÂTEAU
LORQUIN
VÉHO (FR.)
CHATILLON
PIERRE-PERCÉE
CELLES
VERS LE DONON
VERS DABO
CHEMIN D'AGRON
VESOUZE
MEURTHE
PLAINE
SARRE BLANCHE

deux, non aux États de Lorraine, mais à l'avoir personnel des ducs régnants, et c'est ainsi que, peu après, elles servirent de douaire aux duchesses-mères.

A la nouvelle du décès de René II, le comté de Blâmont prit le deuil, comme pour les maîtres précédents. *La Ban-cloche* fut mise en branle pendant trois jours entiers ; dix-huit hommes reçurent une indemnité pour l'avoir sonnée ; on célébra divers services religieux dans les églises. C'était la foi jurée, lcrs de la prise de possession. Les droits, les coutumes devaient rester intacts, seul changeait le ncm du maître. Nous le verrons, nos ancêtres restèrent fidèles à leur parole, et c'est un honneur pour eux d'avoir gardé si longtemps vivaces l'esprit lorrain et l'attachement à leurs ducs.

2° Description du Comté

ÉLÉMENTS CONSTITUANT ALORS LE COMTÉ

Au temps des comtes, la seigneurie de Blâmont avait subi des variations perpétuelles : c'était la conséquence de leurs entreprises, parfois heureuses, plus souvent malheureuses. Avec les ducs, au contraire, l'état du début va rester stable ou à peu près : c'est ce que démontrent les *Comptes* ou *Rôles*, dressés chaque année au centre du comté et déposés aux greffes de la Cour de Lorraine (1). Ces documents renseignent sur les faits principaux, l'administration, le mouvement de la population et de l'agriculture, les ressources et les misères du pays. Ils vont nous servir à décrire les éléments que comprenaît *la Comté,* comme on disait au début du XVIe siècle :

1° *Le Chastel* ou *Manoir féodal,* tel que l'avaient laissé les comtes, était comme le cœur de la seigneurie, mais combien morne et triste, depuis qu'il était vide. Les ducs tinrent à le conserver pour servir de forteresse aux confins des bailliages de Vôge et d'Allemagne ; sans vouloir l'embellir, ils y firent, quand il fallut, les dépenses nécessitées par les ravages du temps.

2° *La Ville de Blâmont* était formée par le *Bourg* et les deux *Faubourgs* de Voise et Giroville. Elle était en plein essor. Ses rues, débordant de l'enceinte, s'allongeaient jusqu'à l'église ; sa population augmentait en nombre et en richesse.

Les *Laboureurs* étaient massés près de la *Porte d'En haut,* sur la place du *Vieil Marché ;* les *Artisans* et les *Marchands* tenaient boutique aux abords de la *Porte d'En bas,* autour de la *Halle* ou *Hallette.* La Cité devait avoir là son nouveau centre, avec l'*Auditoire* de justice et le *Neuf Marché,* dont les principales assises étaient à la Saint-Maurice, à la Saint-Martin et à la Saint-Georges.

(1) La série en est conservée aux *Archives départementales,* voir B. 3234 et suivants ; elle part de l'année 1503-04 et va d'une Purification (2 février) à l'autre.

L'autonomie de la Communauté s'affirmait toujours plus complète. Ainsi élisait-elle, chaque année, son *Maire* et ses quatre *Echevins*, préposés à la justice ; elle disposait de ses finances et avait, pour les gérer, un *Receveur* qu'on nommait : *Hymbul* (1).

L'usage avait introduit les Confréries religieuses et les Corporations de métiers appelées *Hans*. L'association des *Laboureurs* existait déjà au temps des comtes, mais la compagnie des *Arquebusiers* est mentionnée pour la première fois dans le rôle de 1511. Le Han des *Drapiers* apparut vers 1569 ; celui des *Bouchers* a sa charte datée du 22 septembre 1593 ; celui des *Cordonniers* et *Corroyeurs* est du 28 mars 1615. Les *Voileurs* ou *Flotteurs* formèrent-ils une corporation ? On peut le croire. Leur nombre, tout au moins, fut toujours assez grand pour qu'une rue de la ville vieille conservât jusqu'à nos jours le souvenir de leur profession (2). Parmi tous ces groupements d'importance inégale, les arquebusiers avaient une place à part et formaient comme la troupe de la garnison. Les ouvriers du fer, armuriers, serruriers, toujours nombreux dans la petite ville, leur fournissaient un recrutement facile.

Vingt-cinq hommes étaient arbalétriers et autant couleuvriniers ; le chef principal avait le titre de maître arquebusier ; son second, celui de maréchal des logis ; l'uniforme était aux couleurs de Lorraine, jaune et rouge. L'étendard était orné d'une croix portant l'écu de Blâmont. Pour les défilés, le tambour marquait le pas, accompagné bientôt d'un fifre. Sur requête écrite, la petite troupe devait partir en mission ou faire escorte aux personnages de marque. La solde était modeste : 25 francs par an « pour se donner sujet et s'exercer au fait des armes, disent les comptes, et se rendre capable de rendre service à Son Altesse, le cas échéant ». Il y avait, en plus, exemption de toutes tailles pendant la durée du service, comme pour les échevins et, en carême, le droit à un demi-cent de carpes, pêchées dans les étangs, remplacé plus tard par une somme de sept francs (3).

3° Quinze villages, aux alentours, avec leur ban respectif, formaient toute l'étendue du comté. Notons, avant de les décrire, comment ils dépendaient du duc et quelles ressources ils apportaient au *Fisc*. Sur tous le duc avait pleine justice. Il nommait le *Doyen*, pour lever les redevances et désigner les corvées, aussi bien que le *Banwart*, chargé de la police locale et de la surveillance champêtre. Cependant Domjevin et Reillon, soumis à la loi de Beaumont, échappaient à la règle, en élisant eux-mêmes, à chaque Pentecôte, leur *Mayeur* avec un échevin, et en gardant pour eux le montant des amendes.

Le *Fisc* percevait annuellement des redevances fort complexes. Le principal de ses revenus était fourni par le *Domaine* ou possessions

---

(1) Ce terme paraît dériver du mot « Heimburgius », qui, d'après Ducange, signifie : Hérault ou appariteur.

(2) On trouve dans les *Communes*, de Lepage (art. Blâmont), les statuts de ces diverses associations.

(3) Voir le rôle de 1569. *Archives départementales M.-et-M.*, B. 3280.

foncières, champs, breuils, forêts, étangs, cours d'eaux, dont les produits étaient recueillis par *corvées*, ou, plus tard, au moyen de la *Ferme*.

Une autre partie provenait des impositions en nature ou en argent, nommées : *cens, droistures, aydes,* qui grevaient l'usage de certaines maisons, pâturages, forêts, etc..., ainsi le *Denier fort* pour les hayes de Barbas, la *Daguerie, l'Embrochage*, à propos de la vente du vin de Domèvre. Il y avait aussi les droits payés aux fours, moulins et pressoirs banaux ; les droits de *hâlage* sur les rivières ; de *passage* sur les ponts (1), de *pêche, d'affouage;* les droits d'*entrée* pour un nouvel arrivant dans un village ; l'impôt, dit des *charrues,* des *bêtes tirantes,* ou *faisant profit.*

Quel souci pour chaque doyen de se rappeler les échéances, de garder et de transmettre, en temps voulu, *gelines* et *chapons, quartes de vin* ou de *cidre* et cent autres objets pareils, encombrants et périssables !

Il est de mode aujourd'hui de cribler de reproches cette fiscalité ancienne. Il faut avouer qu'elle donnait prise à l'arbitraire et qu'elle contrariait fort la liberté. Cependant la trouvait-on alors si incommode ? Les documents anciens ne mentionnent pas de plaintes à ce sujet. Il semble même que les paysans préféraient les redevances en nature à l'impôt en argent. Ils savaient le moyen d'adoucir les corvées de travail ; ils pouvaient escompter des diminutions en temps de calamité et, si leur aisance s'accroissait, le taux de la dîme n'en augmentait pas d'autant. Enfin, ils avaient, pour compenser leurs charges, des droits de pâturage, d'affouage, d'essartage, de marnage, qu'ils ne se faisaient pas faute d'étendre, sans compter les *acensements*, dont la pratique devint bientôt courante, et dont les avantages furent réellement considérables.

On aimerait de connaître encore quels chiffres atteignaient les populations ; mais, en l'absence de toute espèce de recensement, il faut se borner à de vagues suppositions. Le droit d'Entrée, qui pourrait révéler le nombre des étrangers venant grossir la population indigène, n'est presque jamais perçu. Le milieu est agricole, donc sédentaire. Le village ne s'accroit que par ses propres moyens. Or les maladies contagieuses infligent de lourdes pertes, et l'augmentation est lente. L'ayde Saint-Remy, taxe levée sur chaque *feu* ou *conduict*, est plus significative (2). En relatant le nombre des ménages, elle permet d'évaluer à peu près le nombre des personnes ; nous allons donner, dans le tableau suivant, les rares chiffres qu'elle révèle.

LISTE ET DESCRIPTION DES VILLAGES COMPRIS DANS LE COMTÉ

Blamont : 117 feux ; 3 fours banaux ; 2 moulins ; 1 chaufour ; un corps de ferme, dit *Moitresse*, avec 100 jours de champs ; 100 fauchées

(1) Au XVIe siècle, trois ponts seulement permettaient de passer la Vesouze : à Blâmont, à Domèvre, à Domjevin ; tous les autres cours d'eaux se passaient à gué, jusque bien tard.

(2) Cette taxe, générale en Lorraine au temps de René II, ne fut introduite dans le comté de Blâmont qu'en 1525, par le duc Antoine ; de vives protestations l'accueillirent, sous prétexte que René II avait fait serment de s'en tenir aux coutumes anciennes ; mais force resta au fisc, qui continua de la percevoir.

de prés; 2 étangs traversés par la Voise, aboutissant à la chaussée du Xa; plusieurs bois, Trion, la Haye Vauthier, le Grand Bois, et, plus loin près de Saint-Sauveur, Bousson avec les deux scieries de Maschet et Malvet.

AMENONCOURT : 14 feux; 1 chaufour; terres et breuils; les Amnienbois.

AUTREPIERRE : 5 feux, 2 chaufours, 2 breuils; bois de Grandseille; un étang sur l'Albe et un sur le Danube, nommé Petit Etang de Rancogney.

BARBAS : 16 feux; 1 chaufour; 1 moulin; un étang sur le Vacon; Bois des Hayes.

BLÉMEREY : 5 feux; 1 étang.

CHAZELLES : 5 feux; étang d'Albe.

DOMÈVRE : 22 feux; moitié du ban au comté; droit de passage et de halage; l'autre moitié à l'Abbé de Saint-Sauveur avec 2 moulins, un four banal et le bois banal.

DOMJEVIN : 25 feux; partie au comté avec passage et halage; partie et rue Haute au seigneur d'Haussonville.

FRÉMONVILLE : 18 feux; partie au comté avec un chaufour; partie à l'Abbé de Saint-Remy avec moulin et forêts.

GONDREXON : 6 feux.

HALLOVILLE : 4 feux; partie au comté avec la rue Haute, la Grand-Maison, la Haye Hinzelin, l'étang de Vilvacourt; partie à la seigneurie et rue Haute au seigneur d'Haussonville.

IGNEY : Village détruit par une cause inconnue, n'a pas de feux en 1506; il y revient plus tard des habitants, à qui sont concédées diverses parts du ban abandonné au domaine ducal.

LEINTREY : 32 feux avec terres et herbages; le Rémabois et les Rappes.

REILLON : 18 feux.

REMONCOURT : 14 feux avec terres, herbages et bois de Hermagnagney, étang et breuil de Jambrot.

REPAIX : 4 feux avec breuils et bois.

A ces villages il nous faut ajouter des portions diverses sur Avricourt, Emberménil, Gogney, Saint-Georges, Laneuveville-aux-Bois, Mignéville, Saint-Martin, Verdenal et Xousse, qui furent unies au comté dans la suite par des transactions successives.

Les petites seigneuries des environs, autrefois vassales de la famille de Blâmont, furent dégagées de leurs liens vis-à-vis du comté. Elles subsistèrent néanmoins, mais dans un état voisin de la décadence, parce que leurs maîtres cessèrent d'y résider, pour remplir ailleurs des charges plus en vue. Ainsi Herbéviller-Saint-Germain vit ses maîtres retenus à Metz par leurs alliances. Herbéviller-Lannoy, quelque temps

Cliché du *Pays Lorrain.*

CHATEAU D'HERBÉVILLER-LANNOY. — FAÇADE MÉRIDIONALE

Cliché du *Pays Lorrain.*

CHATEAU D'HERBÉVILLER-LANNOY. — COUR INTÉRIEURE

prospère, vers 1554, quand Jean Bayer de Boppart y construisit son château bien connu, retomba dans la solitude sous les descendants des comtes de Créhange. Ogéviller perdit à son tour son antique prestige, sous la domination des comtes de Salm, qu'absorbaient leurs hautes fonctions à la Cour de Lorraine. Le groupe des deux Parux, Brouville et Brouvelotte, possédé par Vary de Lutzelbourg, acheva ses destinées, jadis brillantes, quand mourut, vers 1520, ce chambellan célèbre. Saint-Maurice resta quelques années encore à la famille de la Roche et Pierre-Percée, avec Badonviller, aux descendants de Salm. Cirey, Petitmont, Harbouey, Halloville, incorporés au domaine de Châtillon, formaient, pour les barons d'Haussonville, un apanage forestier plus vaste que riche (1). La Châtellenie évêchoise de Baccarat étendait ses frontières capricieuses jusqu'à Vacqueville, Reherrey, Neufmaisons.

Ça et là se rencontraient des territoires soumis aux Abbés de la région : c'étaient les bans de Haute-Seille et de Saint-Sauveur; le ban le Moine, relevant de Saint-Symphorien de Metz; le ban Saint-Pierre, de Moyenmoutier; le ban de la Rivière, de Senones.

On a dit que le sol de la Lorraine était morcelé comme un échiquier : notre Blâmontois en est la preuve. Pourtant, malgré sa division, l'unité y régnait, créée par la similitude des mœurs, du travail et de la race.

Officiers du Comté

1° Les Gouverneurs

Les ducs choisissaient ces dignitaires, pour les représenter, publier leurs ordonnances, contrôler les comptes et surveiller les subalternes. Ce rôle, plus honorifique qu'actif, rapportait de beaux deniers : 1,200 livres au début, 3,000 et plus à la fin du XVIe siècle. C'était l'usage du temps. Chaque ville importante devait avoir son gouverneur, sauf à ne jamais le voir et même à ne pas le connaître.

Gaspard d'Haussonville fut le premier gouverneur de Blâmont. En qualité de bailli de l'évêché, il représentait l'évêque à la prise de possession de 1503. Il devint bailli de Nancy, le 27 octobre 1529, et mourut peu après. On ne mentionne de lui qu'un voyage dans le comté, afin d'explorer un étang et d'indiquer les améliorations à y faire.

Il eut pour successeurs : Jean de Lenoncourt (1530-1550); Hugues de Villelm, seigneur de Montbardon (1550-1570); Gérard de Reinach, seigneur de Saint-Baslemont et de Montquentin, vers 1590; le seigneur de Vileparoy, vers 1600; Claude-François de Barbas, seigneur de Deneuvre et de Mazirot, en 1619; le seigneur de Buffegnicourt, vers 1630, et, après l'occupation française, M. de Speltz, de 1661 à 1663. On ne sait rien de saillant sur leur rôle.

---

(1) M. Ambroise a publié d'intéressantes notices sur ce pays *des Baronnies*, dans B.S.A.L. 1910, 1912, 1914, 1920, 1921.

2° Les Prévôts

Cette charge fut plus effective que la précédente. Elle assumait vraiment l'entière direction du comté, en cumulant, suivant l'expression moderne, les *Finances* et la *Justice.* Tous les revenus étaient concentrés entre les mains de ce *Receveur,* et tous les payements émanaient de lui. Ses comptes, fidèlement tenus, devaient être déposés à la Cour. Ce sont les *Rôles* que conservent nos archives et où nous puisons des indications si précieuses sur le rendement des impôts, la valeur des denrées, le coût du travail, la composition des villages et le nom même des habitants.

La tâche du justicier était plus délicate. Ne fallait-il pas *enquêter, réprimer, juger,* suivant la procédure en usage? Les *Plaids annaux* se tenaient à la Saint-Georges et à la Saint-Martin. Les crimes faisaient l'objet de procès spéciaux, et combien y en eut-il, vers la fin du siècle, avec les déplorables affaires de sorcellerie!

Alors le Prévôt siégeait, assisté de quatre échevins, et le Procureur soutenait l'accusation. Fallait-il exécuter une sentence capitale, le signe patibulaire était dressé contre les tours du château; le bourreau venait de Nancy; des gens de Nonhigny, Montreux et Verdenal avaient mission de monter la garde aux portes de la ville, moyennant une indemnité; puis, la lugubre besogne terminée, tous les gens de justice faisaient le *Past* ou *repas* traditionnel, pour lequel on voit figurer, dans certains comptes, une dépense de 21 gros (1). Ces souvenirs sinistres expliquent, sans doute, le sens odieux qui s'attache chez nous au nom de Prévôt, désignant pourtant la plus noble magistrature.

Les titulaires de cette charge furent souvent des gens du lieu, choisis dans la classe la plus instruite. Ils ne résidèrent pas au château, qui, bientôt délaissé, fut réduit à l'état de grenier. En voici la liste : Henri de Blâmont, depuis 1505 jusqu'à 1524; Conrad, jusqu'à 1534; Colin Alix, jusqu'à 1548; Didier Gelée, jusqu'à 1561; Lucas Lhuillier, jusqu'à 1563; Jean Lhuillier, frère du précédent, jusqu'à 1570; Thomas Guégitius, jusqu'à 1590; Colin Olry, jusqu'à 1591; le sieur de Besançon, jusqu'à 1593; Chrétien Mathiot, jusqu'à 1610; Claude Périer, jusqu'à 1614; Marc Georges, jusqu'à 1616; Christophe Cageret, jusqu'à 1619; Nicolas, dit Raville, venant de Deneuvre, jusqu'à 1630; Charles Massu, de Fleury, le plus méritant de tous, de 1630 à 1680; Joseph Massu, son fils, de 1680 à 1690, et Edmond Massu, le dernier de tous, de 1690 à 1707.

3° Les Gruyers

La Gruyerie désignait ce que nous avons appelé depuis le *Service des Eaux et Forêts.* Dans ses attributions figuraient la vente des bois et des planches, la perception des redevances pour les droits d'*Affouage,* de *Paxon,* de Flottage et de Pêche, le soin des digues, des chaussées, des moulins et des scieries, le payement des gardes et des sagards. Il

(1) *Archives départementales M.-et-M.,* B. 3238.

n'en était pas question au début du XVIe siècle. Les ducs l'instituèrent vers 1546, parce qu'alors, sans doute, l'industrie du bois prit de l'extension.

De fait, les comptes de Gruyerie grossirent rapidement, et ses bénéfices furent assez abondants pour payer, dans la suite, de grosses réparations au château ou d'importants achats de munitions; ils servirent même à couvrir les frais de fêtes grandioses qui furent données à Nancy ou à Blâmont. Le Gruyer, logé au château mieux aménagé, prit, de ce chef, le titre de châtelain, tout en restant inférieur au Prévot.

Le premier Gruyer fut Claude-Didier Gelée, en 1546. Il garda sa charge jusqu'en 1551. Pierre de Ville lui succéda, jusqu'en 1566; puis Francisque Buscaglio, favori de Christine de Danemarck, vulgairement appelé Bouscaye, jusqu'en 1587; Dominique Thabouret, anobli pour ses cinquante ans de loyaux services (1588-1632); Dominique Barbier, gendre du précédent, l'émule de Massu en bienfaisance, pendant les tristes années de 1633 à 1668; enfin, le non moins digne Dominique Thabouret le jeune, de 1668 à 1688.

4° Les Tabellions ou Notaires

L'institution en était fort ancienne, pour la rédaction des contrats et la perception du droit de scellage. On sait qu'à Blâmont, le Sceau était enfermé, avec la minute des actes, dans un coffret de la Collégiale, qui s'ouvrait seulement devant le Prévôt, le Contrôleur et le Notaire réunis. Un seul tabellion suffit longtemps à la besogne; mais il en fallut deux, vers le milieu du XVIIe siècle, et même trois, un siècle plus tard; c'est l'origine des trois études notariales qui, naguère encore, étaient en exercice et se trouvent aujourd'hui réduites à deux.

Claude Vautrin, François Vincent, puis Joseph Vautrin, Jean-François Rognon remplirent l'un après l'autre cette charge, jusqu'en 1688.

Coutumes du Comté

On attachait grande importance au serment, juré par René II, de garder au comté ses *Institutions* et ses *Coutumes*. Elles étaient en usage depuis longtemps et les derniers Comtes les avaient codifiées. On en trouve le texte dans la pièce d'archives B. 878. Une ordonnance de Charles III les confirma, en 1596, et un arrêt du Conseil d'Etat, sous Stanislas, leur donna force de loi, le 22 mars 1743. Un opuscule, devenu rare, donne, en entier, toutes les dispositions qu'elles renferment. Bien qu'elles ne soient plus dans nos mœurs, signalons-les en quelques traits, pour mieux dépeindre la physionomie du milieu que nous retraçons.

Le Prévôt, avons-nous dit, rendait la justice haute, moyenne et basse. Les délits étaient jugés dans les Plaids annaux. L'instruction des crimes se faisait tout de suite, avec *prinse* de corps, s'il y avait flagrant délit ou crainte de fuite. La prescription de quarante jours éteignait la poursuite du plaignant. La peine capitale entraînait la confiscation au profit du justicier, mais une telle sentence devait être confirmée par la Cour ducale avant l'exécution. On pouvait porter appel devant ladite Cour contre toutes les sentences. Un délit, punissable d'une simple amende, n'entraînait l'arrestation qu'en cas d'insolvabilité ou s'il y avait eu scandale. Les bourgeois de Blâmont avaient leur justice propre et leur prison particulière, dans les locaux de la Porte d'En bas.

Le mariage établissait :

1° La communauté de biens entre époux, soit pour leur *propre*, soit pour leurs acquêts;

2° La faculté de s'entredonner les meubles, l'usufruit des acquêts, et même tout l'avoir, s'il n'y avait pas d'enfants.

Durant le mariage, le mari administrait tout l'avoir. En cas de veuvage, le mari survivant recueillait tous les meubles, à charge des dettes non hypothécaires; la femme survivante avait en douaire, à son choix, la moitié des biens du mari, sauf à en perdre la moitié en cas de secondes noces, à moins de conventions différentes.

Le régime successoral se formulait ainsi :

« Les enfants de divers mariages succèdent à leurs parents par tête, autant l'un que l'autre, et également par lits, et s'en font les partages à frais communs, puis sont jetés à lots sans préférence du choix aux uns plus qu'aux autres. »

Les parents peuvent, par testament ou autrement, « avantager un ou plusieurs de leurs enfants de leurs acquêts, et non autrement, sauf à ne pouvoir désavantager les enfants d'un lit précédent. »

La succession en ligne collatérale est admise suivant des règles compliquées.

Le père a la tutelle de ses enfants, sans compte à rendre, mais à charge d'entretien. La mère a également cette tutelle, mais elle la perd, si elle se remarie. L'enfant privé de son père et de sa mère tombe sous la tutelle des aïeux, après réunion d'un conseil de famille. Les contrats de tous genres sont régis par des règles analogues à celles de notre Code civil.

Qui ne retrouve ici l'esprit de la loi de Beaumont, avec sa haute conception de la personnalité humaine et son respect de la propriété individuelle? Certains incriminent le partage égal entre héritiers. Il a poussé, en effet, au morcellement exagéré, qui a fait dominer chez nous la petite propriété, mais n'est-ce pas un bien que les plus petits puissent être propriétaires?

On peut critiquer plus justement le système de l'indivision, pratiquée souvent dans les héritages. L'expérience a montré qu'elle leur était toujours funeste, en amoindrissant l'intérêt et en provoquant leur abandon. On ne voit aucune trace, en Lorraine, du droit d'aînesse, admis en France. De là vint, sans doute, le goût inné de nos pères pour l'égalité.

———✱———

II

Malaises sous les Ducs Antoine et François Ier

1° Sous le règne du duc Antoine (1508-1544)

Le XVIe siècle avait mal débuté en Lorraine. La famine fut générale en 1501 et en 1502, à la suite de pluies torrentielles, qui empêchèrent toute récolte. Le résal de blé monta de deux sous à 10 francs, et la queue de vin de 12 deniers à 4 livres. L'année suivante (1503) fut marquée de l'apparition de la *peste orientale,* dont les effets furent très cruels en 1505, 1507 et 1508. D'après les chroniques de Lorraine et de Bar, le tiers de la population en fut atteint. La consternation était universelle. Pour combattre le découragement, les magistrats de Metz crurent bon d'organiser des récréations publiques aux portes de la ville, et c'est alors qu'on inventa le jeu de *Gueilles* (Quilles), qui est encore en faveur parmi nous.

A tant d'alarmes vint s'ajouter la crainte de l'invasion. Il n'était bruit, en 1507, que des méfaits causés par une bande de hobereaux alsaciens, conduits par Franz Sickingen. Plusieurs fois, ils chevauchèrent de ce côté des Vosges, en répandant l'effroi par leurs pillages. Les chroniques du bailliage d'Allemagne, qui l'attestent, ainsi que les comptes du Prévôt de Blâmont, désignent ces bandits sous le nom de Schencks de Brisac.

Pour s'opposer à leur passage, on courut dresser des barrières entre Blâmont et Hattigny, et on mit sur pied tous les hommes valides de la région. Heureusement, on en fut quitte pour la peur. Aucune collision n'eut lieu, et la bande de malandrins, prenant le large, s'écoula vers Sarrebourg et Dieuze, puis vers le nord de la Lorraine. Pourtant le village d'Igney fut dévasté alors et se trouva vide de tout habitant; les documents n'indiquent pas la cause de sa ruine. Ce fut peut être la peste toute seule, mais il se pourrait aussi qu'une randonnée de la horde malfaisante ne fût pas étrangère à ses malheurs.

La contrée, singulièrement appauvrie, goûta cependant un moment d'accalmie. Pour inspirer courage, les officiers du duc firent réparer les tours du château, les pont-levis de la ville, les autres ponts et ouvrages d'utilité publique. Les *massons* venaient de Barbas, les charpentiers de Frémonville; les tuiles sortaient de l'usine de Haute-Seille, la chaux des fours d'Autrepierre et d'Amenoncourt; les bois ne coûtaient rien; tous les matériaux étaient amenés sur place par corvées.

A l'avènement du duc Antoine, en 1509, Blâmont refusa de fournir le don qui était d'usage, en invoquant ses privilèges; mais, lors de son mariage, en 1515, il lui fallut offrir une bienvenue notable à la duchesse. Une note du comptable a soin de faire remarquer « qu'en la pauvreté présente, le cadeau modeste a une valeur à part ».

Après un peu de bien-être, voici de nouvelles angoisses. La peste réapparait, en 1522 et 1524. Puis se présente l'*agitation réformiste*, avec son cortège de divisions, de poursuites et d'exécutions regrettables. Des phases nombreuses qui forment son histoire, retenons celles qui ont trait à notre sujet. Les Prédicants, venus à Metz dès 1523, gagnent des adeptes nombreux à Vic, à Dieuze, à Saverne, à Molsheim; en 1524, l'Alsace est en pleine effervescence. Le mouvement novateur nuit à l'ordre civil autant qu'à la religion. Pour l'enrayer, le duc lance de sévères édits; mais en les voyant inefficaces, il recourt aux rigueurs de la justice. L'augustin Jean Chatelain est brûlé sur la place de Vic, le 12 janvier 1525. Dix jours après, le curé de Saint-Hyppolite, Volfgang Schuch, est appréhendé dans son presbytère. C'est de Blâmont que part la petite troupe chargée de l'arrêter. Gaspard d'Haussonville et treize compagnons chevauchent sans bruit à travers les Vosges; ils surprennent leur homme au logis, puis le ramènent par Sainte-Marie-aux-Mines et Raon-l'Etape, où ils *pernoctent*, et le déposent, le lendemain, dans la prison de la Craffe. On sait que le malheureux fut brûlé, le 21 juin suivant, sur le paquis de Malzéville, sans se rétracter et en récitant des psaumes.

Un mois auparavant avait eu lieu la rapide expédition du duc Antoine contre les *Rustauds* ou les *Bours* (1). Pour en comprendre les rigueurs sanglantes, qu'on ne perde pas de vue les méfaits qui la provoquèrent.

Vers le 3 mai, des bandes, fanatisées par les idées nouvelles, attaquèrent Saint-Dié et le pillèrent. Repoussées par les armes, elles se portèrent sur Raon et Celles, puis allèrent saccager le monastère de Saint-Sauveur. Ce pauvre cloître, isolé en pleine montagne, leur fut une proie facile. Quand on apprit les mauvais traitements infligés aux moines, les dégâts causés par le feu, la perte totale des meubles ornements et livres précieux, qui étaient la seule richesse de ce lieu de prière, on fut saisi d'indignation. On sut aussi que des émissaires nombreux faisaient une propagande active en faveur des « dix articles »,

---

(1) Ces deux mots, dérivés, l'un du latin *rusticus*, l'autre de l'allemand Baüer, signifient également les paysans.

venus d'outre-Rhin. On en vit à Lunéville, à Blâmont, et ils n'eurent pas de succès, mais dans d'autres régions ils reçurent un meilleur accueil. L'agitation prenait des proportions inquiétantes, et vers Sarrebourg, Dabo et Saverne, s'était formé une foyer d'insurrection, qui groupait plus de 4.000 personnes.

Le duc Antoine crut sage de porter un grand coup de ce côté et de faire vite. Pour garder les trouées des Vosges, il mit Gérard de Haraucourt à Saint-Dié, Philippe, son frère, à Blâmont, et Nicolas de Ludres avec Jacques de Haraucourt à Sarrebourg. Puis il entra lui-même en campagne, en passant par Vic et Dieuze. L'expédition fut rapide : Saverne, Marmoutier, Molsheim, Scherviller, Saint-Hyppolyte, Saales et Raon furent des étapes victorieuses. Le 25 mai, le Duc était de retour dans sa capitale. On peut regretter les cruautés de ce temps. Les mœurs de l'époque étaient moins douces que les nôtres, et le bras séculier excède volontiers, quand il juge des causes religieuses. L'insurrection, du moins, fut à jamais éteinte.

Le Blâmontois avait entendu gronder l'orage tout autour, sans avoir à en souffrir. Peut-être même son commerce y gagna-t-il, puisque sa principale industrie était la fabrication des armes à feu. On sait que les arquebusiers de Blâmont eurent à fournir alors nombre de boulets forgés de fer, de couleuvrines et d'arquebuses, pour les places de Lunéville et de Nancy, et qu'ils installèrent, dans leur arsenal, huit mortiers et huit obusiers, sans compter une couleuvrine, demandée par la Ville, pour défendre la Porte d'En bas.

La terrible peste n'était pas au bout de ses méfaits, elle était revenue en 1527. Elle fut cause que le marché fût abandonné et que la ville dut envoyer à Nancy pour solliciter des approvisionnements. On sait la somme qu'elle donna au porteur de sa missive, mais on ignore le résultat de sa démarche.

Le comté ne trouvait plus, auprès de la Cour ducale, les attentions bienveillantes du début. L'ayde Saint-Remy, portée de deux francs à un écu, par feu, pour couvrir les frais de la guerre des Rustauds, fut impitoyablement exigée, malgré l'énergique protestation des Bourgeois de Blâmont. Leur *Remontrance* nous apprend « que leur ville contient environ 250 ménages, dont les trois quarts sont si pauvres qu'ils ne sauraient porter leurs frais, excepté 20 ou 30, qui seraient encore détruits, s'il leur fallait payer pour les autres. Lorsque le Duc est venu les voir, ils lui ont donné de bon cœur pour sa bienvenue, ce qui leur a fait dépenser beaucoup d'argent, et ils sont bien pauvres ». Dans sa réponse, le Duc allégua « les grandes et urgentes affaires qu'en maincte matière il a eu devant et encore présentement dans les mains ». Toutefois, pour la première année, il daigna réduire de vingt écus la somme exigible, ce qui permit d'exonérer vingt ménages, parmi les plus pauvres. Dès lors cette taille fut toujours levée en entier. Seuls en étaient exempts le maire ou doyen, le curé, le marlier, le pâtre, les veuves et les mendiants.

Vers 1530, les calamités publiques diminuèrent et le pays retrouva quelque peu d'aisance. La preuve en est dans le magnifique essor qui fit entreprendre la reconstruction de nombreuses églises, surtout dans la partie du comté qui relevait du diocèse de Metz. Tous ces édifices se reconnaissent aux détails de leur structure, et ils se ressemblent tellement qu'ils paraissent avoir été dessinés par le même architecte. Ils ont mêmes voûtes, mêmes fenêtres lancéolées, même *oculus* (1); tous traits qui les rattachent à la première moitié du XVIe siècle. En tous, le chœur seul a été conservé jusqu'à nos jours; les nefs, devenues trop petites, ont été agrandies au XVIIIe siècle. Pour certaines la date de construction est connue. C'est 1504, pour la chapelle de Fricourt; 1520, pour l'église de Vého (2); 1546 (et non 1346, comme l'a fait écrire une mauvaise lecture d'une date gravée sur le cadre de l'oculus), pour celle d'Autrepierre; 1552, pour celle d'Avricourt. Leintrey, Xousse, Reillon, Foulerey, possédèrent aussi des monuments semblables, qui se rapportent certainement à des dates approchantes.

En ces temps de calamités, les paroisses susdites furent-elles capables d'un tel effort? On peut en douter. Les documents n'en disent rien, c'est vrai, mais on peut soupçonner qu'un bienfaiteur puissant et généreux fut l'instigateur de ce mouvement. Pendant toute cette époque, l'Eglise de Metz eut à sa tête des princes de la Maison de Lorraine. Certains, comme le Cardinal Jean, dit l'Onuphrien, cumulèrent de nombreux bénéfices. On peut supposer qu'ils furent les bienfaiteurs dont nous cherchons les noms.

Le duc Antoine vint faire visite à ses sujets de Blâmont, en l'an 1532. Le Prévôt, qui mentionne des dépenses effectuées à cette occasion, ne nous dit rien du séjour et des circonstances qui ont marqué ce voyage. Peut-être y fut-il question déjà d'attribuer à la duchesse la jouissance du Comté, comme douaire personnel. Ce qui le fait supposer, c'est la venue, en 1534, de Jean Pâris, dit Thouvenin, maître des œuvres de la Cour (architecte) pour prescrire dans le château de nombreux et coûteux aménagements. Les travaux furent exécutés en 1535, et on peut lire dans le mémoire dressé pour les dépenses, que celles-ci « furent effectuées en toute diligence et par ordre de Madame ».

Les dépenses s'élèvent à plus de 1.906 francs. Il n'y a pas de bâtiment nouveau, sinon un pavillon, créé dans un jardin pour ledit sieur Pâris. Si Renée de Bourbon caressa vraiment le projet de séjourner à Blâmont, le temps lui manqua pour réaliser son rêve, car elle mourut en 1539.

Les années continuaient d'être mauvaises, au point qu'il fallut exempter les habitants du Comté de trois années de *taille*, « afin de repeupler la ville de Blâmont qui s'en allait en ruines ». Voici cependant une note plus gaie. Le duc Antoine marie son fils, François, avec Christine, fille de Christian II, roi du Danemark, et d'Elisabeth

(1) On donne ce nom à une armoire murale, placée au fond du chœur et du côté de l'évangile, où était gardée la Sainte Réserve, avant que nos tabernacles actuels aient été en usage.

(2) On a retrouvé récemment l'acte de consécration de son maître-autel; il est daté du 13 septembre 1520, et le Prélat consécrateur fut Conrad Heyden, suffragant du Cardinal Jean de Lorraine.

d'Autriche. C'est une alliance illustre, qui met la famille ducale au rang des plus grandes familles de l'Europe et la jette dans les bras de Charles-Quint, oncle de la nouvelle épousée. Le mariage est conclu en 1540, signé à Ratisbonne, le 1er mars 1541, célébré à Bruxelles, le 10 juillet suivant. L'arrivée du couple gracieux est le signal de fêtes splendides. A Nancy sont donnés des festins somptueux, pour lesquels se mettent en frais les diverses portions du duché. Le comté de Blâmont « fournit, pour le banquet de Monseigneur de Bar, 20 douzaines d'oisons, 4 douzaines de couchons, 46 douzaines de gelines avec quantité de venaison, gelinottes de bois, cailles, tourterelles, ramiers etc... » (1).

Les Princes rendirent ensuite visite à leurs bonnes villes. A Lunéville, furent servis deux saumons du Rhin, achetés à Strasbourg et mis en pâté à Blâmont. Le lendemain, les nobles personnages arrivèrent à Blâmont et y reçurent des hommages empressés. Les présents étaient modestes, mais le gibier, les poissons furent servis en abondance et le château avait fait toilette neuve. Que n'a-t-on plus de détails sur les réceptions? L'intérêt en serait plus grand que la description minutieuse des *raccoutrements*, opérés aux toitures, ou d'autres *réfections* du même genre, que relate scrupuleusement le comptable dans son rapport de 1542.

On savait déjà, par des lettres patentes du 9 juin 1541, que la dot de 15.000 livres, promise à Christine, serait constituée avec les revenus du comté de Blâmont, ceux de Gondrexange et d'autres villes voisines : la contrée semblait passer ainsi sous l'autorité directe de la jeune épousée. Celle-ci révéla tout de suite son amour pour le faste, en faisant mettre à l'étude, par l'architecte Jean Pâris, des projets d'embellissements grandioses pour le vieux manoir dont elle devenait souveraine. Son aspect pittoresque l'avait sans doute émerveillée. Mais des événements inattendus et la rivalité fameuse entre François Ier, roi de France, et Charles-Quint, arrêtèrent net le cours de ses projets. Christine de Danemark devait être pour le comté une bienfaitrice insigne, mais plus tard, et dans des circonstances tout autres. Pour l'instant, ce fut de nouveau l'angoisse.

Charles-Quint, voulant envahir la Champagne, avait résolu de passer par la Lorraine. Le duc Antoine ne réussit pas à empêcher cette violence et il dut laisser entrer les troupes impériales. Celles-ci s'étaient mises en marche, vers la fin de 1543, et se massaient autour de Metz, quand l'hiver les immobilisa. Il fallut les répartir de divers côtés pour les héberger plus facilement ; c'est ainsi qu'il en vint jusqu'à Sarrebourg et Blâmont. A force de réquisitionner, les ressources du pays s'épuisèrent et, même avec des récoltes suffisantes, le pays ressentit bientôt les horreurs de la famine. Un écho des plaintes générales se trouve dans une supplique des gens de Xousse, qui demandent au Duc d'être exemptés de tailles en disant, « qu'en plus des malheurs communs,

---

(1) Voir Compte de 1541, B. 3257.

ils ont à déplorer de grands dégâts, causés dans leur finage par la foudre ». (1).

Les hôtes forcés s'éternisèrent après l'hiver. Hélas! leur discipline n'allait pas en s'améliorant. Ils étaient encore là, quand parvint tout à coup la nouvelle que le duc Antoine était mort : c'était le 11 juin 1544. La consternation fut à son comble. On a dit que, touchés de la douleur sincère des Lorrains, les Impériaux se montrèrent plus modérés et se remirent en campagne.

La position de la Lorraine fut des plus critiques pendant toute cette année et la suivante. La guerre se déroulait à ses portes et absorbait toutes ses ressources. La disette fut bientôt si grande qu'il fallut se nourrir d'herbes, de racines et de fruits sauvages.

Quand le traité de Crespy eut arrêté les hostilités (1545), les troupes impériales furent licenciées et regagnèrent leur pays, en redoublant leurs méfaits. On eut lieu de maudire surtout les *Lansquenets,* cavaliers terribles, pour la plupart luthériens, dont les brigandages éhontés remplirent nos contrées de désolation et de ruines.

2° Sous le règne du Duc François Ier (1544-1545)

Le nouveau Duc, François Ier, commença son règne sous de mauvais auspices. Ses sujets, éprouvés par tant de secousses, offraient un terrain propice à toutes les contagions; la peste reprit ses ravages de 1545 à 1547, et de 1551 à 1552. Cependant, le jeune souverain ne manquait pas d'espoir. Il avait vingt-sept ans. Christine lui avait déjà donné deux enfants : le futur Charles III et Renée; un autre était attendu. Mais une maladie soudaine arrêta le Duc dans sa carrière pleine de promesses. Les médecins les plus célèbres, Antoine Champier et Nicolas Le Pois, furent impuissants à conjurer son mal. On manda, en toute hâte, les sommités médicales de Strasbourg et de Fribourg. On en consulta d'autres par lettres, à Paris, à Dijon et à Londres. On ne vit d'autre remède que le changement d'air et la retraite dans un lieu chaud et sec. « C'est ce qui fait, écrit Edmond du Boulay, que, huit jours après avoir fait son entrée à Nancy, vers la mi-avril, François partit précipitamment vers la ville de Blâmont, au pied du Mont des Vôges... Le Duc y séjourna environ trois semaines, mais, au lieu de s'améliorer, il allait toujours diminuant de santé et multipliant en la maladie de colicque, entremêlé de fiebvre, et finalement d'apoplexie et perclusion des membres. Pour à quoy remédier furent mandés tous les médecins de Lorraine et de Barroys... et ne fut conclu meilleur remède que de le faire baigner ès bains de Plumières (Plombières) ».

On conduisit l'auguste malade en chaise à bras, la litière lui étant insupportable. On alla sans peine de Blâmont à Deneuvre, puis à Epinal, puis à Remiremont; mais il fallut s'arrêter là. On y transporta,

---

(1) *Archives départementales M.-et-M.*, B. 3261.

par tonneaux, les eaux puisées aux sources bienfaisantes; mais tous ces soins furent inutiles, et le Duc expira le 5 juin. Son règne n'avait duré que 363 jours. Les funérailles furent grandioses; Edmond du Boulay en régla la pompe comme pour le duc Antoine. Le corps, embaumé, fut ramené à Deneuvre, du 2 au 4 août. Son transport à Nancy fut remis à plus tard, à cause de la peste.

La Duchesse, venue à Deneuvre malgré son état de grossesse, pleura son mari, puis profita de la présence des principaux représentants de la noblesse pour traiter les affaires de la Régence. En assemblée solennelle, tenue au château, le 6 août, il fut unanimement décidé que le duché serait gouverné conjointement par Christine et par Nicolas de Lorraine, frère du défunt. Celui-ci, bien qu'évêque de Metz et de Verdun, n'était pas dans les Ordres. Il prit occasion de cette circonstance pour rentrer dans la vie séculière, sous le nom de Comte de Vaudémont, Marquis de Nomeny et Duc de Mercœur; puis, s'attachant au château de Deneuvre, il y résida jusqu'à son mariage avec Marguerite d'Egmont, le 1er mai 1549 (1).

Christine ne tarda pas à mettre au monde une seconde fille, Dorothée, qui fut baptisée, le 24 août, dans la Collégiale de Deneuvre, tout près des restes mortels de son père. Ces circonstances émouvantes lièrent profondément la grande âme de la princesse à une seigneurie qui entrait, du reste, dans son douaire. Il fallut bientôt revenir à Nancy, mais Blâmont et Deneuvre purent retrouver plus tard leur souveraine et lui faire oublier, par leur fidélité, les amertumes de sa carrière mouvementée.

(1) Veuf en 1554, il se remaria à Yvonne de Savoie, qui mourut en 1558; il contracta une troisième alliance avec Catherine de Lorraine-Aumale, en mai 1569, et mourut le 24 janvier 1597.

III

L'Administration brillante de Christine de Danemark

1° Le Temps de la Régence

Tout fut grand dans la noble figure qui a nom Christine de Danemark : sa naissance sur les marches d'un trône ; son éducation supérieure à son sexe ; les deux alliances qu'elle contracta, l'une avec François Sforza,, archiduc de Milan, l'autre avec un Duc de Lorraine non moins fastueux ; ses épreuves cruelles, entre autres la mort prématurée de ses deux maris ; ses insuccès contredisant sa fière devise : « Sans moi tout tombe en ruine » (*Sine me cuncta ruunt*). Habituée à voir grand, à exécuter sans hésitation, à commander sans réplique,. à donner d'un geste large, elle sut également supporter l'adversité et opposer au malheur la plus mâle énergie. Sa nature impérieuse, comme sa hautaine assurance, se devinent à travers son écriture anguleuse et son paraphe plutôt viril.

Dans les affaires compliquées de la Régence, Christine déploya une habileté qui lui permit d'éclipser bientôt son beau-frère, Nicolas de Vaudémont. Édits contre les Réformés et les Duellistes (1545), précautions contre les attaques possibles du dehors, entretien des places fortes, principalement de Blâmont, son génie n'oubliait rien. Son activité finit par porter ombrage au Roi de France, en sorte que, devant des menaces positives, la nièce de Charles-Quint dut ralentir son zèle. D'autre part, la noblesse de Lorraine, froissée des préférences qu'elle paraissait accorder à son entourage d'Allemands et de Danois, faisait entendre de nombreux murmures. Elle n'en poursuivit pas moins ses desseins, en recourant aux arrêts de la justice (1).

Parmi les procès qu'elle soutint, les deux suivants intéressent la gruerie de Blâmont, dont elle venait de créer les services. Le premier, en 1547, est relatif au fief de Frémonville, qui recevra plus tard le nom de *La Tour* (2). La famille de Habsbourg, alliée à celle de Blâmont, l'avait autrefois constitué, puis l'avait cédé, en 1363, à un membre de la famille de Salm, mais il avait fait retour au comté, en 1376. Il devait figurer dans la donation de l'évêque Olry, mais, en fait, il échappait, pour des motifs inconnus, à la possession des ducs. La cause était claire. Christine la gagna facilement et à peu de frais, comme l'atteste le compte de gruerie dressé en 1548. Le second procès, en 1549, n'alla pas de même. La Duchesse revendiquait de vastes forêts, voisines de la seigneurie de Turkestein, que possédaient alors les barons Balthazar et African d'Haussonville. Ces derniers recoururent au Tribunal des Assises, qui désigna les arbitres (2 septembre), à savoir : Michel Bouvet, l'Abbé de Saint-Martin de Metz et le seigneur de Bassompierre, bailli de Vôge, pour Christine; l'Abbé de Bouzonville, Michel de Gournay et le Procureur de Metz, pour les Barons.

La sentence des experts débouta la Duchesse de ses prétentions, mais lui laissa les bois de *Barville*, sur lesquels ses droits étaient clairs; elle traçait en outre, entre le pays des Baronnies et celui de Blâmont, une limite qui fut dès lors respectée. C'est l'année où Jean de Lenoncourt fut remplacé par Hugues de Villelm, comme gouverneur de Blâmont : peut-être cette disgrâce se rattache-t-elle à cet incident.

Tandis que Christine atteignait à Nancy l'apogée de sa puissance, le comté de Blâmont recevait d'elle les marques d'une sollicitude toute princière. Il eut la faveur de sa visite, au printemps de 1548, alors qu'elle reconduisait sa tante, Anne de Hongrie, regagnant ses États par la voie de Strasbourg (3).

On sait que le séjour de cette illustre princesse fut l'occasion de réceptions splendides à la Cour de Lorraine. Les adieux se firent à Blâmont. Les comptes de gruerie mentionnent les dépenses effectuées pour des réparations au château. Que ne disent-ils les incidents d'une journée si intéressante pour la petite ville? Tout au moins, la Duchesse pût-elle remarquer combien serait insuffisant l'aménagement du château, s'il lui fallait y résider, et elle prit, sur le champ, des mesures pour qu'il pût être digne d'elle.

---

(1) Le favori qui souleva les plus grands mécontentements fut Hugues de Villelm, imposé par Charles-Quint, comme précepteur du petit prince Charles; il fut nommé gouverneur de Blâmont en 1549.

(2) Voir sur ce fief B. S. A. L., 1912, p. 180.

(3) Certains auteurs font mourir cette reine à Prague, presqu'aussitôt après son retour, en indiquant l'année 1547, mais la date de 1548 est certaine. La reine passa le jeudi saint chez les Clarisses de Pont-à-Mousson et y fit la cérémonie du lavement des pieds : Christine tenait le linge, la princesse de Guise, l'aiguière. Elle obtint de la duchesse que les restes du Téméraire, inhumés à la collégiale Saint-Georges, fussent transférés à Bruges, ce qui causa une vive indignation.

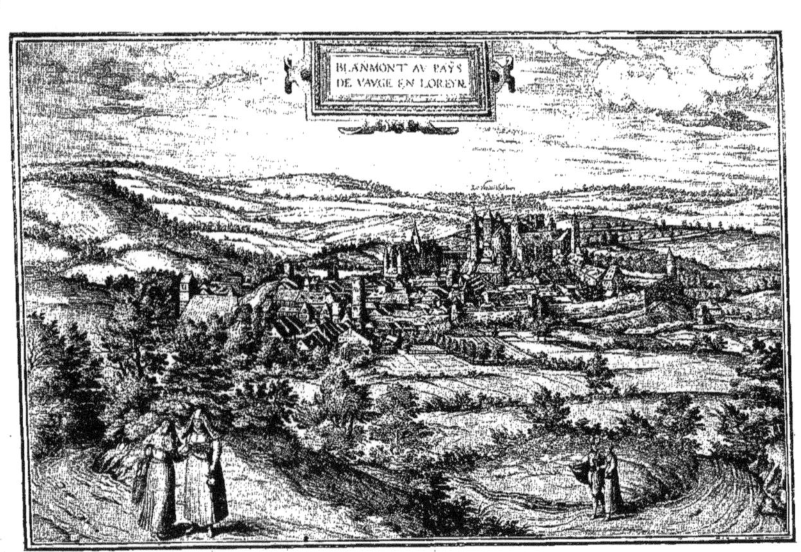

PANORAMA DE BLAMONT AU TEMPS DE CHRISTINE DE DANEMARK

Réduction de la gravure de Hæfnagel

Elle aimait à bâtir et les ressources ne lui manquaient pas. Elle envoya, l'année même, un ingénieur italien dresser des plans « pour fortifier le château et la ville, et faire un battant à drap ». Le battant fut érigé en amont du moulin. Quant aux fortifications, leur restauration aboutit, en réalité, à la création d'un ensemble d'édifices que l'on nomma le *Nouveau Palais des Ducs*. Les travaux durèrent plusieurs années, et la cassette ducale en fit les frais. En 1552 seulement, le comté y contribua pour une somme de 3.043 francs. Or, il s'agit de serrurerie, de plomberie et de fournitures qui supposent l'édifice prêt à être habité. Le compte de gruerie parle également de verrières peintes, fournies par les ateliers de Saint-Nicolas. C'est la preuve que l'œuvre de Christine touchait à sa fin, et ne doit pas être reportée en 1564, comme l'insinue Lepage dans ses *Communes*.

Il était temps. En cette même année 1552, Christine dût abandonner la Régence, frappée comme par un coup de foudre. Henri II, roi de France, vint à Toul, le 12 avril, et, méditant un coup de force, se présenta à Nancy, deux jours après. C'était le Jeudi-Saint. Il avait lavé les pieds à douze pauvres. Il fut reçu avec honneur par le prince Nicolas et plusieurs Lorrains, qui étaient sans doute de connivence. Le lendemain, devant la Cour assemblée, la Duchesse apprit sans préambule qu'elle n'était plus Régente, que son fils Charles, âgé de neuf ans, allait être emmené en France, que tous les Flamands et Impériaux, particulièrement le Seigneur de Villelm, devraient quitter leurs emplois, qu'une garnison moitié française moitié lorraine occuperait Nancy. Dans le beau cadre de la Galerie des Cerfs, la scène fut émouvante, et Brantôme en parle ainsi : « Avec cette grande beauté qui la rendait plus admirable, elle vint sans s'étonner et s'abaisser aucunement devant le Roi, en lui faisant pourtant une grande révérence, et, le suppliant, lui remontra, les larmes aux yeux, qui la rendaient plus belle et plus agréable, le tort qu'il lui faisait de lui oster son fils, chose si chère qu'elle n'en avait eu au monde une telle, et qu'elle ne méritait point ce rude traitement, vu le grand lieu dont elle était extraite et aussy qu'elle ne pouvait avoir rien fait contre son service. Et, ces propos tenait-elle si bien et de si bonne grâce et par si belles raisons et avec si doulces complaintes que le roy, qui de soi était toujours très courtois aux dames, en eut très grande compassion et non seulement lui et tous les princes grands et petits qui se trouvaient en cette veüe. »

Quel calvaire, en ce jour de Vendredi-Saint ! Christine le gravit sans adoucissement. Le roi, étant parti à Metz, le 15, la Duchesse quitta le Palais Ducal, le 18, accompagnée seulement de ses deux filles. En se retirant dans son douaire, elle pouvait choisir entre Deneuvre et Blâmont ; c'est à Blâmont qu'elle donna sa préférence.

La difficulté fut de s'accommoder à une pareille retraite et de vivre oubliée dans une province obscure. L'altière Princesse, habituée aux intrigues des grands, sentit bien que la vie de recluse lui serait insupportable, et elle annonça bientôt son dessein de retrouver les Souverains Impériaux, en partant pour les Flandres. Nicolas de Vaudémont et le Comte d'Egmont, son beau-frère, l'ayant appris, s'empressèrent de venir à Blâmont, pour la saluer avant son départ. Leur visite dura du 11 au 14 juin. Les comptes du Prévôt nous rapportent, avec les frais de réception, d'intéressants détails (1).

Le Régent et sa femme, le comte d'Egmont (2), sa femme et sa suite logèrent au château ; les autres seigneurs de l'escorte, chez les hôteliers et bourgeois de la ville : on a payé pour eux une somme de 1587 fr. (3).

Dans la suite du Régent figuraient :

1° Le seigneur de Montrichard, à la tête de 17 chevaux (4) ;

2° Le seigneur de Vaudeville, avec 4 chevaux (5) ;

3° Le seigneur de Blécourt, avec 4 chevaux (6) ;

4° Le seigneur de Boucq ;

5° Le seigneur de Misoy (?), avec 2 serviteurs et 3 chevaux ;

6° Le seigneur de Marville, avec 3 chevaux (7) ;

tous écuyers lorrains.

Le comte d'Egmont avait une escorte plus nombreuse. Son principal écuyer était le comte de Labischat, ayant 7 chevaux. Dix gentilshommes, aux noms allemands, Graff, Languidach, Queberchen, etc..., semblaient d'importants personnages. Toute une troupe de valets et de serviteurs, sans compter deux trompettes, trois lavandières, deux chartons avec leurs charriots à mulets, formaient une suite imposante.

Une telle visite ne manquait pas de solennité, mais il y avait de la tristesse en l'air, et il n'y fut pas question de réjouissances. On sait seulement que huit tambourins furent achetés pour la circonstance, et que les « harquebousiers de la ville furent placés et embastonnés de part et d'autre des rues où Monseigneur devait passer, tant à son arrivée qu'à son partement ».

Après le dîner du samedi, tout le monde était en selle et retournait à Nancy. La Duchesse partit elle-même peu de jours après, dans un sens tout opposé. Après avoir séjourné à Strasbourg et à Offenbourg, où des lettres lui furent apportées de Blâmont, elle prit le chemin des Flandres, et son absence dura sept ans.

On la regretta bientôt en Lorraine, car son despotisme fut jugé moins intolérable que l'ingérence du Roi de France. Etrangère à toute

---

(1) Ce cahier (B. 3370) porte bien la date de 1552 ; celle de 1558, donnée par Lepage, est fautive.

(2) Lamoral d'Egmont, descendant des ducs de Gueldre, parfois nommé Comte palatin, fut général de cavalerie sous Philippe II et se couvrit de gloire à Saint-Quentin et à Granville (1558). Il s'unit au prince d'Orange pour affranchir les Pays-Bas de la domination espagnole mais, prisonnier du duc d'Albe, il ne sortit de prison que pour avoir la tête tranchée, le 9 mars 1568.

(3) On mangea du poisson des étangs, le vendredi, et on partit, le samedi, après le repas de midi. On paya 10 sols pour le logement de chaque cheval.

(4) Fief situé près de Pont-à-Mousson.

(5) Fief proche de Flavigny.

(6) Probablement Bléhors, fief proche de Damelevières.

(7) Est-ce Marville près de Montmédy ?

rancune, la Princesse continua d'user de sa puissance pour favoriser sa patrie d'adoption. Elle resta aussi en rapport direct, malgré la distance, avec son douaire, et l'administra par correspondance.

Elle adjoignit pour cela à M. de Villelm, qu'elle maintint jusqu'en 1563, le sieur Jaillon, à qui elle attribua 200 livres pour ses peines, et autant pour son logement. Cet homme mérita toute sa confiance, et eut pour tâche de surveiller tous les services. Il fut en fonction de 1556 à 1583.

On se borna naturellement à l'indispensable, on répara la Porterie d'En bas (en 1553), parce « qu'elle chéait, ayant été bastie autrefois sur des poutres de bois qui étaient toutes pourries ». On restaura aussi la Porterie du château et on y plaça l'écusson de Lorraine et de Christine. On remit en état le donjon, trois autres tours.

Six années s'écoulèrent tant bien que mal; les impôts furent assez lourds; la peste reparut en 1556, après le siège de Metz. D'autres alarmes revinrent, causées par « les Gallans, maulvais garsons, vacabonds, caïmans et autres gens de guerre passant et repassant par les villages ».

Enfin on apprit que le Roi de France consentait à diminuer ses rigueurs à l'égard de la reine Christine, et caressait le projet d'unir sa seconde fille, Claude de France, à Charles de Lorraine, âgé maintenant de 17 ans et connu comme l'un des princes les plus accomplis du royaume. Christine fut flattée de l'avantage promis à son fils, donna son consentement et attendit le jour où elle pourrait revenir en Lorraine. Le mariage ayant eu lieu, le 5 février 1559, les jeunes époux se rendirent à Bruxelles, pour rendre visite à la noble exilée. L'entrevue fut extrêmement cordiale. Christine ne détournait pas son fils de son alliance avec la France, mais elle entendait garder elle-même tout son attachement à l'Autriche. La Régence allait donc cesser en Lorraine, et nul obstacle n'empêcherait plus l'exilée d'y rentrer.

2° L'Ere des magnificences à Blâmont

Il tardait à Christine de revoir son douaire. Elle y revint, quelques mois avant l'arrivée de Charles de Lorraine. Nous savons, par les comptes du Prévôt, qu'elle était à Blâmont dans le courant du mois d'avril, puisqu'ils mentionnent des dépenses « faites par l'Altesse de Madame pendant qu'elle était à Blâmont pour faire ses Pâques ». Charles III ne fit son entrée à Nancy qu'en octobre suivant. Pour cette circonstance, le comté envoya, sur l'ordre de la Duchesse mère, des sangliers, des cerfs, des chevreuils et quantité d'autre gibier tué dans ses forêts. Le Duc ne fit qu'apparaître à Nancy, bientôt rappelé à Paris par des affaires importantes. Il y resta deux ans encore, pendant lesquels sa mère administra le duché et sa capitale. Mais Blâmont, reprenant quelque animation, soupirait après la présence de sa bienfaitrice. Charles III ne revint qu'en 1562, pour se consacrer tout entier à l'administration de ses Etats. Alors sa mère quitta Nancy (18 mai), pour s'installer définitivement au château qu'elle s'était préparé.

Cliché de l'*Imprimerie Berger-Levrault.*

CHRISTINE DE DANEMARK

Duchesse douairière, bienfaitrice insigne de Blâmont

Une telle princesse pouvait-elle oublier son activité, son goût pour les magnificences, et perdre l'illusion de se croire encore souveraine? On la vit aussitôt prendre contact avec les gens de la région blâmontoise et s'intéresser à toutes les misères, qui étaient grandes. La foudre et la grêle avaient fait d'importants dégâts aux environs : la Princesse compatissante répandit de larges aumônes aux paysans. La peste régnait aussi et dura jusqu'en 1563 : la bonne douairière fit venir de Nancy le Prieur de Notre-Dame, pour donner aux malades les secours de son art. L'hiver de 1564 fut particulièrement rigoureux, détruisant les noyers, les vignes : elle prit, avec l'Evêque de Metz, les meilleures mesures pour compléter les approvisionnements. Les chemins, les ponts, les digues des étangs, avaient souffert des intempéries : elle les fit remettre en bon état.

Sous son impulsion, les Salines de Rosières, en chômage depuis 80 ans, reprirent leur activité. Blâmont reçut d'elle, en 1565, un véritable *bureau de charité,* destiné à fournir la *Passade aux passants,* c'est-à-dire un repas et un gîte pour la nuit aux voyageurs sans ressource. Cette institution, lointain prélude de l'hôpital actuel, fut encouragée par le Duc et reçut de lui un subside annuel de 20 francs.

Il est bon de rappeler ces traits de bienfaisance, pour atténuer les reproches sévères que certains historiens font à l'ancienne noblesse. Sans doute, les princes lorrains de cette époque eurent un faible pour le faste et les plaisirs coûteux, mais on les voit toujours convier le menu peuple à leurs fêtes et lui réserver plus que de simples miettes dans leurs journées de liesse. Il semble que, mieux que tout autre, Christine ait compris toutes les délicates attentions de la bonté.

Les bruyants exercices de la chasse ont toujours fait les délices des Grands. Dans les vastes forêts de Barville (1) ne manquaient ni les promenades pittoresques, ni le gibier de toute espèce; Christine y fit venir plusieurs fois les Grands de la Cour. Les chasses de 1562 et 1563 firent époque, tellement elles furent brillantes. On y tua une quantité fabuleuse de cerfs, de chevreuils, de bêtes à poil ou à plume, et toutes les pièces succulentes furent servies à Nancy, avec les poissons des étangs, dans des festins somptueux que les annales du temps ont longuement décrits.

En l'année 1567, Blâmont participa largement aux réjouissances qui accompagnèrent les fiançailles de Renée, première fille de Christine, avec Guillaume, fils d'Albert III de Bavière. L'empereur Maximilien avait négocié cette alliance. Le contrat fut signé à Vienne en sa présence, le 3 juin, et les fiançailles furent fixées aux derniers jours du mois; mais la bénédiction fut remise au 21 janvier 1569, pour avoir sa ratification dernière par Christine et Charles III, le 28 décembre suivant.

Les fêtes organisées pour ces fiancailles furent merveilleuses.

---

(1) Barville, village ancien, près d'Abreschviller. La forêt appartenant au Duc avait 2.000 arpents. La délimitation en fut faite en 1566, d'accord avec Bernard de Lutzelbourg.

Pendant huit jours se déroulèrent les récréations et les jeux les plus en faveur dans ce temps : tournois, combats à la barrière, courses de bagues, festins, danses, etc... La belle saison et le site charmant du château offraient un cadre incomparable. Que de prouesses, aventures, propos galants, incidents curieux, dans cette joyeuse semaine! On aimerait à en retrouver la relation écrite. Hélas! il n'y avait pas de gazettes à cette époque, et nous ne savons pas même le nom des invités. Il est certain pourtant qu'African d'Haussonville fut de la fête. On le fit quérir, en voiture, à son château du Hazard. Les capitaines Hanus et Speck, de Dieuze, furent donnés comme guides au Duc de Bavière. Toute la noblesse des environs fut convoquée et le menu peuple accourut, par toutes les routes, pour prendre part à la solennité. Le reste se devine : et l'animation de la petite ville, et l'affluence des visiteurs, et l'entrain de la foule. Les pièces du comptable nous apprennent, d'autre part, les sommes employées aux préparatifs, la durée des travaux, la provenance des ouvriers et mille autres détails qui nous intéressent moins et qui montrent que toutes les pièces du château avaient fait toilette neuve (1).

Les fêtes écoulées, le noble fiancé s'en retourna en Bavière, accompagné de son majordome, le comte Volmar de Dalstein. Tout ce brillant équipage comprenait huit chevaux de selle et quinze chevaux de trait.

Pendant qu'à Blâmont brillait cette lueur de joie, tout autour s'allumaient les querelles religieuses. Le Calvinisme progressait dans le pays messin, à Marimont, à Dieuze, à Bourdonnay. Les prédicants avaient la faveur des comtes de Linange à Réchicourt, des barons d'Haussonville au château du Hazard (Zùfall) près de Lorquin, des comtes de Salm à Badonviller. Dans cette dernière ville, les *Réformés* affichaient une audace insolente, « s'emparant de l'église, ayant les heures du service mi partie avec les catholiques, et ce, par grâce spéciale et soubs les conditions dont ils furent mauvais observateurs, et, par succession de temps, ils se rendirent si puissants et si hautains que, lorsque la messe n'était pas terminée pour l'heure du prêche, ils entraient dans l'église en tumulte, s'asseyaient sur les autels, défiguraient les insignes des Saints comme idolles risibles, et y commettaient plusieurs iniquités trop longues à déduire... » (2).

On apprit bientôt que l'abbaye de Saint-Sauveur, à peine restaurée, venait d'être saccagée à nouveau. Les uns attribuent ce méfait à Jean-Philippe de Salm; d'autres, à des malandrins conduits par un certain Jaulny; d'autres, à des troupes de Guillaume d'Orange, allant en France

(1) De Nancy, vinrent les peintres, tapissiers, verriers les plus en vogue; de Deneuvre, les pelletiers, parementiers « pour draper de petites hardes les salons et les préaulx »; un fondeur fournit 60 chandeliers pendants et 24 autres en applique, sans compter des *porte-falots* pour les cours et les avenues. On amena de la montagne *316 charrées* de planches; la tuilerie de Haute-Seille fournit 15.000 briques et autant de tuiles, etc... (Voir B. 3277 et 1147.)

(2) Voir Cuvier, cité par Ravold : *Histoire anecdotique de Lorraine*, t. III, p. 806.

pour secourir les Huguenots (1). Il y eut plusieurs autres alarmes encore, dont les conséquences furent moins funestes.

Si les mesures énergiques, prises par Charles III pour diminuer les luttes fratricides, eurent de bons résultats dans le Duché, Christine réussit mieux, dans le Comté, en employant sa haute influence à protéger ses sujets. Guillaume d'Orange vint, en réalité, en 1568, et traversa le Blâmontois, mais, par égard pour sa souveraine, il sut imposer à ses troupes une grande réserve, et il ne fit aucun mal. L'année suivante (1569) se présenta le capitaine *La Coche,* qui voulait atteindre Baccarat; des ligueurs le refoulèrent vers Saverne.

Habile à protéger ses sujets contre les périls du dehors, la bonne Princesse sut aussi bien les préserver de la séduction des nouveautés dangereuses. Aussi ne vit-on, à Blâmont, qu'un ou deux Calvinistes, bientôt écartés (2). Mieux encore, elle s'employa à réparer les dégâts qu'elle n'avait pu empêcher.

Les religieux de Saint-Sauveur vinrent lui conter leur découragement à la suite de leurs malheurs réitérés, et leur désir de transporter leur abbaye en un lieu où ils seraient mieux défendus. Leur projet de s'établir à Domèvre, où ils avaient un prieuré, eut aussitôt son approbation (3). Non seulement elle intervint auprès de Charles III, pour faire agréer et subventionner cette translation, mais elle ouvrit sa bourse toute grande pour aider à l'entreprise, heureuse de procurer à son douaire un nouvel élément de prospérité.

En novembre 1573, voici le château de Blâmont en grand émoi : la reine de France, Catherine de Médicis, y est attendue, et Christine lui réserve une réception digne d'elle (4). On sait que la diète de Pologne offrit alors la couronne du pays à Henri d'Anjou, frère de Charles IX, roi de France. Le Prince accepta et partit accompagné de sa mère avec quelques Grands du royaume. Arrivée à Nancy, l'illustre caravane s'y arrêta. Une fille, Catherine, plus tard Abbesse de Remiremont, venait de naître à Charles III. La Reine en fut marraine et lui donna son nom, le 20 novembre. Le voyage reprit, le 28, et, après un arrêt à Saint-Nicolas-de-Port, on parvint à Blâmont, le 29. Là devaient se faire les adieux.

Avec la Reine et son fils arrivèrent le duc d'Alençon, Marguerite de Valois, le jeune prince de Condé, roi de Navarre, Cheverny et d'autres.

---

(1) Voir Chatton : *Histoire de Saint-Sauveur,* p. 37.

(2) On ne voit sa justice prononcer aucune amende ou confiscation pour crime de calvinisme; on relève seulement quelques sévérités, qui étaient dans les usages du temps, contre les impiétés ou blasphèmes contre la Sainte Vierge et contre des actes de sorcellerie.

(3) L'ancien prieuré de Saint-Remy dominait la Petite-Domèvre, du côté de Verdenal. L'abbaye fut construite tout près. Une porte modeste, datée de 1541, se voyait naguère encore dans son mur : en voir la description par J. Divoux, dans *B.S.A.L.,* 1321, p. 27; voir Chatton, *op. cit.,* p. 60, et B. 3286.

(4) Voir les *Mémoires de Marguerite de Valois,* p. 410, et ceux de Cheverny, cités par Pfister. *Histoire de Nancy,* t. II, p. 252

Ludovic de Nassau et le duc Christophe, fils de l'électeur palatin, chargés de protéger le jeune prince pendant la traversée de l'Allemagne, arrivèrent à leur tour. L'entrevue dura jusqu'au 3 décembre, et la réception fut digne de si nobles personnages.

Enfin sonna l'heure de la séparation. La Reine, ayant obtenu toutes les garanties désirables, mit son fils sur la route de Sarrebourg et l'embrassa en lui disant adieu. On dit qu'elle pleura : c'était, parait-il, le seul enfant qu'elle aimât véritablement. Elle n'eut de consolation qu'à la pensée qu'il ne serait pas longtemps en Pologne. Sa tendresse maternelle devinait juste; Henri revint à Paris, le 30 mai suivant, rappelé par la mort prématurée de Charles IX.

Une autre fête, grandiose comme les précédentes, aurait pu réjouir encore la petite région Blâmontoise. On l'attendait, car on savait la seconde fille de Christine promise en mariage à un Prince d'Autriche, Erric de Brunswick-Volfenbuttel. Il avait été protestant, mais il s'était fait catholique. Le mariage eut lieu, le 20 décembre 1575, mais pas à Blâmont, nous ne savons pourquoi. Il fut célébré à la Collégiale Saint-Georges de Nancy, devant une brillante assemblée. La veuve de Charles IX, Elisabeth, fille de Maximilien II, était arrivée de la veille. Les Grands d'Autriche, venant rechercher l'ancienne Reine de France, étaient également présents, à savoir : Guillaume II et sa femme Renée, Mme d'Aremberg et d'autres. Au moment où les époux se donnaient la main, le héraut cria trois fois, suivant l'usage : « Silence soit, silence ! » puis on jeta au peuple des pièces d'or et d'argent. Les fêtes étant finies pour le 3 janvier, les illustres invités regagnèrent l'Autriche par Colmar et Bâle (1); la duchesse Christine s'en revint seule à Blâmont.

3° La fin d'une Carrière glorieuse

Déjà les années s'accumulaient sur la tête de la Duchesse, sans que rien faiblit en elle, ni l'entrain, ni la sollicitude pour ses sujets, ni le goût des voyages, ni la passion de bâtir. Tant de qualités devaient faire bénir sa mémoire, malgré des manières autoritaires, qu'excusait un désir d'être utile.

Plusieurs de ses réformes procurèrent de réels avantages à ses sujets. Elle remplaça d'anciennes prestations en nature par une rente en argent modérée et fixe.

Ainsi les gens d'Autrepierre, de Repaix et de Leintrey furent libérés de la corvée de garde au château; les pêcheurs de Domjevin, de l'obligation de fournir le poisson à l'Assomption, à la Toussaint et à la Noël; au lieu de carpes, les arquebusiers reçurent de beaux deniers pour leur indemnité.

(1) On sait que le mariage de Dorothée dura peu; Eric mourut sans enfant en 1584, sa veuve revint à Nancy et y mourut vers 1630; son corps fut inhumé dans la chapelle du Noviciat des Jésuites.

Elle ouvrit aussi la voie aux *Acensements* qui furent, en réalité, des ventes déguisées de portions plus ou moins utiles au domaine ducal, comme des étangs, des terrains incultes ou mal boisés, qui acquirent une valeur plus grande et furent profitables à la région.

Son édit de 1580 contre les blasphémateurs serait aujourd'hui chose surprenante, mais il était dans l'esprit du temps. Celui de 1581 régularisait la perception du droit de *scel*. Celui de 1587, le dernier de ses actes, était une loi somptuaire inspirée par le désir de prévenir la disette et la cherté des vivres (1). Cet édit fut également promulgué dans le reste de la Lorraine.

Comment refuser son admiration à l'œuvre entière de cette grande Princesse, et notamment à l'embellissement de son château, poursuivi avec tant de méthode et de bon goût? On sait, par les comptes de la gruerie, que dans la cour intérieure se trouvait une fontaine jaillissante dont les eaux étaient amenées de la forêt de Frémonville par des tuyaux en bois d'un coûteux entretien. Un parc magnifique s'étendait jusqu'à la rue des Chapeliers, renfermant des cerfs et autres bêtes sauvages sous des taillis ombreux. Tout autour s'étageaient des pavillons coquets, où se trouvaient logés les serviteurs : Pierre Sylvestre, valet de chambre; Jacques Cottereau, dit Duplessis, maître d'hôtel. Tout annonce un train de vie princier qu'on aurait grand tort de reprocher à qui savait si bien l'ordonner.

On ne s'étonnera pas que, fière de son œuvre, Christine de Danemark ait désiré posséder une *esquisse ressemblante* de sa belle demeure. Les documents anciens nous apprennent qu'elle en fit tracer une image par son ingénieur, Jules Ferrari, aidé par un maçon de Blâmont, du nom de François. Cette œuvre est perdue. Le même caprice la porta à faire venir un dessinateur célèbre, nommé Hœfnagel, pour qu'il exécutât un croquis de sa résidence (2).

L'estampe qu'il grava nous est parvenue. C'est une des premières qui aient été répandues par l'imprimerie. Plusieurs exemplaires en existent encore et portent le titre de « *Blammont au pays de Vauge* ». Cette image, fidèle au moins dans l'ensemble, dépeint, mieux que les plus habiles descriptions, le noble profil du château sur l'harmonieux paysage qu'il domine. L'artiste a écrit, au dos de son œuvre, trois mots qui traduisaient sans doute son enchantement : « *Oppidum, non magnum quidem, sed pulchrum et amœnum* » ; ce qui veut dire : Forteresse petite sans doute, mais coquette et agréable. Une impression semblable gagne encore le touriste qui contemple aujourd'hui, de la côte de Barbas, le panorama des ruines du château.

---

(1) On peut en lire le texte dans les *Communes*, de Lepage, t. I, p. 149.

(2) Georges Hœfnagel, né à Anvers, voyageant pour son commerce, aimait à dessiner les curiosités qu'il rencontrait. Il fut ruiné, lors des troubles de sa patrie, et s'attacha au duc de Bavière, qui le fit connaître à Christine. Il mourut en 1600, âgé de 55 ans, laissant un fils, Jacques, qui fut dessinateur comme lui. La date de sa venue à Blâmont est incertaine, et se place entre 1580 et 1587.

Cliché du *Pays Lorrain*.

SALLE D'HONNEUR DU CHATEAU D'HERBÉVILLER-LANNOY
CONTEMPORAIN DU CHATEAU DE BLAMONT

Un voyageur, qui s'intitule *Jodocus Sincerus,* emploiera, quelques vingt ans plus tard, dans son Itinéraire de Strasbourg à Paris, des termes aussi flatteurs (1). « Après Sarrebourg, écrit-il, se trouve le village de Saint-Georges, où l'on voit une singulière enseigne d'auberge : « *Point d'or, point d'argent* », puis une ville agréable, quoique pas très grande, appelée par les Allemands Blanckenberg. Là, à gauche, en entrant, est un magnifique château « *arx diffusa et magnifica* » vis-à-vis et à droite, une hostellerie, où, pour un prix modéré, on vit magnifiquement : « *lautissime* ».

Que ne pouvons-nous rétablir par la pensée et décrire, pièce par pièce, un château dont les ruines sont toujours si majestueuses? Donnons-en, du moins, une idée sommaire, en utilisant la gravure de Hœfnagel et les inventaires mobiliers que conservent nos archives (2).

Le vieux manoir, avec son enceinte, son donjon carré, ses six tours rondes, était proprement la citadelle. Le gruyer y habitait; les locaux qu'il n'occupait pas servaient d'arsenal et de magasins. L'armement était celui du temps : 8 faulconneaux, montés sur roues, en fer forgé; 33 arquebuses à crocq; 20 arquebuses à mèche; 2 tonneaux de poudre fine; du plomb; 4 hallebardes, marquées au chiffre de S. M. pour les quatre corps de garde installés sur le chemin de ronde. Le tout en déplorable état, dit l'inventaire de 1589, parce qu'il avait servi à repousser l'attaque des Reitres.

La résidence nouvelle, créée pour Christine, avait aussi son enceinte de murailles et ses tourelles, en contre-bas de la forteresse et l'entourant. Le Palais proprement dit avait une façade au couchant, garnie de deux tours massives; à l'intérieur, la façade était ajourée de fenêtres nombreuses dans le goût de la Renaissance. L'entrée était au milieu; au-dessus s'élevait une flèche pyramidale à quatre pans, dont les arêtes étaient ornées de *choux* et *tuppignons* de terre (3). Un escalier de pierre, le même sans doute que celui qui existe encore, donnait accès aux étages supérieurs.

De chaque côté de l'entrée, s'ouvraient les grandes salles, dont les plafonds à *solives sur sommiers* s'harmonisaient avec les boiseries murales. Celle de droite, en bas, avait été aménagée en chapelle, où venaient officier les Chanoines de la Collégiale. Celle de gauche était le lieu de réception avec la cuisine et l'office.

Au premier étage était le *quartier du Cardinal*, préparé pour Charles de Lorraine, lors des fiançailles de Renée; les tentures en étaient rouges, crespinées et frangées d'or. En face, une salle pareille « où se

---

(1) L'auteur qui prend ce pseudonyme est Jean Zuiguerling, philosophe allemand du XVIIe siècle, qui a écrit un guide pour les étrangers voyageant en France. Son œuvre a été traduite par M. Guerrier de Dumast. Voir M.S.A.L. 1852, p. 259, et Pfister, *Histoire de Nancy,* II. p. 17, note 3.

(2) La pièce B. 3456 énonce le mobilier laissé par Christine. Une notice de M. E. Ambroise sur les Châtelains de Blâmont reproduit un autre inventaire pareil de 1604.

(3) La restauration récente de ce bâtiment est plutôt singulière, puisqu'elle oppose à l'ancienne face de l'intérieur, un extérieur qui est dans le goût du moyen-âge.

voyait un *lit à l'Impérial,* de grand drap bleu, frangé de laine ». Çà et là des tentures, des tapisseries, des bahuts, des coffres, tous les meubles d'une grande maison, toutes les productions artistiques du temps : grilles forgées à Blâmont, verrières peintes à Saint-Nicolas, miroirs

Cliché du *Pays Lorrain.*

CHAPELLE ACCOLÉE A LA SALLE D'HONNEUR DANS LE CHATEAU D'HERBÉVILLER-LANNOY

polis à Hattigny, émaux préparés à Badonviller, cuirs repoussés à Deneuvre. Le parc s'en suivait avec ses frais ombrages.

Enfin, jusqu'à la poterne du moulin, les pavillons s'étageaient au levant, pour loger les serviteurs et leurs familles (1).

---

(1) La pièce B. 3456 présente une longue liste des gens à qui Christine servait une pension : outre le prévôt Collin Olry, son secrétaire particulier, le sieur Cunin, 400 francs ; un apothicaire, Jean Gavaud, 400 francs ; la veuve de Chamoy, cuisinier, 400 francs ; le valet de chambre, le chirurgien, le chef d'artillerie, le palefrenier, le maître d'école, la lavandière, la nourrice, le cocher, le messager ordinaire, etc...

Que fallait-il de plus pour satisfaire une douairière et lui donner l'illusion qu'elle restait duchesse?

On pouvait croire que, fortement attachée à Blâmont, Christine de Danemark y finirait ses jours, quand on la vit soudain partir pour l'Italie. Suivant les calculs les plus probables, ce voyage doit être placé aux environs de mai 1587. Quelles raisons le motivèrent? Nous ne ferons sur ce point que de simples conjectures. La rumeur publique faisait craindre le retour du *choléra asiatique* ou *morbus hungarius*, qui avait été si terrible en 1584; mais ce fléau ne l'eut pas fait fuir. Son éloignement provient plutôt de l'opposition de ses vues politiques avec celles de son fils. On s'explique dès lors la froideur de Charles III pour sa mère, quand elle vint à mourir, froideur si extrême, qu'on n'en conçoit pas de plus grande à l'égard d'une personne vouée à l'exil.

Christine se rendit donc à Tortone, petite ville du duché de Milan. Saint Charles Borromée venait de mourir tout près de là, en 1584, et on le vénérait déjà comme un saint. On apporta de Blâmont plusieurs messages à la Princesse, qui répondit en expédiant plusieurs nominations. On sait qu'elle fit le pèlerinage de Notre-Dame de Lorette, en 1588, pour accomplir un vœu. On attendit vainement son retour.

En septembre 1590, parvint à la Cour de Charles III la première annonce de sa maladie. Aussitôt le Duc dépêcha vers elle le seigneur Porcelet de Maillanne. Quand celui-ci arriva, Christine vivait encore. On eut le temps de régler certaines affaires et d'envoyer un second courrier, puis un troisième, mais ce dernier devait faire part de sa mort.

Le Duc donna l'ordre de ramener le corps de sa mère. Toutefois, chose singulière, il s'arrangea pour que ses funérailles n'eussent point d'éclat. Le convoi funèbre, dirigé par Vice-Conty, maitre d'hostel de la Duchesse, arriva par la route de Saint-Dié et s'arrêta à Deneuvre. La bière était sur une simple voiture, il n'y avait que trois chevaux pour toute l'escorte. Le gruyer de Deneuvre était chargé de tout disposer. Le cortège funèbre arriva le 10 novembre. Une députation envoyée de Nancy par le Cardinal de Lorraine, se présenta pour rendre les honneurs à la défunte : elle comprenait le seigneur Gérard de Reinach, un gentilhomme et huit serviteurs. Quand le corps fut déposé à la Collégiale, on célébra les services. Les mêmes marques de deuil eurent lieu à Blâmont. Divers membres de la noblesse vinrent s'incliner devant la chapelle ardente. On attendait l'ordre de transfert à Nancy; il fut retardé jusqu'au 23 avril et on ne donna aucun apparat aux funérailles définitives. A la Collégiale Saint-Georges, où se trouvaient les tombeaux de la famille ducale, une dalle fut levée, presque en cachette. La bière fut descendue dans le caveau, et ce fut tout. La dépense pour cette cérémonie fut des plus modestes.

Dans un acte de 1587, Christine était qualifiée : Reyne de Danemark et de Norvège, des Goths et Vandales, duchesse de Golsmich, Holstein, Stronay, Dietmarck, Lorraine et Bar et Milan, marquise de Deuthornay, comtesse d'Oldembourg, Dielmenhorst, Blâmont, et dame de Deneuvre.

On peut lire, dans Lionnois, les épitaphes placées sur son tombeau, avec la description de son blason compliqué (1).

On ne peut mieux finir cette biographie qu'en citant ce bel hommage de François Thibaudot, dans son *Histoire des Rois et Ducs d'Austrasie :*

Du nom de Christ, Christine a son nom justement
Qui suit les pas du Christ, l'aimant parfaitement.

(1) Lionnois, *Essai sur la Ville de Nancy*, t. I., p. 348

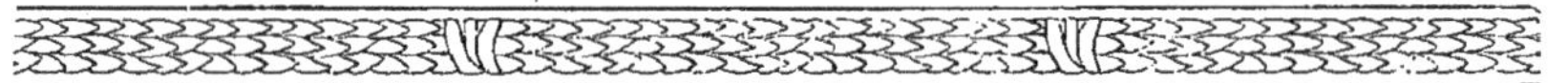

IV

Inquiétudes incessantes sous les Ducs Charles III et Henri II

1° Le passage des Reîtres

Après le départ de Christine, le comté fut assailli par d'incessantes épreuves et n'en regretta que plus la perte de son bon génie. Le premier de ces malheurs survint, quelques semaines après sa disparition. Peut-être ne l'aurait-elle pas empêché; du moins, en aurait-elle adouci les conséquences. Ce fut l'invasion des Reîtres protestants, amenés en France par le duc de Bouillon, pour porter secours au Béarnais. On était au mois d'août 1587. Pour ces troupes, levées en Alsace, le plus court chemin était de traverser la Lorraine. Mais le duc Charles III et les Guise s'y opposaient. Leur capitaine, African d'Haussonville, était allé barrer les défilés des Vosges avec des régiments lorrains, pendant qu'on inondait les vallées de la Seille et du Sanon, et qu'on rendait les routes impraticables, en les couvrant d'arbres abattus.

Malgré toutes ces précautions, les Reîtres, se faufilant par la vallée de la Zorn, purent avancer jusqu'à Sarrebourg. Les Lorrains, débordés, crurent les arrêter en leur fermant cette place, mais ils durent lâcher pied, à la première sommation. Alors African, aux abois, dépêcha, vers Lunéville, le capitaine Jouvenot avec 150 hommes et, vers Blâmont, le capitaine des Poignantes avec une troupe pareille, puis battit en retraite sur deux châteaux qui lui appartenaient, *le Hazard* et *Turkestein*.

Suivant Digot, les Allemands formèrent aussi deux groupes, pour leur marche en avant. L'un atteignit, près de Saint-Quirin, l'arrière-garde de

Fouquet de la Route (1), le battit et lui prit sept enseignes, qu'il fit porter aussitôt à Strasbourg (28 août). L'autre, composé surtout de Reîtres, ou cavaliers, alla droit vers Blâmont, en passant par Tanconville et Frémonville. Il investit la petite place, dès le dimanche 30. Là, toutes les forces de l'expédition se rejoignirent et décidèrent de prendre d'assaut la citadelle qui prétendait leur barrer la route. Qu'on juge des chances de la lutte! Les défenseurs étaient à peine 500, à savoir : les 150 hommes de des Poignantes, arrivés de la veille, d'autres Lorrains amenés par le capitaine Thomas Kiecler, les 50 arquebusiers de la ville et des gardes volontaires accourus aux lugubres appels de la *ban cloche*. On sait les maigres ressources de l'arsenal. Le prévôt Thomas Guégitius et Nicolas Gelée, son gendre, faisant l'office de lieutenant, assumaient toute l'organisation (2).

Les assaillants étaient au nombre de 30.000, ou même de 35.000. Ils campèrent dans tous les environs, jusqu'à Harbouey, Ancerviller, Barbas; un régiment de Suisses occupait le faubourg de Giroville; un autre d'Alsaciens, sous les ordres du seigneur de Villeneufve, le faubourg de Voise. L'artillerie, forte de 19 bouches à feu, avait pris position sur la côte.

Les Allemands ne croyaient pas à une résistance sérieuse et furent très étonnés du défi qu'on opposa à leur première sommation. Ils ouvrirent le feu et le premier assaut fut sans résultat. Ils accordèrent repos pour toute la journée du lundi. Cependant le capitaine Cormont et son fils, le seigneur de Villeneufve, tous deux lorrains devenus calvinistes, profitèrent de cet instant de relâche pour reconnaître les lieux et faire des travaux d'approche; ils perdirent quelques hommes. Une nouvelle attaque, le mardi, fut aussi vaine que la première. Alors, M. de Bouillon, logé à Sertuville (3), réunit son Conseil. Cormont déclara que pour prendre le château, il faudrait des tranchées, que les pertes seraient grandes, que les arquebusiers ennemis tiraient bien. « Mais, en parlant ainsi, ajoute La Huguerie, l'historien de cette campagne, il semblait forcer sa pensée et désirer passer outre, pour ne pas exposer la vie de son fils, car il était fort judicieux. » Survint un capitaine qui avait autrefois visité la place, et qui affirma « qu'elle n'était

---

(1) Il mourut gouverneur de Marsal; son épitaphe, dans l'église, rappelle cette défaite de Saint-Quirin.

(2) Les auteurs ont mis quelque confusion en relatant les noms et le rôle de ces défenseurs. Des Poignantes, ou Le Poignant ou Lempougnant (ces trois manières d'écrire se trouveront plus tard) paraît bien le principal chef de la défense; il reçut plus tard, en récompense, le fief de Frémonville. Thomas Kiecler, et non Jean-Jacques Kiecler, fut son associé, comme le rappellent les lettres de noblesse qui furent accordées à son petit-fils, et un manuscrit de Nicolas Crock, alors maire de Blâmont, que Dom Calmet a eu sous les yeux. On a mis aussi en jeu Mathias Klopstein, qui doit être gardé pour le siège de 1636. Voir Lionnois, II, p. 306; Lepage. *Communes*, art. Kerprich, B.S.A.L. 1912, p. 91; *Pays Lorrain* 1911, p. 99.

(3) Sans doute, Harteville, ancien hameau détruit dans cette circonstance, entre Barbas et Nonhigny.

point de défense, estant simplement un chasteau de plaisir ». Entra un autre capitaine pour annoncer que les lansquenets avaient pris des vivres et saccagé une abbaye voisine (1). La réunion s'acheva après échange de vues contradictoires, M. de Bouillon étant au lit, malade. Enfin chacun s'en retourna au quartier d'Acherviller, en se donnant rendez-vous pour le lendemain dans la plaine d'Herbéviller. Blâmont allait être délivré.

En effet, le 4 septembre, les Allemands s'écoulèrent peu à peu et on vit les derniers disparaître derrière le bois de Trion. En poursuivant leur route, ils reprirent leur programme qui était de faire le plus de mal possible aux Lorrains, parce qu'ils étaient catholiques incorrigibles. On sait qu'en passant à Herbéviller, ils dévastèrent les deux seigneuries de ce lieu, celle de *La Tour*, appartenant à M. de Barbas, celle de *Lannoy*, à M. de Créhange. Ils attaquèrent, en même temps, le château d'Ogéviller, qui était aux princes Otto et Frédéric, Rhingraffs de Salm, ardents protestants, qu'ils ne connaissaient pas. Ils en eurent raison après neuf volées de canon et pendirent le châtelain défenseur, bien qu'il se fût rendu.

La défense de Blâmont, dans cette circonstance, fait honneur à la petite ville. Ce fut un réel triomphe, car l'attaque avait été sérieuse, à en juger par les nombreuses meurtrissures qu'il fallut réparer ensuite (2) : le donjon découronné, la porte Saint-Thiébaut renversée, sept brèches pratiquées aux murs d'enceinte. Dans la ville et les faubourgs, les dégâts furent aussi importants. L'église paroissiale, réduite à ses quatre murs par l'incendie, coûta, l'année suivante, à l'abbé de Haute-Seille, 1.400 livres pour sa réparation. Tous les registres du Tabellionnage, qui étaient gardés dans la collégiale, furent lacérés et détruits.

On apprit bientôt toutes les dévastations causées dans les lieux environnants. Barbezieux et Harteville, détruits, ne se relevèrent jamais; Barbas et Ancervi'ler furent gravement endommagés. Les digues des étangs étaient rompues à Blémerey, Chazelles, Autrepierre. La Gruerie ne put en réparer les canaux, huches et autres ouvrages nécessaires à l'exploitation qu'en 1590. Le plus triste à voir était l'abbaye de Domèvre. Sa tour était effondrée; ses cloches, d'un poids de 7 à 8.000 livres, fondues; son orgue, ayant coûté 2.000 livres, consumé; sa façade, ses cloîtres renversés; on estima ses pertes à 30.000 livres.

La contrée subit, dit-on, des dégâts pour 74.000 livres, mais n'eut à déplorer que la mort de peu de personnes. Pourtant la peste, déjà déclarée au mois de mai, ne pouvait que s'aggraver après une telle secousse. Ses victimes les plus nombreuses furent dans les rangs allemands, où moururent plus de 200 hommes. Tout l'automne fut lamentable, à cause de la corruption des eaux, du manque de vivres et des craintes inspirées par la contagion. Combien fut regrettable l'éloignement

---

(1) Celle de Domèvre, qui, à peine achevée, était encore détruite.

(2) Voir les comptes des années suivantes. B. 3451-3452.

de la duchesse, dont la bonté aurait su relever les courages et dont les richesses auraient soulagé maintes misères!

2° Autres menaces de guerre sous le duc Charles III

Sa mère étant morte, le duc Charles III se réserva les revenus et l'administration des seigneuries qui avaient formé son douaire. Son premier soin fut de supprimer les privilèges ou exemptions accordés à notre région. Celle-ci avait souffert, il est vrai, mais toute la Lorraine aussi passait par l'épreuve. C'était l'heure où la Ligue déroulait ses intrigues; Charles III lui donnait son aide et espérait y gagner la couronne de France. Il était en lutte, dans l'hiver de 1591, avec les Réformés allemands, qui appuyaient les revendications du Béarnais. C'était un premier succès d'avoir arrêté à Strasbourg la marche de ses dangereux voisins, mais la menace restait toujours à la frontière de l'Est, et, pour la conjurer, il fallut renforcer les places qui gardaient les passages des Vosges. A Phalsbourg, le Duc envoya le seigneur de Héming; à Deneuvre, le seigneur de Haraucourt; à Baccarat, le colonel Hans Ludolff de Schonaw (Chénau). Blâmont, on ne sait pourquoi, ne reçut pas de garnison, mais dut fournir des rations à Baccarat, depuis mars jusqu'à mai 1592, et même expédier son matériel d'artillerie à Lunéville, en août, suivant un ordre venu du Cardinal de Lorraine, nommé lieutenant-général.

L'hiver suivant se passa dans le calme. En juillet, l'affaire de l'évêché de Strasbourg, que le Cardinal devait conquérir par les armes, réveilla toutes les craintes de ce côté. Le Duc n'eut qu'un demi-succès dans la campagne qu'il entreprit pour installer son fils sur ce siège. C'est alors qu'on résolut une entrevue entre le Cardinal et les délégués de l'empereur Rodolphe. Elle eut lieu à Blâmont, en 1593. Les négociations durèrent plusieurs jours, mais sans résoudre le différend, qui ne s'éteignit qu'avec le Cardinal, en 1609; elles suspendirent toutefois les hostilités, et c'était beaucoup. Le comté eut de grands frais à supporter dans cette affaire, dénommée *guerre épiscopale,* qui coûta au duché 200.000 écus. Comme dédommagement, les bourgeois de Blâmont furent autorisés à garder pour eux, pendant quinze ans, la *gabelle des vins,* c'est-à-dire, le dix-septième pot de chaque mesure vendue en détail, et la somme de huit deniers par mesure vendue en gros. Les bouchers s'érigèrent en corporation, le 22 septembre 1593; les fermiers des moulins bénéficièrent de réductions importantes (1595) « à cause des guerres d'Alsace, pendant lesquelles les sujets ont été contrainets de s'y acheminer en armes, par quatre fois. » (1).

Un peu de sécurité vint du côté de la France, en 1594, quand Charles III n'y eut plus rien à prétendre. C'est alors qu'il maria sa dernière fille, Élisabeth, avec son neveu, Maximilien II de Bavière. Les

---

(1) Voir B. 3310-3459-3463.

fêtes de Nancy terminées, les époux se rendirent à Blâmont, pour regagner l'Allemagne. Une suite nombreuse les y accompagna et ce fut l'occasion d'une animation joyeuse dans le château, où toutes les tentures de Christine furent tirées de leurs bahuts, en vue d'une ornementation brillante, mais trop courte.

Pourtant l'affaire de Strasbourg n'avançait pas, et, pour appuyer l'autorité de son fils, le Duc de Lorraine avait cru devoir faire une nouvelle démonstration à main armée. Après s'être assuré le concours du prince-cardinal André, archiduc d'Autriche, il avait fait une levée d'hommes et s'était mis en marche vers Sarrebourg. On était à la fin de 1595. Il indiqua Blâmont comme lieu de concentration pour toutes les troupes. A tout prix, les chefs alliés voulaient éviter l'effusion du sang : ils parlementèrent longuement et finirent par conclure une trève de dix ans. Dans l'intervalle, l'entretien de tant de soldats fut une lourde charge pour les environs. Chazelles, où logeaient des hommes de l'Archiduc, fut même totalement détruit par un incendie, allumé volontairement ou imprudemment. Pour ce fait, les habitants furent exempts de taxes pendant plusieurs années. Blâmont et Domjevin jouirent, à la même époque, de privilèges pareils, pour des raisons diverses.

Pendant son long séjour à Blâmont, le duc Charles III dut remarquer les avantages que pouvait offrir la citadelle de ce lieu pour la défense de son duché, car il fit aussitôt regarnir l'arsenal et réparer les murailles. Puis les bruits de guerre s'éteignirent, le calme se rétablit, et, sauf une légère apparition de la peste, en 1598, le bien-être vint résider pour longtemps au foyer de nos ancêtres. Charles III vécut encore dix ans, pendant lesquels la satisfaction des Lorrains fut entière. La voix unanime lui décerna le surnom de *Grand*.

Voici encore quelques éphémérides mémorables dans l'histoire du comté. En 1599, toute la famille ducale vint à Blâmont, comme dans les principales villes, pour présenter à ses loyaux sujets les nouveaux époux, qui devaient, plus tard, prendre la direction des Etats lorrains. C'étaient Henri, duc de Bar, et Catherine de Bourbon, sœur de Henri IV, huguenote obstinée. Leur récent mariage, dicté par la politique, conclu à l'encontre de toutes les règles ecclésiastiques, ne plaisait pas au peuple. La manifestation fut néanmoins des plus brillantes et la ville se mit toute en fête. On vit, aux côtés du couple princier, François de Vaudémont, dont la grande occupation était de se former un Etat tout autour de Badonviller; le Cardinal de Bourbon, le trop complaisant archevêque de Rouen, qui avait béni le mariage; le Cardinal Charles de Lorraine, dont on disait avec malice « qu'avec tant de crosses, il n'avait jamais pu marcher droit, étant l'un des plus insoutenables hommes que la terre ait portés » (1); Elisabeth de Lorraine, duchesse de Bavière (2);

---

(1) Il cumulait les évêchés de Toul, Metz, Strasbourg, etc..., et était affreusement goutteux et impotent.

(2) Elle séjourna au château de Blâmont, à l'aller et au retour de son voyage pour assister aux noces de son frère.

Antoinette de Lorraine (1); Christine, femme de Ferdinand Ier, duc de Toscane (2).

Comme toujours, les comptes détaillent les frais de réception, mais sont muets sur les incidents qu'elle dut comporter; il nous faut, à regret, observer le même silence.

On sait que, quatre ans plus tard, la mort brisa la première union de Henri de Bar et qu'après deux ans de veuvage il se remaria. La reine Marie de Médicis lui avait ménagé une nouvelle alliance avec Marguerite, fille de Vincent de Gonzague et d'Eléonore de Médicis. La cérémonie fut fixée au mois de juin 1606 et célébrée à Nancy.

La jeune Princesse arriva par l'Alsace, avec sa mère, et fut d'abord reçue chez le Cardinal-Evêque de Strasbourg, en son château du Hohbar, près de Saverne. Henri, le futur époux, vint l'y attendre. A Sarrebourg, le chef du Conseil ducal, assisté de trois gentilhommes, présenta les compliments du Duc. Le somptueux équipage arriva à Blâmont, le 13 juin. On avait fait de grands préparatifs. Le quartier des *Vieux Fossés* fut tout transformé et s'appela dès lors le quartier de la Duchesse de Mantoue; au fond de la cour, on éleva la Sallette, on restaura des dépendances. Un peintre de Sarrebourg dessina « deux grandes armoiries de Gonzague pour les portes et six petites pour les salons » (3). Après un arrêt d'un jour et une nuit, les illustres voyageurs parvinrent à Nancy, le 15. Le contrat de mariage portait, entre autres clauses, que le comté de Blâmont serait laissé en douaire à Marguerite, pour sa dot de 25.000 livres, que complèteraient, au besoin, les revenus de Deneuvre et des salines de Dieuze.

Pour que la résidence de Blâmont ne laissât rien à désirer, Charles III fit disposer en terrasses superposées la montée abrupte qui reliait la cour d'en bas au vieux portail du manoir ancien. Ce travail était en voie d'exécution, quand la *ban-cloche* annonça soudain la mort du Duc, le 12 mai 1608. Le même glas venait de retentir pour le Cardinal, son fils, le 24 novembre précédent. Les funérailles de Charles III eurent un éclat inouï. M. de Nubécourt y représentait le comté de Blâmont et, suivant l'ancien usage, portait l'armet et la lance. Vincent de Gonzague s'y trouva aussi et passa la nuit à Blâmont, quand il vint et s'en retourna : c'était l'étape tout indiquée dans les voyages vers l'Allemagne.

Charles III avait pu paraître sévère, au début. Le souci d'économiser et de supprimer des faveurs excessives ou des dépenses trop luxueuses avait fait craindre trop de rigueur ou trop de despotisme : il n'en fut

---

(1) Autre fille du Duc, fiancée alors à Jean Guillaume, duc de Clèves, sans savoir qu'il était dément; elle mourut après dix ans d'un mariage malheureux; son cœur fut déposé aux Cordeliers, en 1610.

(2) Une salle du château a gardé, après son passage, le nom de salle de Toscane. B. 3473.

(3) D'argent à la croix pattée de gueules, cantonnée de quatre aigles de sinople. B. 3487.

rien (1). On comprit bientôt les vues larges et neuves d'un souverain qui désirait mettre la Lorraine sur le pied des grands Etats. En 1594 fut inaugurée la division du duché en huit bailliages, quatre comtés et neuf villes indépendantes. Blâmont et Deneuvre furent chefs-lieux de comtés. Certaines parties des bans d'Emberménil, Herbéviller, Nonhigny, Ogéviller, Reclonville, Saint-Martin, Saint-Maurice, non dépendantes de fiefs anciens, furent rattachées au comté de Blâmont. Verdenal fut de la prévoté de Lunéville; Vého de celle de Vic; Xousse de celle d'Einville (2). Les officiers du comté furent tous renouvelés et pris parmi les Lorrains de bonne marque. Le gouverneur, Gérard de Reinach, était ami de Charles III. Le seigneur de Besançon, prévot, le comptable Chrétien Mathiot, lui furent tout dévoués. Dominique Thabouret, gruyer, avait été son premier chambellan.

Le Duc n'eut garde d'oublier ceux qui avaient rendu à sa cause des services importants. C'est ainsi qu'il anoblit et dota les deux capitaines qui avaient défendu Blâmont contre les Reîtres. A Octavian Le Pougnant, il concéda le fief de Frémonville (3), et pour Nicolas Gelée (4), il créa celui des *Sallières* ou *Sablières*, vaste portion du ban de Gogney, où il permit de construire « une maison franche avec colombier et estableries, close de murailles à cause des loups et placardée du blason de Lorraine en signe de protection ». Ces faveurs sont du 23 avril 1597.

D'autres grâces du même genre suivirent et furent très bien accueillies. A Igney, un sieur Jean Gless, déjà possesseur d'une métairie, se vit attribuer plusieurs *journaux de terre*, dépendant du domaine, avec permission d'en faire un fief, qui s'est perpétué dans la suite; il en donna le dénombrement en 1601 et 1609. A Saint-Georges, le sieur Claude Brimblin eut sa maison, dite La Tour, affranchie en 1606; on retrouva, en 1665, ce petit fief augmenté de terres, détachées de la seigneurie de Turkestein, au profit de Claude Roussel.

En avançant en âge, Charles III voulut être de plus en plus bienfaisant et se montrer plus large à concéder des *accensements*. La prospérité du travail agricole le préoccupait; il rêvait même d'introduire l'exploitation communautaire. Dans cette pensée, il n'hésita pas à livrer

(1) Le fief de Frémonville, auquel Christine avait conféré la franchise, en 1578, en le donnant à Thiebaut Diez, son favori, et dans lequel elle avait édifié l'intéressante maison que l'on admire encore, avait été augmenté d'un bois, dit le Prévôt, pour un autre favori, nommé Melchior Henry. Pompéo Gallo, qui passait pour le banquier de la princesse, l'avait reçu ensuite à titre héréditaire. C'étaient des abus de pouvoir. Pompéo Gallo dut rendre son fief et reçut en échange une rente qui lui fut servie jusqu'en 1595.

(2) Voir Lepage : *Département de la Meurthe*, I, p. 30.

(3) Cette famille, d'origine italienne, eut comme blason : écu de gueules, à la bande échiquetée d'argent et d'azur de 2 pièces, au chef d'or chargé d'un aigle de gueules.

(4) Ecu d'azur bordé et dentelé d'argent à un chevron d'or, accompagné en chef de molettes de même, et en pointe d'une aigrette d'argent.

Cliché du *Pays Lorrain.*

LA TOUR (MAISON FIEF) DE FRÉMONVILLE

des étangs et des forêts à des populations, qui surent les transformer en prairies fertiles. Autrepierre et Amenoncourt furent les premiers à dessécher et à mettre en valeur les vastes marécages qui longaient leur ruisseau. Ils s'engagèrent, en 1605, à entretenir deux ponts, sur les déversoirs de la chaussée, et à verser au trésor, la première année, cent francs, et le double, pendant vingt-cinq ans ensuite; après quoi ils devenaient propriétaires. L'essai fut concluant et la peine largement payée. Blâmont, Halloville, Barbas et d'autres suivirent cet exemple, au risque de verser des indemnités plus fortes. Frémonville *essarta* et mit en culture le bois de Haxeney; Laneuveville-aux-Bois, celui de Panthonvillers; de tous côtés, on chercha à étendre les droits de *pâture*, pour obtenir un bétail plus abondant.

Ces innovations, favorables en somme au bien public, se heurtèrent à des obstacles multiples, parce qu'elles froissaient des usages ou des privilèges anciens. Faut-il rappeler la guerre faite à la pomme de terre, humble tubercule, apporté d'Amérique sur les bords du Rhin et introduit furtivement dans la vallée de Celles vers 1585? La France n'en voulait pas; la Lorraine le tolérait seulement; tous les décimateurs lui barraient la route, comme échappant à leurs exigences, et pourtant, il était appelé à devenir le pain des pauvres.

L'industrie n'eut jusque-là d'autre essor que celui des corporations. Cependant, vers 1600, fut fondée à Hattigny une fabrique de miroirs. Un ouvrier, nommé Clezel, avait apporté cet art à Saint-Quirin et produit des œuvres qu'avait admirées le Duc, mais il était mort peu après. Les deux frères Barthélemy et Balthazar Jacquemin recueillirent son outillage et vinrent travailler à Hattigny. Le duc Ferdinand de Toscane, en passant à Blâmont, examina leurs essais et emmena à Florence les deux verriers, ainsi que Demange Coquard, bourgeois de Blâmont. Tous trois se perfectionnèrent et revinrent, en 1610, pour continuer leur fabrication; Henri II leur accorda même une pension annuelle de 100 livres et autorisa Barthelémy à ouvrir une troisième usine dans la forêt de Bousson.

La population, par contre, ne progressait guère. La peste avait fait tant de ravages que les habitants de nos villages étaient toujours en nombre restreint. Bien que le Concile de Trente ait obligé de tenir l'état des âmes, on ne peut dire quel en était le chiffre exact, car la plupart de ces registres ne nous sont pas parvenus, ou bien les noms de famille suggérés par l'origine, la profession, ou d'autres circonstances, et n'étant pas encore d'un usage constant, prêtent à toutes sortes de confusions. Cependant l'accroissement était sensible, et, pour l'instant du moins, l'aurore du XVIIe siècle apparaissait pleine de promesses.

3° Incurie et luxe sous Henri II

Le fils de Charles III n'eut pas le génie de son père; d'aucuns prétendent même que la nature avare ne l'avait pas doté d'esprit. Du moins, son bon cœur suppléait à ses talents et la Lorraine le chérit autant que les plus grands princes. Le Blâmontois ne le vit que de loin et n'en garda qu'un médiocre souvenir; s'il prospéra, ce fut en vertu de l'impulsion précédente et grâce aux qualités de ses administrateurs immédiats.

Les acensements, anoblissements, concessions de colombiers, droits de chasse ou de pêche, continuèrent comme par le passé; ces faveurs plaisaient aux gentilshommes et rapportaient au trésor. L'étang de Blémerey fut attribué, en 1616, moitié à la communauté, moitié à René du Chastelet, premier seigneur de Cirey (1); la redevance fut considérable. Moyennant finance également furent concédés un colombier au seigneur Erric Hans, de Blâmont, seigneur d'Urbache, un accroissement de fief au seigneur de Lempugnan, de Frémonville (1619), une pension à Louis de Guise, baron d'Ancerville, à Philippe Egloff, de Lutzelbourg, conseiller d'état. Le seigneur de Caboat, favori du Duc, versa 2.000 livres pour acquérir deux contrées de forêts, l'une à la Bonne au la Grande-Haye, l'autre à Grandseille (2) (17 mai 1616). Cette dernière concession était de 34 arpents (3), mais, pour un motif inconnu, elle fut revendue, l'année suivante, au sieur Diane, capitaine au service de l'archiduc Léopold. Le cens à payer était de 1 livre, 4 gros.

Le rapport en fut tellement médiocre qu'au bout d'un an le sieur Diane demanda à ne plus être taxé qu'à 2 chapons, ce qu'il obtint par lettres patentes du 12 novembre 1617. Peu après, le fief avait une maison et des dépendances, mais restait de nulle valeur, tellement qu'il fallut lui ajouter cinq autres journaux de terres, ce qui en recula la limite jusqu'au ruisseau d'Albe. Cette affaire, claire en apparence, fut contestée par la Cour des Comptes, qui prononça la saisie, puis l'annula; pareil fait n'était pas rare. La note à payer fut élevée; le fisc savait tirer profit de toute espèce de conflit.

La ville de Blâmont imita les gentilshommes et obtint, en 1613, pour ses officiers, un mandat triennal, avec nomination par la Cour et non plus par le Prévôt. Moyennant finance, tout s'accordait : permissions, franchises, privilèges.

Depuis le retour de la paix, l'aisance était telle dans le comté, que plusieurs visiteurs s'y rendirent en véritable excursion de plaisir. Le 12 mars 1610, arriva Charles de Lorraine, dit le Chevalier de Bar (4). Il voyageait, paraît-il, pour éprouver sa vocation. Or, jugez de l'équipage de ce futur pauvre : les frais d'un séjour de 24 heures s'élevèrent

---

(1) Il mourut en 1617; son fils, Antoine, attira au calvinisme la population de Blémerey, de sorte que le culte catholique fut suspendu et que l'église perdit son titre de paroisse mère, que recueillit Reillon.

(2) La Grande-Haye, cense entre Nonhigny et Parux; Grandseille, cense entre Autrepierre et Verdenal. B. 578, 78 et 79.

(3) L'arpent de Metz vaut 35 ares, 4 centiares.

(4) C'était le second fils naturel du Duc, légitimé en 1608, qui devint chevalier de Malte, sous le titre de seigneur de Darney, et fut commandeur du Vieil-Aitre de Nancy, en 1630.

à 603 livres, sans compter les victuailles fournies par le château et évaluées à 217 livres. Le Duc avait cent fois raison d'avouer que la prodigalité était le second péché originel des siens. En 1612, l'archiduc Léopold venant à Nancy, fit escale à Blâmont; on immola 156 chapons. En 1613, c'est Marguerite de Gonzague, qui survint sans motif apparent.

En 1618, le gouverneur, M. de Vileparoy, exprima le désir de venir habiter le château; la famille ducale y consentit et accorda même l'usage de tous les meubles qui y étaient restés, avec le bois nécessaire à son chauffage, soit *72 cordes* et 2.000 fagots. Le quartier où il résida garda son nom, mais son séjour ne dura qu'un an. Son successeur, Claude François de Barbas, s'intéressa peu à la région, bien que sa famille en fût originaire, et il mourut vers 1625.

L'horizon s'assombrissait de nouveau et la guerre civile se rallumait en France, en 1617. Tout engagement pour aller en guerre fut formellement défendu aux Lorrains, et, par précaution, l'armement de toutes les places fut tenu au complet. Quatre années cependant s'écoulèrent dans le calme, alors que l'orage grondait au loin. Puis, soudain, deux chefs audacieux, voulant venir en aide aux protestants des Pays-Bas, révoltés contre le Roi d'Espagne, tentèrent de traverser la Lorraine. A la tête de 60.000 reîtres ou lansquenets, ils débouchaient des Vosges et envahissaient Sarrebourg (juin 1622); puis, marchant en deux colonnes, ils pernaient le chemin de la Seille et de la Vezouze : c'étaient le duc de Brunswick et Mansfeld. A cette nouvelle, la contrée fut glacée d'épouvante. « Ces soldats, lisons-nous dans le Journal de Vuarin, commettaient des crimes horribles dans les campagnes, ils tuaient ce qu'ils rencontraient, comme à guerre ouverte, violaient femmes et filles, pillaient églises et chapelles, coupaient les moissons sur pied ». Des Lorrains, appartenant au régiment du seigneur de Lémont accoururent à Blâmont sous la conduite du capitaine Titello, pour leur barrer la route. Or, ces singuliers protecteurs firent plus de mal que l'ennemi. Titello, voulant installer un corps de garde de son invention, fit démolir des murailles du château, sur une longueur de 30 toises; ses hommes saccagèrent les granges et écuries, envahirent le palais, et, n'y trouvant rien à piller, brisèrent stupidement les portes et les fenêtres, et remplirent le puits d'immondices (1). Quand arriva Mansfeld, tous ces braves prirent la fuite : sans l'ombre de résistance, les Allemands passèrent et firent peu de mal. Mais, comme toujours, la peste vint après les armées. Celle-ci fut particulièrement dangereuse, elle fit quelques victimes à Blémerey et à Leintrey, elle en fit plus de 3.000 à Metz et garda le nom de *Furie Hongroise*.

Il fallut oublier ces maux; le seigneur de Caboat remit en ordre le château, les récoltes redevinrent satisfaisantes, les impôts rentrèrent sans peine, les paysans reprirent confiance. La série des 8 années suivantes fit revenir la joie et l'aisance dans toutes les classes.

---

(1) Les fermiers du comté obtinrent une réduction de 500 francs, à cause des dégâts que leur causèrent les soldats du seigneur de Lémont. B. 3517-3518.

Nous voudrions taire le phénomène étrange qui a marqué cette époque d'une tache honteuse, la sorcellerie. Ce mal, pire que la peste et la guerre, sévit, on le sait, pendant un demi-siècle, sur toute la Lorraine. Notre Blâmontois n'en fut pas exempt, et sa justice, égarée par les préjugés courants ou l'influence directe du trop fameux Nicolas Remy, a prononcé des condamnations trop nombreuses et surtout trop cruelles. On trouvera, dans les *Communes*, de Lepage, les noms de victimes, qui n'ont plus d'intérêt, et la date d'exécutions qui s'échelonnent, comme un chapelet de misères, entre 1584 et 1630. Contentons-nous d'en relever le nombre, inscrit au rôle des Hautes-Œuvres : 1 pour la justice d'Herbéviller, 1 pour Réchicourt, 4 pour Deneuvre, 10 pour Domèvre, 38 pour Moyenmoutier, 70 pour Blâmont. Ajoutons qu'il y eut de nombreux acquittements, surtout à Domèvre (1). Pourquoi y eut-il chez nous un si douloureux total, où figurent 4 hommes et 5 femmes de Blâmont, 2 hommes et 1 femme de Reillon, 4 hommes et 8 femmes de Leintrey, 2 hommes et 6 femmes d'Autrepierre, 1 femme de Repaix, 1 homme de Gondrexon, 1 homme et 13 femmes de Domjevin? Ce n'est pas, j'imagine, qu'on y fût plus sorcier qu'ailleurs, mais c'est, sans doute, que l'attention plus éveillée y provoqua des poursuites plus passionnées. Un cas fut extraordinairement tragique. Une malheureuse de Blâmont, enfermée dans le Donjon, lasse d'être torturée et se sachant perdue, voulut devancer l'heure de son supplice, en se précipitant la nuit du haut de la *barbacane*. On la trouva au matin, gisante, les membres brisés, mais respirant encore. Après l'avoir transportée à la porte d'En bas pour la faire soigner par le chirurgien, elle expira. Il semble que ce sort tragique devait désarmer la justice. Il n'en fut rien : son cadavre fut impitoyablement livré au bourreau et détruit sur le bûcher avec l'apparat d'usage. La dernière victime, Nicolas Ory, de Reillon, était accusé de maléfices contre des personnes et des chevaux, de renonciation à Dieu, d'adoration du diable, de fréquentation du sabbat aux environs de Saint-Martin; il avait tout avoué pendant la torture, s'était rétracté, puis avait encore avoué, sous la pression de la douleur causée par les *grésillons;* il fut pendu et brûlé, comme tant d'autres.

Nous laisserons aux critiques compétents le soin d'examiner jusqu'à quel point fut réelle l'intervention diabolique, si facilement admise par le vulgaire, et jusqu'où s'étendirent les prétendus crimes, relevés contre les sorciers de cette triste époque. Il paraît difficile de nier que plusieurs faits étranges n'aient soulevé une légitime réprobation. Mais comment ne pas reprocher au bras séculier de s'être immiscé si imprudemment

---

(1) La procédure et les châtiments infligés pour crime de sorcellerie ont été décrits par divers auteurs; les *Archives départementales* conservent des dossiers très curieux à consulter. L'Abbé de Domèvre avait son signe patibulaire à Barbézieux, et ses sentences étaient exécutées par le Prévot de Blâmont. La potence de Blâmont se dressait derrière les murs du Donjon. D'ordinaire, les sorciers étaient étranglés par la hart, et leurs corps brûlés sur le bûcher; leurs biens étaient confisqués. Le bourreau, envoyé de Nancy, recevait, comme indemnité, le prix de quatre journées, plus le prix de la corde, des clous, du marteau qu'il employait.

dans une matière ecclésiastique? Le clergé, dit-on, fut loin d'approuver ces poursuites outrées et saint Pierre Fourier fit à la Cour l'observation respectueuse que certains désordres se combattent avec plus de profit par la douceur indulgente que par la violence armée.

Toujours est-il que subsiste encore le souvenir de ces événements déconcertants; chacun de nos villages a des fontaines ou des recoins mal famés, près desquels se tenaient, dit-on, les réunions du Sabbat : à Reillon, par exemple, la fontaine des Fées; à Autrepierre, la source de Puisieux ou la Corne-Genot. Dans les soirées d'hiver, les conteurs trouvent toujours d'inépuisables thèmes dans les histoires de *sortilèges*, de *Génocherie* ou de *Haute-Chasse* qui font frémir les simples et sourire les vieux.

Nous n'irons pas jusqu'à rendre responsable de ces excès le duc Henri II. Il est remarquable toutefois que les rigueurs déployées contre la sorcellerie diminuèrent sensiblement après sa mort (1624) et finirent par disparaître. Sur d'autres points, du reste, l'administration ducale fut mieux inspirée, et ses efforts pour *qualifier* les personnes, *classifier les biens, unifier* les coutumes et même les poids et mesures méritent de grands éloges. Une ordonnance de Henri II développa le réseau des voies de communication, en obligeant les communautés à créer ou à tenir en bon état les chemins qui les reliaient entre elles. Une autre institua un service régulier de *Voitures publiques*, pour les voyageurs et les dépêches, qui devint plus tard *La Poste* (1). Ces initiatives de progrès donnaient le coup de grâce à la féodalité et amélioraient d'autant les conditions de la vie. Cette époque a justement reçu le nom de Renaissance.

4° Fondations pieuses de Marguerite de Gonzague

La mort de Henri II fit passer la couronne ducale à Charles IV, fils de François de Vaudémont, qui s'était marié à Nicole, fille aînée du défunt Duc. La Cour changea d'aspect, et Marguerite de Gonzague, devenue duchesse douairière, ne s'y sentant plus à l'aise, prit le parti de se retirer dans son douaire, avec Claude, sa seconde fille.

En apprenant cette détermination, le comté de Blâmont se réjouit, dans l'espoir que les beaux jours de Christine allaient revenir. Un an s'écoula à l'attendre. M. de Buffegnicourt, maître-d'hôtel de la Princesse, arriva d'abord, en qualité de gouverneur du comté. Les bourgeois lui offrirent, pour sa bienvenue, le 18 août 1624, une bourse contenant 193 francs. Il remit à neuf tous les appartements du château. Dans les premiers mois de 1625, la Duchesse vint à son tour (2). Ses revenus pouvaient s'élever à 25.000 livres, dont la moitié était fournie par le

---

(1) Voir B.S.A.L. 1913. *Origines de la Poste en Lorraine*, par H. Roy, et *Annales historiques de l'Agriculture lorraine*, par Guérard, Nancy, 1843.

(2) La pièce B. 1451 nous apprend que le mercier André Philippe, de Nancy, délivra, le 1er février 1625, plusieurs effets de lingerie, pour être envoyés à Blâmont, à l'usage de Mme Claude de Lorraine.

Sum Margarita Œnotriæ, diuendita
Nunc Principi Nanzeio, ab vnâ gemmeas
Qui sculpere plures margaritâ bacculas
Volet toro: Iouâ, bene vortat, pronuba. Th. Wegel. Aug.

Dame de qui le ciel admire la vertu
Et de l'vnivers est la beauté admirée
Enfante au Duc de Bar d'vne heureuse portée
De vertu et beauté l'epitome attendu.

Cliché de l'*Imprimerie Berger-Levrault.*

PORTRAIT DE MARGUERITE DE GONZAGUE

comté. Mais, en *affermant* ses droits, suivant un usage récemment importé de France, elle obtint aussitôt une sérieuse plus-value. Vautrin, bourgeois de Blâmont (1), fut le premier à prendre ainsi les deniers publics en ferme; il signa un bail de neuf ans, en 1626, et s'engagea à verser annuellement 19.990 francs. Il tint parole jusqu'au décès de la Duchesse et on ne voit pas qu'il se soit appauvri.

Avec ces revenus, Marguerite de Gonzague pouvait devenir une insigne bienfaitrice pour Blâmont; elle n'y manqua pas. Disons d'abord qu'elle sut composer son entourage avec des officiers dignes d'une haute estime. Leurs noms sont à retenir. Nous connaissons déjà la famille de Thabouret, anoblie en 1584, à la tête de la Gruerie et celle de Marc George, le receveur fidèle, installé en 1614, dont les attributions diminuaient quelque peu par suite de la ferme. Le plus méritant fut un nouveau venu, investi des délicates fonctions de prévôt, nommé *Charles Massu*. Il était né à Ligny-en-Barrois, de Jean Massu et de Jeanne Fleury, près de Verdun (2). Suivant la coutume de Bar, il fut autorisé par Charles IV à prendre la noblesse et les armoiries de sa mère (3). Il était à Nancy le conseiller-secrétaire de la Duchesse; il devint à Blâmont son bras droit, comme prévôt, rendant tout son prestige à une charge que son prédécesseur, Raville, avait déconsidérée.

Le train de vie de Marguerite de Gonzague fut loin de présenter l'animation et le faste déployés sous Christine de Danemark; les occasions de réjouissance y furent très rares. Dans ses nombreux voyages, Henriette de Lorraine, princesse de Phalsbourg, s'arrêta plusieurs fois à Blâmont, mais sa réception n'y eut que peu d'éclat. Charles IV et Nicole y vinrent aussi, en 1628, et y passèrent quelques jours, mais leur ménage sans enfant était déjà triste, et l'horizon politique était assombri par des événements inquiétants; il n'y eut pas de fête bruyante. Marguerite n'eut même pas la joie de marier à son gré sa seconde fille, Claude, puisque, l'ayant promise à un prince allemand, elle dut renoncer à son projet et subir les volontés de Richelieu et des Lorrains (4). Les pires malheurs allaient fondre sur notre pays; déjà en apparaissaient les signes avant-coureurs.

Les pluies gâtèrent les récoltes en 1625 et, plusieurs années ensuite, la rareté du blé le fit monter de 4 à 7 francs la quarte, et encore fallut-il le sécher au four avant de le moudre; ce fut la famine. En 1627, la vendange n'étant pas faite à la Saint-Martin, les raisins, broyés au

---

(1) Sa famille était l'une des plus anciennes du lieu, puisqu'en 1347, il était déjà question de Vautrin de Giroville, dit Kèze, bienfaiteur de la Collégiale de Deneuvre. Voir Bernhardt, *Histoire de Deneuvre*, p. 121.

(2) D. Pelletier lui donne deux frères : Edme, qui fit souche à Ligny; Jacques, que l'on voit religieux à Haute-Seille, en 1684. Il y en eut un troisième, Léopold, qui fut chanoine de la Collégiale de Blâmont, en 1634.

(3) Famille originaire de Fleury, anoblie sous Henri II, portant : d'azur à une étoile d'or au centre de trois poignards, ou croix de même.

(4) Claude épousa, plus tard, le Cardinal François de Vaudémont, dans des circonstances singulières qui sont bien connues.

pilon, ne donnèrent qu'un verjus détestable. En décembre, le froid fut tel que les tonneaux se rompaient dans les caves. La famine s'accrut jusqu'en 1630, au point qu'il fut défendu, sous peine de mort, d'exporter les céréales. Dès 1628, Marguerite semble avoir quitté Blâmont, pour vivre à Nancy, où elle multiplia les aumônes et les prières, dans le but de fléchir le ciel. La peste ajouta ses horreurs, en 1630, et fut si effrayante que la Cour se transporta de Nancy à Lunéville. Marguerite revint, au moins par instants, dans son château de Blâmont. Les victimes furent surtout nombreuses d'avril à août et d'octobre à décembre (1631). Aucun village n'y échappa; Blémerey fut un des plus éprouvés, aux environs de la fête de Pâques. Il est impossible de dire le chiffre des morts; partout il fut considérable. Au dire de D. Calmet, l'hiver suivant fut très triste « avec la multitude de mendiants qu'on voyait hâves, défigurés, couverts de mauvais haillons, sans feu, sans retraite durant la plus rigoureuse saison ». En l'année 1632, il y eut passablement de vin, mais les céréales, bien plus nécessaires, firent totalement défaut. Tout travail cependant n'était pas abandonné, et, s'il faut en croire les comptes de gruerie, on effectua, cette année, des réparations au château; on fit la pêche des étangs, comme à l'ordinaire; on fournit même, pour la Malgrange, un important envoi de truites.

Déjà la détresse était extrême avec les deux fléaux que nous venons de rapporter, quand vint s'y ajouter le plus redoutable de tous : la guerre avec l'invasion provoquée par d'inqualifiables maladresses du Duc, et poursuivie avec une cruauté sauvage. La misère alors dépassa toutes les bornes et défie encore toute description : c'est la période dite des *Malheurs de la Lorraine*, qui s'ouvre avec le déplorable traité de Vic, signé le 6 janvier 1632.

Marguerite de Gonzague sortit de ce monde juste à temps pour ne pas voir l'excès de ces épreuves. Elle avait passé l'hiver à Nancy, cherchant dans les couvents les consolations de la piété et le charme d'une affection que lui refusaient les siens. La maladie l'atteignit en janvier et, implacable, causa sa mort, le 7 février. Son corps fut inhumé, près de son mari, dans la chapelle Notre-Dame de la Collégiale Saint-Georges. Le mausolée qui lui fut élevé la représente, suivant son désir, priant à genoux, revêtue d'un manteau de Dominicaine (1).

François de Vaudémont, n'approuvant pas la politique de son fils, avait pris le parti de vivre loin de la Cour, dans son comté de Salm, à Badonviller. Il conçut un tel chagrin du traité de Vic, qu'il en mourut de langueur, le 14 octobre suivant. La Lorraine allait expier durement les fautes de son chef.

Il faut rapporter à l'année 1627 trois fondations qui font, de Marguerite de Gonzague, une bienfaitrice insigne pour Blâmont. Pierre Fourier était venu évangéliser Badonviller; l'édification qu'il répandait

(1) D. Calmet a reproduit son testament, *Histoire de Lorraine*, t. III, col. D. C., La translation de ses cendres fut faite à la Chapelle ronde, en 1743. On peut y lire son épitaphe sur le troisième mausolée.

sur son passage n'est peut-être pas étrangère aux intentions généreuses de la Princesse. La première fut la transformation du bureau de charité, imaginé par Christine, en une maison hospitalière, pour abriter des malades ou des abandonnés. Les circonstances réclamaient ce changement. La communauté, ayant créé une école plus vaste près de l'église, laissa l'ancienne salle, située près du pont de la Vesouze, à la disposition de Marguerite, qui y plaça quelques lits, fournit une petite dotation et laissa aux bourgeois le soin de faire le reste. En ce temps de peste, l'utilité de cette bonne œuvre fut immédiate ; elle reçut le nom d'Hôpital Saint-Jean-Baptiste, que porte encore l'hôpital actuel, transféré plus tard en un lieu plus commode.

La seconde fondation, non moins utile à la ville, fut une école pour les filles, tenue par les Religieuses de Notre-Dame. Une lettre de leur fondateur, Pierre Fourier, nous apprend comment la peste fut l'occasion, pour ces saintes filles, de se fixer à Blâmont. Le fléau désolait Saint-Nicolas-de-Port, où résidaient des filles de Notre-Dame. « Effrayées, la plupart des religieuses prirent la fuite, quelques-unes partirent pour Blâmont, d'autres s'en allèrent droit au Ciel y prendre leur couronne ; d'autres restèrent dans la maison remplie de mauvais air, et les pauvrettes vivottent, n'attendant que le coup... » Les noms des trois ou quatre fugitives qui échouèrent à Blâmont sont inconnus. Elles y trouvèrent probablement la Duchesse, très liée avec la Mère Alix Leclerc. La Duchesse les reçut à bras ouverts et les logea dans une maison, près du château, que le Duc réservait à des Capucins. Elles ouvrirent aussitôt une école, pour se rendre utiles ; leur œuvre plût aux bourgeois, qui leur donnèrent de quoi compléter leur installation, et il ne fut plus question d'abandonner le poste. L'école subsista jusqu'à la Révolution.

Le couvent des Capucins, rêvé par la famille ducale, qui aimait beaucoup cet ordre, ne fut point retardé pour cela. Le Duc leur choisit un autre emplacement et leur donna, par lettres patentes du 27 septembre 1627 « six jours de terres, détachées de la Moitresse, proches de la maison d'ycelle, en toute franchise de rentes et servitudes ». C'est la rue actuelle des Capucins.

Les religieux furent aussitôt mandés et mis en possession. Le terrain était fertile, propice, hors des murailles ; mais il fallait bâtir. On dédia la maison à saint Henri et on creusa tout de suite les fondations. Le bâtiment fut lent à s'élever ; on voit aux comptes de 1632 une subvention de 680 francs et, l'année suivante, une somme double, pour aider les religieux à construire (1).

Pourquoi, dira-t-on, un couvent de Capucins à Blâmont ? Son utilité ne nous frappe pas, peut-être, à la distance où nous sommes ; elle était cependant certaine. Non seulement les exemples de la vie religieuse font du bien aux populations et au clergé qui les voient de plus près, mais la prédication de ces missionnaires était indispensable, en un temps

(1) Voir B. 3573.

où les curés étaient encore en nombre insuffisant. Jusque-là, les Carmes de Baccarat et les Cordeliers de Raon étaient les seuls à donner des missions; les premiers avaient même une sorte de droit à prêcher le Carême et l'Avent, dans l'église de Blâmont, si bien que, ne l'ayant pas prêché en 1625, ils reçurent néanmoins leur indemnité habituelle de 24 francs. La lutte contre le mouvement réformiste et même l'amour de la nouveauté réclamaient d'autres concours. Les Jésuites vinrent à Badonviller, en 1624, appelés par François de Vaudémont; ils réussirent assez peu, c'est pourquoi le zèle de M. le Curé de Mattaincourt fut mis à contribution en 1626 (1); il ne fit pas toutes les conversions qu'il désirait, mais ses prédications et ses miracles à Badonviller, Petitmont, Domèvre, Blémerey laissèrent d'inoubliables souvenirs. Marguerite de Gonzague fit venir des Jésuites de Pont-à-Mousson, en 1625, pour la retraite pascale de Blâmont. Des Capucins avaient donc leur place tout indiquée pour remplir, à l'occasion, pareil ministère. La suite démontra que leur présence fut toujours agréée de la région.

On aimerait à retracer ici une esquisse de la vie religieuse à cette époque, si les documents étaient plus abondants. Mais nous n'avons guère qu'une liste du personnel ecclésiastique en fonction, et elle est de 1567 (2). Il y avait peu de curés séculiers; la plupart étaient des chanoines réguliers de Domèvre. Les Prieurés anciens avaient perdu leur destination; tous les villages avaient une église. Dans la plupart, il y avait un prêtre résidant, et les offices étaient célébrés régulièrement. Les mœurs étaient soumises à une réglementation minutieuse, qu'appuyait le bras séculier, et les populations dociles se prêtaient volontiers à la discipline religieuse. C'était, en somme, un état satisfaisant, quand survint une dévastation aussi lamentable peut être que celle de la Judée au temps de Titus.

---

(1) C'était Pierre Fourier, dont le nom est si populaire parmi nous. Il écrivit à ce sujet, le 16 août 1626 : « Enfin, me voilà à Baudonviller, entièrement contre mon gré, contre ma volonté, contre mon opinion, mais par nécessité. Il fallait y venir ou fâcher tout à fait Monseigneur de Vaudémont. Mon Dieu! Que je suis inutile et malpropre, je me réjouis de d'en *raller* bientôt. »

(2) Voir B. 3277.

V

Les Malheurs de la Lorraine

1° Invasion des Français et des Suédois

A la mort de Marguerite de Gonzague, le duc Charles IV reprit à son compte l'administration du comté de Blâmont. Il laissa dans leurs charges tous les officiers, sauf le gouverneur qu'il supprima. Toujours à court d'argent, il continua d'*acenser* au plus offrant et de distribuer des fiefs (1). Malgré ses épreuves, le comté avait des finances prospères et, toutes dépenses payées, le trésor ducal avait encaissé, en 1632, la jolie somme de 17.351 francs. La ferme fut reprise, en 1633, pour 20.800 francs, par Chrétien George, frère du receveur. Jamais les revenus n'avaient été aussi élevés; la ville, les bourgeois avaient des réserves qui leur permettaient même de prêter pour les besoins urgents, mais l'invasion que nous avons à décrire plongea brusquement dans une ruine totale un pays qui ne demandait qu'à vivre.

C'est en 1632 que la Lorraine fût assaillie par les Français et les Suédois, venant de deux points opposés. Le Duc, affolé, commit fautes sur fautes, multiplia les chevauchées intrépides, mais inutiles, du côté de Saverne, passa et repassa à Blâmont. Ses capitaines en firent autant. Le sieur de Couvonge (2) tint garnison dans notre petite ville, depuis octobre jusqu'en mai, et le sieur du Plessis, depuis le 10 jusqu'au

(1) Adam du Bourg, de Rosières, acquit, en 1632, la Grande-Haye, délaissée par le seigneur de Caboat et Charles de Thabouret, en 1633, les étangs de Vilvacourt, Albe, Gresson, Cambra, pour 42.850 francs.

(2) C'était Antoine de Stainville, commandant d'une compagnie de Chevau-légers, forte de 50 hommes (B. 5374). Trois de ces soldats ayant dévalisé un homme sur la route de Frémonville, le 28 avril, le Prévôt les fit attacher au carcan, puis fustiger à travers les rues, les mains liées derrière le dos.

27 novembre. Ils furent d'avis de désarmer le château et transportèrent ses munitions à Lunéville. Leurs allées et venues ne pouvaient qu'amener des désordres. Le nom du Comte de Lémont retentit à nouveau, mais pour être joint à une longue liste de forfaits, commis par ses hommes dans le bois de Bousson et à Domjevin, où cinq maisons furent brûlées (1).

L'hiver pourtant se passa sans autre alarme, et la campagne ne reprit qu'en juillet 1633. Le péril, pour nous, venait des Suédois, massés, au nombre de 8.000, autour de Haguenau et prêts à fondre sur l'armée lorraine, forte seulement de 3.000 hommes. Pour renforcer cette dernière, le Duc fit acheminer, par la route d'Allemagne, toutes ses troupes disponibles, sous la conduite de Florainville et de Gâtinois. Blâmont vit arriver ainsi une armée de cinq à six mille hommes, ayant pour chefs les principaux membres de la noblesse. Il fallut des vivres à tout ce monde, durant les quatre jours de leur passage. Le prévot paya 16.028 francs pour 8.194 rations (2). D'après l'ordre de marche, signé du seigneur de Florainville, en son quartier général de Huviller (Jolivet), Frémonville, Amenoncourt, Igney, Leintrey durent loger une compagnie de cavalerie; Domèvre et Barbas, un régiment d'infanterie; Verdenal, 300 fantassins avec le baron de Clinchamp; Saint-Martin, Autrepierre, Repaix, les troupes des barons de Lémont, Couvonge, Tournoy et Friauville; Blâmont, les marquis de Bassompierre et de Blainville. Un arrêt fut ordonné du 12 au 19, pour permettre aux recrues de rejoindre leur corps (3). *Le Gazettier de France* écrivait à Toul, à la date du 17 juillet : « Toutes les troupes du Duc de Lorraine tirent vers Blâmont, le rendez-vous général est entre Aune (?) et Sarroug (Sarrebourg). » La bataille fut livrée, le 9 août, à Pfaffenhofen et à Haguenau : 12.000 Lorrains, avec un seul canon, soutinrent le choc de 15.000 Suédois et Allemands, appuyés de quatorze canons. Ce fut un désastre pour les Lorrains. Charles IV dut s'enfuir à bride abattue, après la mêlée, arriva seul à Lunéville et n'y trouva plus la Cour, car, aussitôt informée de la triste nouvelle, elle s'était réfugiée à Nancy.

De leur côté, les Français resserraient leur cercle de fer autour de la capitale : Saint-Chamond investissait Saint-Nicolas-de-Port, le 20 août; Louis XIII accourait en personne à Toul, à la tête d'une puissante armée. Incapable de se dégager par les armes, Charles IV essaya de parlementer, mais il échoua. Il n'eut plus d'autre ressource que d'abdiquer, le 26 août, en faveur de son frère, le Cardinal de Vaudémont. Cet acte ne devait pas désarmer les Français. Le maréchal

---

(1) Les sinistrés reçurent 200 francs d'indemnité, à condition d'en justifier le remploi (1633).

(2) La ration comportait 2 livres et demie de pain, une livre de viande et une pinte de vin; pour le vendredi qui survint, on ne put trouver assez de fromage, la dépense fut plus forte; le blé fut payé 13 francs le résal; le vin 13 francs la mesure, la viande 3 sols la livre. (B. 5.374.)

(3) Chaque village et abbaye avait dû équiper six hommes de pied, nommés *élus*, et fournir un cheval harnaché valant 10 écus, et 2 pistolets.

de la Force prit aisément Lunéville, Charmes, Epinal. Après ces succès, Nancy dut capituler, le 24 septembre, et le Duc quitter la capitale de la Lorraine.

Pendant ce temps, les Lorrains, repoussés d'Alsace, revenaient à petites journées, démoralisés, saccageant tout, malgré la défense de Bassompierre. Leur passage dans les seigneuries de Saint-Georges et de Turkestein accumula les ruines. Douze compagnies réunies à Hattigny, le jour de l'Assomption, pillèrent le village, plusieurs châteaux et d'autres lieux environnants. Blâmont tremblait à leur approche. Cependant les malheurs de Nancy calmèrent cette indiscipline, et l'armée, changeant de route, se porta vers Epinal, en évitant Baccarat, pour se mettre à la disposition de Charles IV.

L'hiver fut triste. Les Français, occupant le pays, voulurent implanter leur domination. Dans son compte de 1634, le gruyer écrit : « M. le marquis de la Force vint à Blâmont, en novembre, et logea au château avec tout le quartier général et canon de l'armée, qu'il commande pour le service de Sa Majesté. » (1). Les officiers du comté restèrent en fonction, mais ils durent prêter serment au Roi de France « comme à leur Souverain, à cause du duché de Lorrayne ». L'angoisse de ces fidèles Lorrains se devine à travers les formules embarrassées de leurs écrits; ils évitèrent de tenir les plaids annaux, et, s'ils eurent à signaler des dégâts ou des vols : arbres indûment coupés, palissades arrachées, toitures effondrées, ils protestèrent prudemment, sans oser dire que les coupables étaient des Français.

Au printemps de 1634, les soldats de de la Force se rendirent à Saverne et traversèrent le pays de Turkestein, qu'ils ravagèrent à nouveau. Pendant toute l'année, la France poursuivit méthodiquement l'écrasement de la Lorraine. Richelieu donna l'ordre d'abattre tous ses châteaux-forts et, l'heure n'étant pas venue de l'annexer, il la voulut du moins anéantie et impuissante. Le travail de démolition, par la mine et la sape, dura du 20 novembre 1634 au 20 janvier 1635. Turkestein, Pierre-Percée, Ogéviller furent ainsi démantelés. On prétend qu'en ce dernier lieu les paysans virent d'un bon œil cette œuvre de destruction. Contre le château de Blâmont on ne cite aucune tentative de ce genre; le patriotisme des bourgeois et officiers du comté fut, sans doute, le rempart qui le préserva.

L'année 1635 fut la plus remplie d'événements horribles. La peste recommença et les hordes suédoises, qu'un auteur contemporain appelle « *la plus scélérate engeance de l'Humanité* », firent irruption à la suite des Français. Ces barbares, voulant venger leur désastre de Nordlingen, se livrèrent à des représailles qu'une plume honnête n'ose décrire; ils changèrent en déserts tous les pays où ils pénétrèrent. D'autre part, dans l'espoir de délivrer ses Etats, Charles IV reparut avec une armée singulière, composée d'aventuriers hongrois ou allemands, qu'on appela *Croates*, ou *Cravates*, et encore *Loups des Bois*, *Pandours*, *Schenapans*,

---

(1) Voir T. Ambroise : *Notice sur les Châtelains de Blâmont*, p. 31.

RUINES DU CHATEAU D'OGÉVILLER — Cliché du *Pays Lorrain*

termes que l'on applique encore aux brigands sinistres. Il y eut çà et là des collisions sanglantes. L'une d'elles se déroula dans les parages d'Avricourt ou de Leintrey. Certains coups de mains furent assez heureux. Blâmont semble avoir écarté, pour un temps, le joug français et rendu sa foi au Duc, mais toutes ces opérations furent éphémères et ne servirent qu'à exaspérer l'ennemi.

Au mois de septembre, une grande offensive fut tentée sur la Seille, entre Manhoué et Amance; elle se prolongea jusqu'à la fin d'octobre, pour aboutir, hélas! à la déroute de Charles IV et au sac effroyable de Saint-Nicolas-de-Port. Pendant l'hiver, les vainqueurs eurent beau jeu, ils se disséminèrent dans le pays et réduisirent tous nos villages à un état lamentable. Les champs, les vignes restèrent sans culture l'année suivante; la plupart des habitants périrent de faim, de misère ou à la suite des atrocités que leur infligeaient les soldats. Les survivants en étaient réduits à se nourrir d'herbes ou de chairs corrompues; plusieurs perdirent le sens moral, errant comme les bêtes sauvages, criminels à l'occasion, comme la soldatesque étrangère. Il y eut des villages anéantis pour toujours, comme Berg ou Mont, près d'Avricourt, et Hadomey, près de Reherrey; d'autres incendiés en grande partie, comme Couvay, Neuviller, Allencombe, Mignéville, Gondrexon; la plupart furent réduits à un habitant (1). Ce n'était pas le bon moyen de gagner nos ancêtres à la France, car jamais on ne conquiert un peuple en le broyant.

2° Le double Siège de Blâmont 1636-1638

Si l'ensemble du pays gémissait sous la domination de l'oppresseur, certaines parties pouvaient lui échapper, et cela donnait lieu à diverses expéditions. Blâmont, avons-nous dit, avait recouvré une certaine indépendance; l'incident suivant causa sa perte. C'était vers la fin de mai 1636. Bernard de Saxe-Weimar s'en revenait d'Alsace, après avoir forcé Removille, Sarrebourg, Lixheim, le monastère de Rinting, jusque-là indépendants. Il se proposait d'attaquer Lunéville avec une colonne de 2.500 fantassins. Mais Marsal, qui était sur sa route, lui barra le passage; une résistance sérieuse y avait été organisée par le prévot, François de Klopstein, tout dévoué à son duc (2). On ne sait

---

(1) Ce chiffre, donné dans des déclarations faites au fisc, comporte, sans doute, le sens assez large d'unité imposable. Il en était ainsi de la charrue, qui supposait souvent plusieurs individus groupés. On sait qu'à Autrepierre, plusieurs familles survécurent à tous les désastres; or les statistiques le disent réduit à un habitant.

(2) La famille de Klopstein était originaire de Hesse ou de Thuringe. L'ancêtre Mathias s'était mis au service de Charles III. Son fils, Alexandre, avait reçu, à titre héréditaire, la Prévôté de Marsal et avait été anobli par Henri II (1619). François, le Prévôt actuel, était son aîné; il sut conserver, dit D. Calmet, lors de l'occupation française, les papiers intéressant le duché, il eut sa maison brûlée, ses terres ravagées; il reprit sa charge à Marsal, en 1646.

au juste ce qui s'y passa. Toutefois, peu de jours après, Mathias de Klopstein venait frapper à la porte du château de Blâmont, avec 200 fantassins, et y demandait asile, pour échapper aux Suédois (1). On l'accueillit, mais immédiatement après arriva Bernard. La ban-cloche jeta ses notes d'angoisse, les arquebusiers prirent les armes et la citadelle se mit en état de défense : c'était le 28 août. Pour rendre la résistance plus efficace, on la limita au château et on résolut de sacrifier sans pitié le bourg et les faubourgs. Quoiqu'il en coûtât, on exécuta sans délai cette décision héroïque et, pendant que Bernard postait ses troupes en vue du siège, les habitants fuyaient dans les bois avec ce qu'ils pouvaient emporter et l'incendie commençait son œuvre sur tous les points à la fois. Tout fut brûlé : l'église paroissiale avec Giroville, le couvent des Capucins à peine achevé (2), la collégiale et tout le quartier voisin du château.

L'assaut fut donné le 29, du côté du grand jardin; deux attaques furent repoussées, mais, le lendemain, la place fut prise par escalade. Le massacre fut horrible. Sous prétexte de venger un outrage fait à un prince du sang, Bernard fit tuer tous les défenseurs. Mathias de Klopstein, trouvé mort, fut pendu à une tour, en signe d'ignominie (3). Charles Massu faillit avoir le même sort, mais la promesse d'une grosse rançon lui sauva la vie. N'ayant pas sur lui la somme voulue, il envoya un courrier à Cirey pour se procurer de l'argent, en engageant la scierie de Maschet. La rançon fut trouvée, mais quand on la présenta, les Suédois avaient déjà emmené le prévôt prisonnier; la liberté ne lui fut rendue qu'à Châlons.

De Blâmont, Bernard courut à Rambervillers, qu'il prit sans peine. Au cours de cette campagne, il captura 2.500 chevaux, destinés aux partisans de Charles IV, et il détruisit de nombreux villages. Dans le même temps, les Français se trouvèrent plusieurs fois aux prises avec des Lorrains autour de Baccarat, et ils en prirent occasion pour étendre leurs ravages de divers côtés. L'abbaye de Domèvre, après leur visite, fut tellement dévastée que ses religieux durent la quitter, pendant plusieurs années, et se réfugier à Belchamp; l'Abbé Fabry fut surpris par la mort à Lunéville (1636). Le Blâmontois, ainsi désolé, put compter parmi les régions les plus éprouvées de la Lorraine.

Quelque lueur d'espoir revint en 1638; on crut que Charles IV, aidé de Gallas, allait libérer le sol lorrain. Les Suédois, du reste, s'en étaient allés vers la Franche-Comté, et, par d'audacieux coups de mains, les

---

(1) D. Pelletier l'appelle Jean; Digot, Lepage et un tableau de famille représentant la prise de Blâmont, lui donnent le nom de Mathias; il était frère ou neveu du Prévôt de Marsal.

(2) Vers 1872, des fouilles, pratiquées dans les caves de la Maison Mézières, mirent à jour 12 blocs d'étain fin, pesant environ 20 livres, qui provenaient sans doute d'ustensiles à l'usage du couvent.

(3) Nicolas-Louis de Klopstein, arrière-petit-neveu du héros, fit peindre la prise de Blâmont et celle de Mandres-aux-Quatre-Tours. Ces deux tableaux, conservés autrefois à Châtillon, ont été décrits dans *J.S.A.L.*, 1858, p. 203.

principales villes des Vosges avaient été reprises. Mais Louis XIII veillait et, confiant des forces écrasantes au duc de Longueville et à Turenne, il arrêta tous ces progrès ; c'est ainsi qu'une lutte acharnée se déroula tout près de nous. Turenne fut d'abord battu à Gerbéviller par les colonels lorrains Cliquot, Beaulieu et Ligniville. Ce succès permit de reprendre Rambervillers, Baccarat, et même de progresser vers Blâmont. A Domèvre, les Lorrains, rencontrant les Français de Longueville campés dans la plaine, les repoussent et viennent réoccuper Blâmont. De son côté, Charles IV s'avançait d'Epinal jusqu'à Lunéville et se croyait à la veille de rentrer à Nancy. Les patriotes lorrains reprenaient espoir. Saint Pierre Fourier, de son exil de Gray, écrivant à Charles IV, en septembre, pour lui demander de confirmer l'élection du P. Philippe comme Abbé de Domèvre, soulignait qu'il s'adressait à lui *comme seul chef de la Lorraine* (1). Pourquoi faut-il que cette accalmie n'ait été qu'un feu de paille ? Les villes furent aussitôt perdues que reprises. Lunéville, était redevenue française, en novembre ; ses murs étaient démolis et le vaillant de Ville, son défenseur, emprisonné.

Cependant Charles IV ne manquait pas d'alliés, et, comme il allait de Thann à Remiremont, on lui annonça d'importants renforts, arrivant des Pays-Bas, sous la conduite du général Savelly. Partis de Sarrebourg, ces alliés devaient le rejoindre à Pont-Saint-Vincent. Les Français, sans doute, eurent vent de cette nouvelle, car le sieur de Feuquière accourut de Montbéliard avec 400 chevaux, pour s'opposer à leur passage. Au lieu de leur livrer bataille à la sortie de Sarrebourg, il préféra se mettre en embuscade aux abords de Réchicourt-le-Château ; c'était le 6 novembre. Survinrent les équipages de Savelly, escortés de 200 cavaliers et de 200 fantassins. Feuquière, sortant de sa cachette, barra la route. Les fantassins, alignant les chariots, formèrent le carré et s'abritèrent ; les cavaliers se dérobèrent dans le bois voisin. Pendant ce temps, Savelly, suivant une autre route, pénétrait à Blâmont. Il apprit bientôt l'embarras des siens, et leur dépêcha les cavaliers qui l'accompagnaient. Ceux-ci, arrivant à bride abattue, attaquèrent Feuquière sur un mamelon entre Foulcrey et Réchicourt. Six escadrons français, commandés par Treillis et Marain, tinrent tête à huit escadrons impériaux qui chargeaient de front, tout en essayant de tourner l'adversaire. La lutte fut acharnée ; mais, malgré le nombre, l'avantage resta aux Français, et les Impériaux rebroussèrent chemin jusqu'au château de Blâmont, où ils s'enfermèrent. Feuquière les poursuivit, puis laissa à son lieutenant, du Terrail, le soin de les cerner. Infatigable, il retourna ensuite à Réchicourt, où les fantassins étaient encore derrière leurs chariots.

Le jour même, les troupes françaises, cantonnées sur la Vesouze, furent averties de ce qui se passait et accoururent prêter main-forte.

---

(1) La réponse ne se fit pas attendre, puisque dans une autre lettre, du 15 juin 1639, le Saint put féliciter l'Abbé d'être rentré à Domèvre. Voir Chatton : *Histoire de Domèvre*, p. 172.

Clichés du *Pays Lorrain*

RUINES DU CHATEAU DE BLAMONT EN 1828

D'après des sépias de la *Bibliothèque municipale de Nancy*

Les premiers arrivés à Blâmont pressèrent le siège, Beauregard *tâta* la citadelle avec ses canons ; La Faveur, Chambey l'encerclèrent de palissades ; Longueville arrivait lui-même avec 200 mousquetaires, quand il fut surpris à Domèvre par Charles IV, passé maître en ces sortes d'escarmouches. Il perdit là ses canons ; son lieutenant, Lamotte-Houdamont, eut son cheval tué sous lui ; ses hommes eussent été pris, s'ils n'avaient pu se cacher dans le bois de Trion.

Pourtant les forces qui s'acharnaient au siège de la citadelle firent de rapides progrès dans la journée du 7 ; deux tours furent abattues à coups de canon, le corps de logis, ébranlé par la mine, le lendemain ; il fallut capituler. Heureusement, Savelly s'était évadé à la faveur de la nuit, et il alla rejoindre Charles IV. Tous ses hommes furent prisonniers. Le lendemain, les fantassins, bloqués près de Réchicourt, durent à leur tour se rendre à discrétion, sauf une trentaine qui s'évadèrent.

Ce remarquable succès, et la prise de 900 chevaux, 1.700 pistolets, 7 cornettes, une lettre indiquant que Savelly amenait 6.000 hommes, avaient de quoi réjouir les Français. Longueville, de retour à Lunéville, se hâta de raconter toute cette affaire à Richelieu, en signalant la belle conduite de Feuquière et de Terrail (1).

Les vainqueurs laissèrent alors La Faveur à Blâmont, avec les titres de commandant du château et de gouverneur du comté, et les bourgeois lui offrirent 80 francs pour droit d'arrivée. Il put continuer à loisir la démolition de ce que deux sièges avaient épargné. Il resta seulement ce que nous voyons encore : un donjon diminué d'un étage, quatre tours ébrêchées, des murailles informes. Les ruines mélancoliques sont toujours imposantes, mais ne donnent plus l'idée de l'ensemble majestueux qu'offrait le vieux castel. Du palais des ducs restèrent les soubassements, qu'on utilisa pour rétablir une demeure moderne. Les dépendances servirent plusieurs fois à loger des troupes en marche. L'enceinte de la ville, ses tours, ses portes tombèrent ensuite sous la pioche des démolisseurs ; il fallait bien abattre tout signe de l'indépendance lorraine. C'est à l'Est qu'il en resta le plus de vestiges : *la tour de la Guogue*, une autre tour près des Capucins, des pans de mur qui permettent de juger des dimensions anciennes ou même de la forme et de la structure de ces remparts. Du côté opposé, les fossés furent bientôt comblés et la grande rue actuelle fut construite en bordure. La ville transformée eut dès lors son centre sur la place du Marché, dite aussi *Petit Bourg*, entre la *barrière Hinzelin* (maison Brice) et la barrière du *pont de pierre*, ou *rouge pont*.

3° La première Occupation française (1638-1661)

Les régiments français, sans cesse en mouvement, se conduisaient comme en pays conquis : ils épuisaient les vivres et paraissaient contents de voir disparaître une race trop attachée, pensaient-ils, à sa nationalité.

---

(1) Voir des Robert : *Campagnes de Charles IV*, t. II, p. 52 et seq.

La misère ne cessa d'augmenter pendant les trois années qui suivirent, non plus par suite de la guerre ou de la peste, mais par l'intempérie des saisons et les privations de la famine. L'hiver de 1638 fut atroce. A Badonviller se passa un fait inouï. Un garçonnet transi de froid, étant entré chez un voisin pour se chauffer, fut tué. Interrogé sur le motif de son crime, le meurtrier répondit au juge qu'il avait agi sous l'empire de la faim, et qu'après avoir mis à mort l'enfant, il en avait mangé de *bonnes trançades*. L'hiver de 1640 fut non moins rigoureux et suivi de pluies qui gâtèrent toutes les récoltes. Les grains étaient introuvables; le blé se paya 50 francs le résal. Saint Vincent de Paul, ému de tant de souffrances, fit envoyer des semences en Lorraine, mais rien n'indique qu'une petite part en ait été distribuée chez nous. Comment, du reste, les semailles auraient-elles pu réussir? La population amoindrie, découragée, n'avait plus aucun moyen de travail; les paysans devaient eux-mêmes traîner la charrue; on n'eut longtemps à manger que des racines, des orties ou d'autres produits spontanés du sol. On implora la clémence du ciel; Nancy fit un pèlerinage à Benoîte-Vaux; Badonviller vint, également, le 17 août, à Domèvre, pour supplier Pierre Fourier qui, deux ans après sa mort, était déjà regardé comme un puissant thaumaturge.

Dès cette année, la misère générale diminua, les saisons redevinrent normales et le sol se remit à produire, dans la mesure où on le cultivait. En politique, il y eut une détente. Après le traité de Saint-Germain, surnommé la *Petite Paix* (2 avril 1641), Charles IV était rentré à Nancy, acclamé par ses sujets, et les exigences françaises paraissaient plus acceptables. Pourquoi faut-il que la Lorraine ait eu pour chef un prince extravagant? Ses maladresses la compromirent bien vite auprès de ses ombrageux voisins, tout en indisposant un peuple qui ne demandait qu'à l'adorer.

Il est difficile de juger l'administration des Français à cette époque, parce qu'elle n'a pas laissé d'écrits. La Faveur logea au château de Blâmont, avec ses hommes, jusqu'à son départ en 1637. Il leva pour la France les *tailles* qu'il put recueillir, c'est-à-dire, des sommes minimes, au début, et plus lourdes, à la fin. Il laissa les officiers du comté à leurs fonctions et la ville à ses affaires. On voit que le budget de Blâmont, en 1638, comportait seulement 313 francs de dépenses, couvertes par 329 francs de recettes.

Le comté, malgré sa misère, remplit en même temps ses obligations vis-à-vis de son Duc. Nous trouvons, en 1641, un rôle d'impôts lorrains, s'élevant à 571 francs, qui purent être recueillis à Blâmont, Amenoncourt, Autrepierre, Barbas, Domèvre et Repaix; les autres villages n'ont rien donné, parce qu'ils sont trop ruinés ou qu'on n'a pu les atteindre. Il y a seulement cinq bourgeois à Blâmont et un habitant dans les autres villages; à Halloville, il n'y en a même plus (1). Ces données ont pu faire croire que c'était là le chiffre des survivants dans ces

(1) Voir B. 3379.

localités. Or, à Blâmont, par exemple, il y avait certainement d'autres habitants que les cinq bourgeois mentionnés, à savoir : Vautrin, Frémion, Jean Louis et Bourdonnaix, ne seraient-ce que le prévôt, le gruyer, le maire, le curé, dont l'existence est hors de doute. Cette déclaration semble avoir été faite en vue de l'impôt; rien d'étonnant qu'elle ait omis les personnes qui n'y étaient pas soumises ou qu'elle les ait réduites au minimum. Dans les villages, l'unique imposé pourrait être, de la même façon, un groupe assujetti à une unité de l'impôt, comme un feu, une charrue, et pourrait représenter un nombre restreint, mais variable, d'individus. Quoiqu'il en soit, la contrée était en lamentable état.

La Petite Paix ne dura qu'un an et, avec les hostilités de 1642, recommencèrent les passages de troupes, tantôt françaises, tantôt lorraines, occasionnant d'insupportables charges. En juillet, Du Hallier, se rendant à Saverne, séjourne à Blâmont; il faut payer pour son logement. La crainte qu'inspire son approche est telle que les religieux de Domèvre se sauvent en abandonnant leur bétail; quand ils rentrent en septembre, il faut tout racheter. Des Croates, alliés des Lorrains, arrivent, deux mois plus tard, et s'emparent de ce même bétail, qu'ils emmènent à Badonviller. Ils s'établissent dans la région, occupent pendans dix-huit mois le château de Didier de Bannerot, à Herbéviller-Saint-Germain, et ils l'incendient quand ils en sortent, en 1646. Turenne, allant ouvrir la campagne d'Allemagne, fait étape à Blâmont, en mars 1644. Des partisans lorrains surviennent, essayant de reprendre du terrain, mais n'apportent que du trouble et des ravages. Telles les chevauchées de Ligniville dans les Vosges, qui aboutissent à la destruction de Saint-Sauveur, Angomont, Allencombe, et les incursions du colonel Helme, qui s'abat sur Domèvre et brûle 27 maisons sur 69 de la grande Domèvre, et 6 sur 28, de la petite Domèvre.

On respire jusqu'en 1647, parce que la guerre se poursuit au loin. Mais les Français reviennent et il faut de nouveau fournir des rations. Cette année, le sieur Rainville, maire de Blâmont, se rend à Bruxelles pour porter des subsides à Charles IV et prendre ses ordres. L'année suivante, meurt la duchesse Nicole; on en porte le deuil et on célèbre un service funèbre.

Le traité de Westphalie (1648) ne fait aucun bien à la Lorraine, pas plus que la Fronde. Ligniville continue ses coups de main sans résultat; il reprend Baccarat, pousse jusqu'à Blâmont et loge chez les Capucins, le 8 août 1650, mais il disparait dans l'hiver, et va finir, près de Paris, après de multiples échecs. Le gouverneur français, la Ferté Senectère, croit alors pouvoir licencier les troupes allemandes qu'il gardait uniquement pour appuyer sa domination. Blâmont vit ainsi passer Falkenstein et Streiffen, en juillet 1651; ils inspirent de la frayeur et les gens se sauvent au château, mais ils ne font aucun mal. A Baccarat, au contraire, des Hessois malmenèrent la population et s'imposèrent pendant plusieurs mois de l'hiver.

Bien que cela paraisse étrange, la révolte de Condé fut un bien pour la Lorraine, en forçant la France à lui être plus douce. En effet, pour se tirer d'embarras, Mazarin sollicita l'appui des troupes lorraines.

rétablit l'ancienne organisation du pays et s'efforça d'effacer les traces de son oppression. La Faveur disparut ainsi du château et les officiers retrouvèrent leurs coudées franches. Les pièces de comptabilité qu'ils rédigèrent alors sont très instructives. Elles sont contresignées par Colbert, pour la forme. Le prévôt est toujours Charles Massu; le gruyer, nommé désormais *commis, contrôleur et receveur,* est Dominique de Thabouret, le jeune. En entrant au château, le gruyer n'a plus trouvé aucun meuble; les Capucins reçoivent des bois pour achever le chœur et la sacristie de la chapelle; les fours banaux et les scieries ne sont pas rétablis; les moulins sont affermés pour 372 francs; le tabellionnage rapporte 15 francs; il y a 18 conduits ou feux à Blâmont, 2 charrues à Amenoncourt, 1 ½ à Autrepierre, 2 ½ à Barbas, 2 à Domèvre pour la partie de Blâmont et 7 ¾ pour la partie de l'Abbaye, 4 ½ à Domjevin, ¾ à Frémonville, 4 à Leintrey, 1 ¼ à Reillon, ½ à Remoncourt, 3 à Repaix; un seul habitant à Blémerey, aucun à Halloville; le total des impôts est de 938 francs en 1657, 703 francs en 1658, 860 francs en 1660 (1).

Le rôle de 1688 est plus explicite, en mentionnant :

A Blâmont : 1 curé, 8 capucins, 7 religieuses, 5 nobles avec maison franche, 5 officiers de justice, 9 laboureurs, pas de pelletier ni de drapier;

A Domèvre : 8 religieux, 20 affranchis, 20 laboureurs, 20 ouvriers, 7 veuves.

A Barbas : 5 exempts, 5 laboureurs, 1 manœuvre, 1 mendiant, etc. (2).

Veut-on savoir en quel état sont les environs? Qu'on lise cette déclaration de Laneuveville-aux-Bois, en 1541 : « Ne reste au village que quelque 8 à 9 hommes tout pauvres et être ledit village passage ordinaire des partis et courreurs, allant et revenant de la Vôge, au pays messin et d'Allemagne... en 1646, il n'y a plus qu'un seul habitant pauvre et impotent, les autres ayant quitté, il y a un an et plus.» Ou cette autre déclaration d'Ogéviller : « Toute la terre est ruynée de biens et *déserte de sujets;* en 1657, il n'y a aucune maison entière... le finage n'a pas 4 jours de terres ensemencées... » Ou cette autre de Bénaménil, en 1651 : « Il n'y a que 2 habitants pauvres qui doivent être exonérés d'impôts... » A Verdenal, Emberménil, Marainviller, il n'y a pas de compte à faire. Badonviller est toujours en ruines, la Basse-Parux n'a plus d'habitants...

Vraiment, c'est à croire qu'avec tous ses désastres, le comté de Blâmont fut un pays favorisé. S'il le fut, c'est au moins dans son relèvement plus prompt, plus courageux, par l'effort personnel des siens. Vers 1660, la petite ville a tellement prospéré qu'elle croit nécessaire d'établir un second hymbul; elle répare sa halle en 1661, le pont de Voise en 1666; bientôt elle retrouve son activité ancienne et sa vie

(1) Voir B. 3351-3380.

(2) Voir B. 3398.

normale, grâce surtout à la route de Paris à Strasbourg, qu'ont créée les Français, vers 1660.

Les artisans de sa reconstitution méritent d'être nommés dans ces pages : le sieur Rainville, maire jusqu'à sa mort (1661), Dominique Barbier, son successeur (1673), Charles Massu et sa noble famille, Claude Vincent, lieutenant du prévot, Dominique Thabouret (1681), tous officiers d'un loyalisme parfait et d'un dévouement inépuisable. L'éloge de Gérard Mandreguerre est d'un autre ordre. Fuyant Deneuvre, à cause de ses malheurs, en 1635, ce chanoine vint s'offrir à la Collégiale de Blâmont, dont il resta l'unique membre, après 1636. Seul prêtre pour la région, il prodigue son ministère à Blâmont, Barbas, Frémonville, Autrepierre, Repaix. Il trouve trois confrères, vers 1660, avec lesquels il reconstitue la Collégiale. Ce sont : Alexis Bertrand, Dominique Benoit et Léopold Massu, frère du prévot. Les Capucins sont revenus en 1640, les Religieuses de Notre-Dame, en 1641. Pour aider au renouveau, l'infatigable curé sait trouver les subsides, stimuler les énergies, provoquer les sympathies. Cependant, en 1670, nous soupçonnons un mécompte qui le décourage, car il demande à permuter avec Lacour, curé d'Amenoncourt. Il revient pourtant à la Collégiale peu après et y achève sa vie, comme simple chanoine, en 1698. De tels bienfaiteurs, et d'autres peut-être dont les noms nous échappent, doivent être préservés de l'oubli et figurer au tableau d'honneur que dresse la reconnaissance de la postérité.

4° Le retour à l'Autonomie lorraine (1661-1670)

Une joie vibrante s'empara du comté quand il apprit, en 1661, que Charles IV pouvait reprendre la direction de son duché. Le fidèle Massu se rendit à Paris, pour présenter à Son Altesse « le très humble respect et obéissance de la ville et les besoins d'ycelle ». A son retour, Blâmont se mit en fête, organisa une procession générale en actions de grâces et fit des feux de joie pour la soirée.

Mais les espoirs du peuple avide d'indépendance furent passagers comme l'éclair. La liberté retrouvée fut perdue, dix ans après, et, chose pénible à dire, tant qu'elle dura, elle fut aussi onéreuse que la domination française. Au lieu d'économiser, le régime si désiré dépensa sans compter, jusqu'à écraser le pays de ses exigences. Blâmont, par exemple, se vit imposer, comme gouverneur, Jean de Speltz, commandant de cavalerie, pour lequel il fallut trouver 1.600 francs de gages annuels, plus 1.400 francs de solde en faveur de sa compagnie, plus deux fûts de vin de 67 francs, comme cadeaux de fête et de nouvel an. Or, jamais ne parut à Blâmont ce coûteux personnage, qui résidait à Deneuvre. Les mouvements de troupes passant sur la route étaient une cause perpétuelle de dépenses. Le seigneur de Créhange s'imposa avec sa compagnie, depuis le 15 novembre jusqu'au 28 décembre 1666, et fit débourser 1.266 francs. Il y eut à verser, en outre, des subventions de toutes sortes : pour les fortifications de Nancy, pour l'expédition du Palatinat, pour d'autres projets de pure fantaisie. Le pays s'exécuta avec une bonne grâce qui a inspiré à Barrès cette juste remarque : « Tout fut ruiné, épuisé, hormis la patience de cette bonne terre, alors que son Souverain menait, à son endroit, une conduite capable de dégoûter toute autre nation. » (1).

Un fait heureux, cependant, est à signaler dans cette période, c'est l'arrivée dans la région de plusieurs familles nobles qui, plus tard, exercèrent une favorable influence sur ses destinées. Plusieurs furent evoyées par le Duc, d'autres vinrent d'elles-mêmes : toutes infusèrent à ce coin modeste un esprit qui en fit un des boulevards de la fidélité lorraine. Par des achats ou par des alliances, elles rajeunirent le cadre des fiefs anciens.

La *Tour* de Frémonville reprit vie avec Charles de Lempugnan, revenu d'Einville, et, plus tard, avec son gendre, Georges de Pindray. Les deux fiefs de Barbas et de Montreux furent réunis en faveur de Jean de Mauljean, dont la fille Nicole, née à Pont-à-Mousson, épousa Henri de Souailla de Fontalard. Le fief d'Igney, donné au seigneur de Villacourt, fut aussitôt cédé au Colonel Berrier, puis à Georges de Nettancourt, mort sans descendance directe en 1721, pour passer à François de Sailly, mari de Madeleine de Nettancourt. Pendant qu'Herbéviller-Lannoy végétait en la possession du seigneur de Créhange, l'autre Herbéviller s'honorait singulièrement en offrant un refuge à des nobles de haute marque, malmenés par les Français. Le maître en était Didier de Bannerot, après achat, en 1634, au seigneur Charles de Barbas, Dans sa famille étaient depuis longtemps les voueries de Baccarat et de Criviller ; lui-même avait recueilli le fief de Villé, près de Nossoncourt. Marié à Claudette Roder, puis à Antoinette de Chauvirey, il eut douze enfants, dont plusieurs servirent dans les armées de Charles IV et de Charles V. C'est dans sa maison déjà pleine que vinrent s'abriter toute la parenté du colonel de Cliquot, la famille de Saint-Astier, son alliée, les Lhuillier et d'autres, en attendant qu'une place convenable leur fût trouvée. A Blâmont même, où résidaient déjà cinq familles nobles, s'implantèrent François-Simon de Nettancourt, seigneur de Châtillon, et Pierre-Antoine du Châtelet, seigneur de Cirey et autres lieux. D'autres fiefs, moins avantageux, ne sortirent de leurs ruines que plus tard : *La Grande Haye,* rétablie en 1672, par Jean-François Doridant ; *Les Sallières,* rachetées en 1690, par le seigneur Derand ; *Grandseille,* reconstitué en 1720, par René du Châtelet.

Ces résurrections n'arrêtèrent pas la création des fiefs nouveaux, que Charles IV multipliait pour avantager sa cassette ou même pour récompenser des serviteurs fidèles. En 1665, Claude Roussel reçut ainsi *La Tour* de Saint-Georges, et Claude de Bannerot, voué de Baccarat, *Le Chanoy* de Badonviller. Vers 1670, le fief de Saint-Paul, à Repaix, fut donné à noble dame Eve de Saint-Astier, veuve de Laurent de Cliquot. Elle y finit ses jours, entourée de ses enfants, Claude-Charles de Cliquot curé du lieu, et Béatrix, femme de Siméon de Nettancourt, cité plus

(1) *Pages Lorraines,* p. 203.

haut. Le fief de Harbouey, formé avec les débris de l'héritage de François de Vaudémont et avec le ban Le Moine, avait été attribué, dès 1630, à Pierre Hilaire, beau-frère de Charles Massu ; il le revendit, vers 1700, au seigneur Canon de Ricarville.

Cette énumération est sèche. Combien plus attachante serait une étude, pénétrant dans l'intime de ces belles familles ! Celle de Charles Massu, par exemple, où sur huit enfants, deux furent des abbés célèbres de chanoines réguliers, trois furent religieuses de Notre-Dame, et trois occupèrent dans le monde un rang pareil à celui de leur père. Celles des Bannerot, des Chauvirey, des Martimprey, des Nettancourt et d'autres, remarquables de fécondité et de loyalisme, alliant la bravoure militaire aux efforts patients qu'exige la terre ou toute autre entreprise. Toutes jouirent, en leur temps, d'un prestige indéniable, et furent entourées de confiance et d'affection, tant nos ancêtres avaient le sens de la justice et de l'honneur.

5° Deuxième Occupation française (1670-1697)

En août 1670, Fourille et Créquy furent chargés de réinvestir les villes lorraines et de rétablir la domination française. L'opération fut facile, puisque le Duc et ses partisans ne firent qu'un semblant de résistance. Dès lors, les armées du roi ne cessèrent de sillonner la région pour participer aux campagnes d'Alsace et d'Autriche, et le gros souci fut de leur fournir des vivres (1). Blâmont fut si écrasé, dans l'hiver de 1670, qu'il envoya par deux fois demander décharge de *fourragement* aux généraux qui logeaient à Haudonviller (Croismare). Dans l'été de 1673, Massu et Vincent allèrent trouver Louis XIV, à Nancy, pour le même motif ; on ne sait quel accueil ils reçurent. L'affluence des soldats ne diminua en rien. L'année 1674 fut la plus mouvementée, à cause de la campagne d'Alsace. Turenne fut à Blâmont, le 5 avril, pour y préparer la concentration des troupes ; l'animation de la route fut indescriptible jusqu'en juin. Ses succès du début furent suivis de tels revers qu'il rentra précipitamment en Lorraine ; son Trésor passa à Blâmont le 10 août, gardé par dix-neuf dragons. Le danger fût jugé tel que la France affolée convoqua l'*arrière-ban* et lança à la frontière toutes les troupes qu'elle avait encore. Elles défilèrent en octobre ; l'*Arrière-ban* avançait à petites journées et fut à Lunéville, le 15 octobre ; c'était la noblesse de l'Anjou.

Arrivée à Bénaménil, le 16, elle fut surprise par des partisans lorrains, venus de Baccarat, au nombre de 200 ; la capture fut facile et la déroute complète. Le lendemain, la noblesse du Limousin, faillit avoir un sort pareil, près de Saint-Nicolas-de-Port. Elle fut secourue à temps et passa à Blâmont, le 18. Mais de tels renforts parurent inutiles à Turenne, qui les licencia.

(1) On trouvera dans l'inventaire des *Archives communales*, dressé par M. Duvernoy, le détail des passages de troupes, avec les dépenses qu'elles ont occasionnées.

L'hiver venu, Turenne s'établit de ce côté des Vosges avec toute son armée; les Impériaux, ses adversaires, en firent autant en Alsace; la campagne semblait interrompue. Soudain le chef français imagina une brusque attaque par le Sud de l'Alsace. Parties de Lorquin, le 4 décembre, par dix degrés de froid, les colonnes françaises s'ébranlent en silence. Turenne couche dans une abbaye près de Blâmont, Haute-Seille sans doute, passe la Meurthe à Baccarat, le 6, campe à Domptail, attaque les Lorrains à Remiremont, et se trouve devant Belfort, quand on le croyait toujours à Sarrebourg. Pris de peur, les Impériaux repassent le Rhin, laissant en arrière 40.000 hommes qu'ils perdent. Ce trait d'audace a fait l'admiration de la France, mais pour se dédommager de leurs fatigues, les troupes, ramenées sur la Sarre, mirent tout le pays au pillage.

La campagne dans le Palatinat reprit, en juillet 1675. Turenne y trouva la mort, le 27. Charles IV fût foudroyé lui-même par une fièvre violente, le 18 septembre. Son corps, embaumé, reçut la sépulture à Coblentz, mais il fut défendu, en Lorraine, de célébrer les services habituels; cette mesure, peu chevaleresque, ne fit pas honneur aux Français. La paix de Nimègue, 1678, fit tout rentrer dans l'ordre.

Le neveu de Charles IV prit le nom de Charles V et signifia son avènement au duché de Lorraine aux différentes Cours de l'Europe Toutes reconnurent ses droits, sauf celle de France, car son plan bien arrêté était de se l'annexer. Le nouveau duc essaya de s'imposer par la force des armes, et il vint attaquer Créquy, sur la Seille, mais il fut refoulé. N'osant pas insister, il se retira et jamais plus ne reparut. Ses sujets soupiraient après lui, et bon nombre de nobles se mirent à son service. Sa bravoure contre les Turcs et les Hongrois força l'admiration de Louis XIV lui-même. La mort l'enleva, le 17 avril 1690. La Lorraine put au moins posséder sa dépouille mortelle, et ce fut un des premiers soins de Léopold, son fils, de réunir ses cendres à celles de ses ancêtres dans les caveaux de la collégiale Saint-Georges. Le char qui le ramena partit d'Insprück, en 1701, s'arrêta à Blâmont, pendant un jour, pour permettre la célébration d'un service solennel, puis s'achemina vers Nancy, où se rendirent Rognon et Frémion, représentant la ville à la Pompe funèbre.

Ce dernier quart de siècle laissa chez nos ancêtres des souvenirs amers. La France, en modifiant les institutions qu'ils aimaient et en important des usages et des lois qu'ils ignoraient, ne garda aucun ménagement. Citons, comme mesures impopulaires, les opérations de la *Chambre d'Annexion*, créée par le Parlement de Metz, pour rechercher les territoires ayant appartenu d'une façon quelconque aux Trois Evêchés, et pour prononcer d'office leur annexion à la France. Ses décisions s'échelonnent entre 1680 et 1683. Elles ont ainsi *francisé* tous les villages de la châtellenie de Baccarat, du ban Le Moine, Herbéviller-Saint-Germain, avec Buriville, Fréménil et Mignéville, la seigneurie de Turkestein, avec Cirey, le Val, Harbouey, Halloville, Vého, Xousse et d'autres. En certains lieux, une partie du village fut de France, et l'autre de Lorraine; il en résulta des rivalités funestes.

L'ordonnance royale de 1689, substituant aux dîmes ecclésiastiques le régime de la *portion congrue*, fut une cause de procès interminables, parce que les titulaires de nos modestes bénéfices n'atteignaient pas le minimum de 300 livres fixé par la mesure royale. Qu'avait-on besoin de ces conflits entre curés et paroissiens?

Une autre ordonnance de 1690 remplaça par les maires et conseillers royaux les anciens administrateurs des communautés; elles substitua la *subvention*, contribution unique, à toutes les tailles précédentes; la charge ne fut pas moins lourde, elle fut cependant plus claire. L'impôt de *capitation*, imaginé en 1695 pour couvrir les frais de la guerre, parut le plus odieux, parce qu'il frappait également tous les individus d'une même profession ou d'une même dignité, sans égard à leur fortune personnelle. Le plus dur, enfin, fut la *confiscation* des biens, prononcée contre les soldats ou capitaines qui prenaient du service à l'étranger. Le croirait-on? Cette mesure, visant surtout les nobles fidèles à leur duc, n'en arrêta guère, bien que le généreux Charles V leur ait souvent conseillé de retourner sur leurs terres.

Pourtant le contact avec la France rendit quelques services aux Lorrains, en leur apprenant des procédés de culture plus avantageux, en introduisant des récoltes inconnues ou prohibées jusque-là: le houblon, la navette, le lin, le chanvre, le sainfoin apporté à Thiaucourt en 1680, la luzerne, le trèfle, la pomme de terre. La culture de la vigne avait pris une telle extension que, pour éviter la surproduction, on avait défendu de fumer le sol,. de conserver la *grosse race* et de faire des plantations nouvelles. On commença à distiller les marcs, vers 1680, suivant les indications données par des gens du Nord. L'industrie progressa rapidement, en utilisant les routes récemment créées, et en acheminant ses produits vers Metz et vers le Nord. Au bout d'un demi-siècle, les traces des pires malheurs avaient disparu, au grand étonnement de la France.

6° La délivrance avec le duc Léopold

Depuis la mort de Charles V, l'annexion de la Lorraine à la France paraissait être un fait accompli; tous les services publics, culte, justice, finances, fonctionnaient sous le contrôle du Roi, quand le traité de Ryswick (3 octobre 1697) remit tout en question, en stipulant que l'héritier de la Maison de Lorraine recouvrerait ses Etats. Cet héritier était Léopold, fils aîné de Charles V, vivant à Vienne avec sa mère et ses sœurs, et près d'atteindre sa dix-neuvième année.

Confiant en cette clause, le jeune Prince prépara sa rentrée en Lorraine, fit rétablir la Cour souveraine, sous la direction de Canon de Ricarville, et attendit que la place fût libre. Les Français firent abattre à nouveau les remparts de Nancy, et, après une revue d'apparat, passée le 25 août, quittèrent la capitale, sous les ordres de Thiard de Bissy. Le retour du nouveau Duc fut reporté au mois de mai suivant (1698).

Tout était prêt pour le voyage, quand Eléonore d'Autriche, mère de

Léopold, fut enlevée par une mort imprévue. On fit ses funérailles et Léopold se mit en route par le chemin d'Allemagne (1). Il était à Strasbourg le 10 mai, il s'arrêta à Saverne et à Sarrebourg et fut à Blâmont, le 14.

La réception fut splendide dans la petite ville à l'esprit si lorrain; l'Abbé Massu l'a décrite dans ses *Mémoires* (2). « Il était allé, dit-il, comme par hasard, à Strasbourg; il s'empressa de présenter ses hommages au nouveau venu. M. de Mahuet lui fit alors entendre qu'il devait s'employer à préparer une réception convenable au Prince, partout où il descendrait, ce qu'il accepta joyeusement. Il prit donc les devants, donna ses instructions à Saverne et à Sarrebourg, et arriva dans sa ville natale, où ses propositions reçurent le plus chaleureux accueil. Il eut le temps de prévenir l'Abbé de Domèvre, Mathias Allaine, l'Abbé de Belchamp, son frère, les nobles et les populations des environs; se procura crosse et mitre, en présumant la permission de s'en servir, et mit tout sur pied pour le matin du 14. Alors le cortège gravit la côte du côté de Sarrebourg. La compagnie des bourgeois de Nancy, surnommés les *zélés,* au nombre de 100 cavaliers, habillés de blanc avec parements, veste, et culotte d'écarlate, tenait la tête; les bourgeois de Blâmont venaient ensuite, puis les confréries, enfin le clergé, composé de vingt prêtres réguliers ou séculiers, avec le supérieur général en habits pontificaux, assisté des deux Abbés en simple rochet. Léopold étant arrivé, s'agenouilla sur un *quarreau* pour baiser la croix et recevoir l'eau bénite, puis il écouta la harangue de l'officiant. Mais il fallut écourter les compliments, écrit Massu, à cause d'une pluie malencontreuse, qui s'était mêlée à la fête, sans y être invitée. Le Duc suivit à pied la procession jusqu'à l'église, où le prélat célébra la messe, que clôtura un vibrant *Te Deum.* Après un joyeux repas, le Duc goûta fort les plaisirs d'une chasse à courre, et, le lendemain, reprit sa marche vers Lunéville. »

C'était le terme d'un long et heureux voyage. Le Duc y attendit que les derniers Français fussent sortis de sa capitale et y fit seulement son entrée, le 18 août. En octobre, il épousait Elisabeth-Charlotte de France, fille de Philippe d'Orléans et nièce du Grand Roi. Toutes les Cours de l'Europe reconnaissaient son avènement et l'Empereur d'Autriche l'autorisait, en 1702, à porter le titre d'*Altesse royale.*

Avec ce souverain arrivait plus qu'une personne nouvelle, c'était un esprit nouveau. Les Lorrains s'en aperçurent bien vite et furent

---

(1) Voir le *Journal de Nicolas,* dans *M.S.A.L.,* 1899.

(2) Voir *Mémoires de Massu,* manuscrit de la Bibliothèque municipale de Nancy. Alexis-François, auteur de ces mémoires, était fils de Charles Massu et de Barbe Hilaire; il fut Abbé de Saint-Pierremont en 1674, faillit être Abbé de Domèvre en 1690; élu général de la Congrégation des Chanoines réguliers en 1692, et bénit solennellement à Metz en 1701; il mourut à Pont-à-Mousson en 1707. Léopold l'eut en haute estime, malgré son caractère indépendant. Son frère, Charles-Léopold, né en 1656, fut aussi Chanoine régulier, Prieur à Verdun en 1679, Abbé de Belchamp en 1693, bénit solennellement le 29 septembre. Son frère, présent à la cérémonie, note dans ses mémoires qu'une telle fête coûte réellement trop cher. Il mourut en 1743. Voir *Notice sur Belchamp,* dans M.S.A.L., 1867.

quelque peu surpris de voir supprimer leurs traditions anciennes, au nom d'une *autorité absolue,* qui était devenue la règle chez les souverains de l'Europe. Cependant ils comprirent les avantages de ces réformes et eurent la sagesse de les accepter.

En réalité l'heure était venue où expirait le comté de Blâmont avec les dernières survivances du régime féodal. C'en était fait des franchises accordées aux membres : la tête seule prétendait compter et imposer sa loi.

Armoiries de Badonviller

DEUXIÈME PARTIE

La Prévôté et le Bailliage

Dessin de Morey. Cliché de *l'Imprimerie Berger-Levrault.*

VUE DE REPAIX

I

La Prévôté de Blâmont

1° Ressort de la Prévôté

En inaugurant son règne, Léopold voulut pour ses Etats une organisation conforme aux idées nouvelles et il lança son Edit du 31 août 1698, qui divisait le territoire en bailliages, et les bailliages en prévôtés. Dans le bailliage de Lunéville furent formées les cinq prévôtés de Lunéville, Azerailles, Badonviller, Blâmont et Deneuvre. La prévôté de Blâmont engloba tout l'ancien comté et, en plus, Foulcrey, Gogney, Montreux, Raon-les-Leau, Saint-Sauveur et Herbéviller-Lannoy. A Lunéville furent rattachés : Avricourt, Emberménil, Ogéviller, Reclonville, Saint-Martin, Herbéviller-Saint-Germain, Hablainville, Pettonville, Domjevin en partie, Verdenal et la grande Domèvre.

La Cour prévôtale connaissait des causes ordinaires ; à la Cour bailliagère furent réservés les affaires importantes et les appels. On eut à

Blâmont : un *capitaine prévôt,* chef de la police (1), qui fut Edmond Massu, fils aîné de l'ancien prévôt (2), remplacé à sa mort, en 1707, par Dominique Rognon; *deux assesseurs* ou conseillers, à savoir : Sébastien Frémion et Joseph Vaultrin; un *procureur :* Dominique Rognon, puis son fils Jean-François; un *curateur en titres :* César Laurent; deux *tabellions :* Joseph Vaultrin et Charles Guise; deux *huissiers.*

Le Bureau des Finances, subordonné à la *Recette générale* de Lunéville, eut son *receveur particulier :* Jean-Claude Vaultrin. La maréchaussée, créée le 25 décembre 1699, eut seulement en 1720 son détachement de quatre hommes. Il n'y eut pas, à Blâmont, de *buttiers* ou *cavaliers.*

L'organisation municipale ne fut définitive qu'en 1707, après plusieurs tâtonnements. Les villages se donnaient un *Conseil local* de dix membres, qui élisait maire, receveur, syndic, greffier et bangard. Les villes furent dotées d'un *Hôtel de Ville,* dont les conseillers, en nombre variable et toujours supérieur à dix, devaient être nommés par le Duc. Cette charge était vénale, conférait certains droits de noblesse et comportait des gages annuels, ce que soulignait la malice populaire, en disant que « sans argent nul n'entrait ou ne sortait de l'hôtel de ville ». En 1708, les premiers conseillers de Blâmont furent : Joseph Vaultrin, substitut syndic; Antoine Pinon, receveur; Claude Vaultrin, secrétaire, qui versèrent au bureau des *Parties casuelles, une provision* de 1.500, 2.000 et 2.500 francs. En 1711, il y eut douze conseillers, qui furent, outre les précédents : Rognon, procureur; Maldidier, Jean Pierson, Jacques Vanier, Vincent, etc... On remarquera que, parmi eux, ne figure aucun noble : les armes ou la terre avaient déjà toutes les préférences de cette classe quelque peu exclusive.

Le cadre administratif une fois dressé, il s'agissait d'établir clairement les droits des diverses communautés. Or, sur ce point, régnait une confusion extrême, par suite de la disparition des titres. Plusieurs ne savaient même plus les limites de leur ban, d'autres se permettaient des empiétements inouïs sur les domaines publics. Le seul remède fut de provoquer une *déclaration* franche et loyale des intéressés, pour en faire la base d'un code nouveau de la propriété. Les communes présentèrent ces déclarations, en 1700; la Cour les homologua, et on établit, d'après elles, les droits respectifs de chacun. Il n'y avait plus qu'à entreprendre la description authentique des diverses parcelles composant les finages, avec leurs contenances exactes. C'est alors qu'une armée d'*arpenteurs* élabora les *pieds-terriers* si précieux de chaque localité.

(1) Par ordonnance de 1707, ce titre, de même que celui de lieutenant particulier du bailli, qui faisait double emploi, fut remplacé par celui de lieutenant général de police et gruyer, ou même, après la mort de Léopold, par celui de subdélégué de l'Intendant.

(2) Sa femme, Marguerite Bouchard, mourut à la Visitation, en 1720, près de sa fille, Angélique, religieuse. Un fils, Charles-Edmond, fut lieutenant au bailliage de Lunéville, et mourut en 1713.

Jean Pelletier, avocat résidant à Charmes, composa ceux de Blâmont et de Barbas, en 1703; Guyot, de Lunéville, celui d'Autrepierre, en 1717. Plusieurs de ces documents existaient naguère encore dans les familles; ils sont aujourd'hui très rares, mais la collection en est conservée aux Archives départementales.

La terre, inépuisable source de richesse, était alors singulièrement convoitée. De nombreux solliciteurs s'en vinrent presser le Duc d'aliéner à leur profit les breuils, les forêts et les étangs qui restaient encore dans son apanage. Léopold, plus encore que Charles IV, se laissa tenter et, pour alimenter sa cassette, consentit à appauvrir sa couronne (1). La prévôté de Blâmont se vit bientôt littéralement dépecée au profit de favoris empressés, et n'offrit plus au trésor que des revenus insignifiants.

C'est ainsi qu'en 1700, la métairie *des Rappes,* comprenant, sur le ban de Remoncourt, de vastes friches autrefois nommés Hermamagney, fut acensée à Didier Morlot, qui était déjà fermier de Jambrot. Transformée en un corps de ferme important et agrémentée d'une plaisante maison de campagne, elle prit ensuite le nom de *Fief de Belcourt,* et servit à récompenser un dévoué chambellan du duc François, le seigneur Charles de Laugier.

Une métairie pareille, située sur le *Haut de Sérolle* (ban de Leintrey), non loin de là, fut également érigée en fief, le 25 juin 1720, pour le sieur Claude Lombard, lieutenant dans un régiment de Lorraine.

A Vaucourt, se trouvait une petite seigneurie, possédée, en 1702, par le sieur Maguin, conseiller au Parlement de Metz. Un accroissement de fief lui permit de devenir, vers 1720, le fief estimé de Vaucourt et Martincourt, entre les mains de Dominique Le Vasseur, trésorier des Généralités de Metz et d'Alsace.

La *Grande-Haye,* près de Montreux, délaissée depuis longtemps, fut reprise par Etienne Masson, réunie à la *Basse-Parux,* et revendue à la famille Doridant, vers 1712.

Nicole de Mauljean, veuve du seigneur de Fontalard, dame de Montreux et Barbas, obtient, en 1721, d'adjoindre à son patrimoine la partie lorraine de Halloville (rue Haute) et la cense de Fléville, située près de Harbouey.

Nicolas Thomassin, de Lunéville, obtient également (1721) de réunir à son avoir de Bénaménil les terres et prés de Chazelles qui longent le ruisseau d'Albe.

Le seigneur de Narcy, installé *aux Sallières,* se fait octroyer, le 12 mars 1720, tous les droits de justice sur Gogney et Blâmont, un

---

(1) Un édit de 1700 fixa ainsi les droits du Sceau : pour changement de nom, réhabilitation, lettres de gentillesse, reprise d'un titre maternel, 140 francs; pour érection d'une baronnie, 280 francs; pour un titre de comte et de seigneur, 350 francs; pour un titre de marquis, 525 francs. Il fallait compter, en plus, diverses *reconnaissances* en espèces sonnantes, qui étaient partout bienvenues.

colombier pour sa maison de Blâmont, et la préséance sur tous les officiers de la prévôté, à l'église ou ailleurs.

Voici pour Harbouey et Grandseille des destinées plus inattendues. Les terres seigneuriales de Harbouey, antique héritage de la famille d'Haussonville et, plus récemment, de François de Vaudémont, sont, vers 1700, aux mains de Charles Canon de Ricarville; un modeste château y sert de résidence, au moins passagère à sa sœur Marguerite, qui est marraine de la grosse cloche, en 1705. Mais, à la suite d'un achat, daté de 1718, le prince Marc de Beauveau-Craon, favori de Léopold, est établi maître en ces lieux. Après d'autres achats, il possède pareillement dix-huit villages autour de Lorquin et de Turkestein. De tous, il fait une *Prévôté,* munie de tout l'appareil que comportent les Justices d'alors, et il répartit ses officiers dans ses deux chefs-lieux, Harbouey et Lorquin.

Grandseille, à son tour, inhabité depuis fort longtemps, se voit un beau jour métamorphosé en marquisat. On lit, en effet, dans des lettres-patentes, datées de décembre 1723 : « Voulant donner au seigneur François du Chastelet et à la dame Catherine de Flemming, son épouse (1), les marques de l'estime que nous faisons de leurs personnes... nous unissons et incorporons la terre de Grandseille, les justices d'Amienbois, les terres et droits appartenant audit marquis à Autrepierre, Gogney, Frémonville, l'ancien fief qu'il a à Blâmont, les étangs d'Albe, Vilvacourt, Gresson, Cambra et Rancogney, les censes et rentes qu'il a sur le prieuré de Manonviller et à Laneuveville-aux-Bois, la Neuve Grange, Couvay et Josain... le château, enclos et gagnage de Blâmont, les justices d'Autrepierre, Frémonville, Amenoncourt, Gondrexon, Remoncourt, le breuil de Jambrot, avec les scieries de la Boudouze, Maschet et Malvet, pour le tout ne faire et comporter qu'un seul et même corps de fief, lequel nous érigeons en Marquisat dont le chef-lieu sera le dit village de Grandseille... Permettons d'y établir une Prévôté, composée d'un prévôt, d'un procureur d'office, d'un greffier, de deux sergents et d'un tabellion, qui exerceront la justice, à la réserve des cas privilégiés » (2). En 1724, le nouveau marquis, ayant fait remarquer que le village de Verdenal était englobé dans son fief, reçut de Léopold l'autorisation « de se subroger au lieu et place du Duc, pour faire dans ce

(1) René-Luc-François du Chastelet était fils cadet de Pierre-Antoine (branche de Cirey-Vôge) et d'Elisabeth Richard de Jaulny, morts tous deux à Blâmont, en 1712. Il épousa, en 1710, à Blâmont, Marie-Catherine de Flemming, Irlandaise, d'une grande beauté. Ils moururent à Blâmont, l'un en 1755, l'autre en 1756, mais furent inhumés à Cirey. Tous leurs fils moururent sans postérité; Marie-Catherine, leur unique héritière, se maria, en 1748, à François-Philippe de Marmier. Ils vendirent leur héritage en divers lots.

(2) Le seigneur du Chastelet remplit lui-même les fonctions de prévôt; son procureur fiscal fut César Laurent, résidant à Blâmont, puis, après sa mort (1762), Didier Florentin; son notaire fut Nicolas Daiche, résidant à Frémonville, remplacé, vers 1775, par Didier Florentin; son avocat fut le sieur de Magnier, frère du curé de Frémonville.

lieu tel usage qu'il lui plairait de ses droits, sauf à réserver ceux de Saint-Dié ». En 1726, il obtint encore les étangs de Parux, laissés auparavant au sieur Masson. La famille du Chastelet, à la tête d'un si vaste apanage, aurait dû, ce semble, songer à construire, soit à Blâmont, soit

Cliché CUISSARD.

VIEUX CHATEAU DE CIREY
bâti pour le Marquis du Chastelet

à Grandseille, un château digne de sa fortune, comme fit le prince de Beauveau, à Haroué. Faute d'un monument qui l'éternise, son nom, comme son œuvre, sont bientôt tombés dans l'oubli.

2° Signes d'opulence sous le duc Léopold

Les trente années du règne de Léopold comptent parmi les meilleures de notre histoire, grâce à la paix, qui est l'insigne bienfaitrice des peuples. Pendant que la France, l'Autriche et l'Angleterre continuaient leurs querelles, la Lorraine s'efforça de rester étrangère à la lutte. Elle dut cependant subir une troisième occupation française, qui dura douze ans, autant que la guerre de Succession d'Espagne (1702-1714), mais sans entraîner les vexations odieuses des temps précédents. Les passages de troupe, en particulier, ne furent plus une cause de ruine, car les armées prirent, dès lors, l'habitude de payer les denrées qu'elles consommaient.

Pour ne pas se trouver en face des Français, Léopold tint sa Cour à Lunéville, dont il voulut faire un autre Versailles. Sa passion de bâtir fut utile à toute la contrée. D'abord elle procura du travail (1);

Cliché du *Pays Lorrain.*

MAISON A DOMJEVIN (1707)

ensuite elle donna le goût des belles constructions et, certes, nos villages en avaient besoin. C'est ainsi que, dans la vallée de la Vezouze, on remarque encore un grand nombre de maisons coquettes, dont les

(1) Les pierres étaient extraites des carrières de Merviller; les habitants de toute la contrée en faisaient le charroi. Blâmont en conduisit cinquante voitures en 1703.

portails ouvragés portent des dates voisines de 1710. Blâmont, plus que tout autre, suivit l'exemple de Lunéville, en échelonnant, des deux côtés de la route, les immeubles de sa grande rue. Le bel hôtel de M. du Chastelet (plus tard maison Brice, sur la petite place), le presbytère (1704), les trois fontaines (1720), l'hôpital (1726), sont de cette époque. Dans tous ces travaux, l'élégance et le confort vont de pair; les contours sont harmonieux, les courbes gracieuses, les lignes sans raideur. Ce genre d'architecture, le plus répandu dans la région, porte communément le nom du duc Léopold.

Au reste, la popularité de Léopold fut immense. Sa fête était l'occasion de réjouissances brillantes, avec feux d'artifices coûteux. La naissance de ses enfants fut célébrée avec éclat. On fit au Duc une réception solennelle, le 12 mars 1703, quand il vint installer une compagnie de ses gardes, sous les ordres de Dutteler. Le livre des comptes nous apprend qu'à défaut des arquebusiers, non rétablis après 1636, les bourgeois défilèrent en armes, et que l'escorte des *gardes suisses* reçut 74 francs pour son *kastgeld* (argent de buffet). La joie du peuple venait de ce qu'il se sentait revivre; celle des classes supérieures était causée par le charme qui rayonnait à la Cour de Lunéville.

Alors que reprenait la vie intense, on a peine à voir la Collégiale de Blâmont mourir d'inanition, après trois siècles d'existence. Un rapport, adressé à la Cour, en 1698, par le curé Hocquard, exposa l'insuffisance de ses ressources et l'épuisement de son avoir, après des procès ruineux. On ne fit rien pour lui venir en aide et l'Evêque de Toul se crut obligé d'intervenir. Par une ordonnance de 1710, il unit dans une même *mense*, pour le chapitre de Deneuvre, les revenus de cinq établissements qui ne pouvaient plus se suffire séparément, à savoir : les collégiales de Deneuvre et de Blâmont, les chapelles Saint-Jean de Thélod, et Saint-Nicolas, d'Athienville, le prieuré de Marcy. Ainsi les neuf chanoines de Deneuvre eurent une prébende convenable. Disons tout de suite que ce ne fut pas pour longtemps, car, en 1761, un nouvel acte de l'autorité fit sombrer, à son tour, l'insigne collégiale de Deneuvre, pour en ajouter les revenus au chapitre de Saint-Dié. Tous les biens collégiaux de Blâmont passèrent à Deneuvre; l'église et les maisons canoniales furent achetées par les Religieuses de Notre-Dame, qui purent agrandir leur couvent. Des trois chanoines qui restaient, l'un, Duparc, devint curé de Couvay; l'autre, Mougenot, curé de Gogney; le troisième, de Mortal, entra au chapitre de Deneuvre, où il mourut, en 1761, âgé de 78 ans.

Partout la population s'accroissait, comme la richesse. Les familles étaient nombreuses, et des recrues échappées aux armées, avaient fait souche dans les lieux où elles s'étaient fixées. Leur nom de Français, Picard, Bourguignon, Breton, Suisse, Lombard et d'autres, indique encore leur origine. Cependant le chiffre atteint par chaque village reste problématique, et les nombres donnés par les déclarations, autour de 1700, font l'impression d'être trop faibles. Comment croire, par exemple, que Blâmont n'avait que 185 habitants, en 1710, quand un document de 1695 y mentionne 75 feux et 325 personnes; ou qu'Autrepierre ne comptait, en 1710, que 19 habitants, dont 13 garçons, quand l'examen des actes paroissiaux révèle, entre 1710 et 1715, 14 familles où il y eut des naissances, ce qui en laisse supposer bien d'autres où il n'y en eut pas? Il faut donc prendre, sous toutes réserves, les indications données par Lepage, dans ses *Communes*, telles que les suivantes : en 1712, Angomont, 5 habitants; Barbas, 28; Bréménil, 6 ou 7; Frémonville, 30;

Cliché du *Pays Lorrain*.

PORTE A MANONVILLER (1693)

Halloville, 10; Ogéviller, 25; — en 1718 : Reillon, 18 familles et 65 adultes; Vaucourt, 20 familles, 115 adultes; Vého, 90 adultes; Verdenal, 77 adultes.

Les déclarations, exigées par la France, vers 1768, 1782 et 1784, paraissent plus sincères, mais s'en tiennent au nombre des feux et des adultes; il n'y aura de recensements complets que sous la Révolution. Citons les principales. En 1768, Fenneviller a 26 feux; Hablainville, 83 feux et 290 adultes; Herbéviller, 82 feux et 400 adultes; Nonhigny, 66 feux et 170 adultes. En 1782, Ogéviller a 70 feux et 260 adultes;

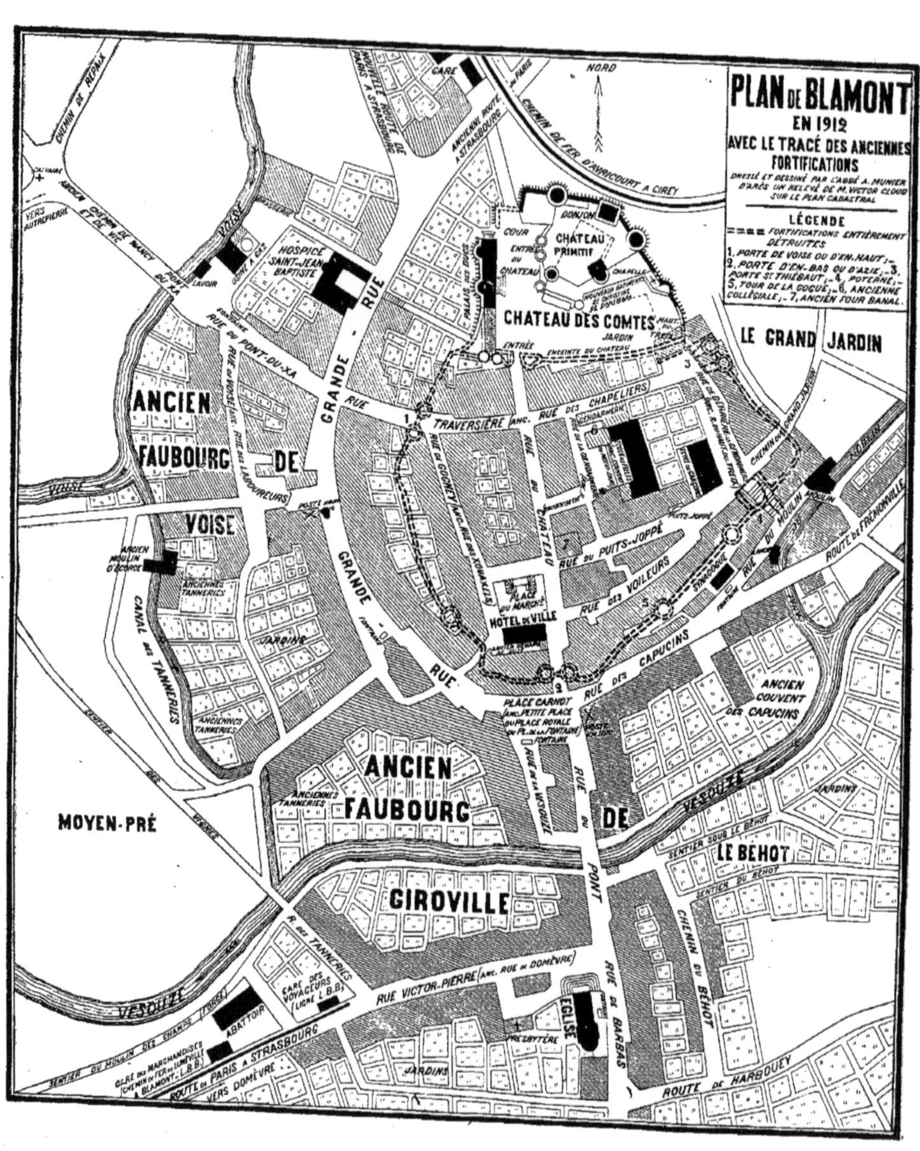
PLAN DE BLAMONT
EN 1912
AVEC LE TRACÉ DES ANCIENNES FORTIFICATIONS
DRESSÉ ET DESSINÉ PAR L'ABBÉ A. MUNIER D'APRÈS UN RELEVÉ DE M. VICTOR CLOUD SUR LE PLAN CADASTRAL
LÉGENDE
FORTIFICATIONS ENTIÈREMENT DÉTRUITES
1. PORTE DE VOISE OU D'EN-HAUT ; — 2. PORTE D'EN-BAS OU D'AZIE ; — 3. PORTE ST THIÉBAUT ; — 4. POTERNE ; — 5. TOUR DE LA GOGUÉ ; — 6. ANCIENNE COLLÉGIALE ; — 7. ANCIEN FOUR BANAL.
NORD
CHEMIN DE FER D'AVRICOURT A CIREY
GARE
NOUVELLE ROUTE DE PARIS A STRASBOURG
ANCIENNE ROUTE DE STRASBOURG
CHEMIN DE REPAIX
ANCIEN CHEMIN DE NANCY ET DE VIC
VERS AUTREPIERRE
CALVAIRE
LAVOIR
HOSPICE SAINT-JEAN-BAPTISTE
DONJON
COUR
CHÂTEAU PRIMITIF
CHAPELLE
CHATEAU DES COMTES
ENTRÉE
JARDIN
ENCEINTE DU CHATEAU
LE GRAND JARDIN
ANCIEN FAUBOURG DE VOISE
RUE DU PONT-DU-XA
GRANDE RUE
RUE TRAVERSIÈRE ANC. RUE DES CHAPELIERS
RUE DU CHATEAU
GENDARMERIE
RUE DU PUITS-JOPPÉ
RUE DES VOILEURS
RUE DES CAPUCINS
CHEMIN DU GRAND-JARDIN
MOULIN
RUE DU MOULIN
ROUTE DE FRÉMONVILLE
SYNAGOGUE
ANCIEN MOULIN D'ÉCORCE
ANCIENNES TANNERIES
CANAL DES TANNERIES
JARDINS
POSTE
PLACE DU MARCHÉ
HOTEL DE VILLE
PLACE CARNOT
FONTAINE
ANCIEN COUVENT DES CAPUCINS
MOYEN-PRÉ
ANCIEN FAUBOURG DE GIROVILLE
RUE DU PONT
VEZOUZE
LE BEHOT
SENTIER SOUS LE BEHOT
SENTIER DU BEHOT
CHEMIN DU BEHOT
R. DES TANNERIES
RUE VICTOR-PIERRE (ANC. RUE DE DOMÈVRE)
GARE DES VOYAGEURS (LIGNE L.B.B.)
ABATTOIR
SENTIER DU MOULIN DES CHAMPS
ÉGLISE
PRESBYTÈRE
RUE DE BARBAS
ROUTE DE PARIS A STRASBOURG
VERS DOMÈVRE
ROUTE DE HARBOUEY

Tanconville, 29 feux et 98 adultes; Autrepierre, 64 feux pour 58 communiants et 67 non communiants.

La preuve que l'accroissement, dû surtout à une natalité abondante, fut constant durant tout le siècle, c'est que partout on agrandit la nef des églises. Ce travail ne se fit pas sans chicanes ni sans procès, mais il aboutit toujours, parce qu'il s'imposait. Il nous donna, disons-le, des édifices d'un genre médiocre, car le *style grange,* partout adopté, n'a rien de décoratif; il répondait du moins aux besoins du temps.

Amenoncourt vint en tête (1724), en allongeant la nef de sa vieille église. L'abbaye de Domèvre s'exécuta d'assez bonne grâce pour Barbas et Harbouey (1), cures qui lui étaient unies. Il en fut autrement à l'égard de l'église, reconnue nécessaire à la *Grande-Domèvre.* L'Abbé Piart ne pouvait se résoudre à laisser supplanter le sanctuaire abbatial, qui n'était plus un centre pour la paroisse; il ne voulait sur la route qu'une chapelle de secours. L'affaire, engagée dès 1723, resta vingt ans pendante; enfin l'édifice actuel fut achevé en 1746, mais l'auteur de tant de retards ne vit point sa bénédiction, puisqu'il mourut six mois avant. *Blémerey* redevint cure, en 1737, après un procès de plus de vingt ans, intenté à l'Evêque de Metz; son église restaurée fut bénite par l'Abbé Pillerel, en 1763. A Reillon, pareil agrandissement fut achevé, en 1738. *Leintrey,* paroisse excellente sous la direction des deux saints curés Collignon et Gentil, voulut un monument non banal, avec portail imposant, orné de niches et de statues; le tout fut achevé en 1746. *Vého,* annexe de Leintrey, eut son vicaire résidant, en 1760, après avoir fait les frais d'un presbytère, d'une tour et d'une nef rajeunie.

Dès 1714, Domjevin comprit que sa nef était insuffisante, mais avant de l'agrandir, il fallut vaincre le mauvais vouloir du curé Pano et de l'Abbé de Chaumouzey, engagé tous deux dans cette grosse dépense. Dix ans se passèrent en procès coûteux. Enfin les travaux furent mis à exécution par l'architecte Philibert et par les entrepreneurs Gay et Laurent Vanel. Le monument renouvelé fut bénit par l'archiprêtre de Marsal, le 25 mars 1733.

Gogney avait eu autrefois son église, mais elle était détruite depuis un siècle, et les offices se faisaient à quelque distance, dans l'ermitage Saint-Thiébaut. Pour remédier à cette lacune, le curé Aymond entreprit de bâtir, au centre du village, une église et un presbytère, qui furent inaugurés, le 30 juillet 1734.

Repaix renouvela, non sans peine, en 1736, un édifice, qui reste mal conçu et informe. Il fallut, dans la suite, exécuter des travaux semblables d'agrandissement à Herbéviller (en 1770), à Chazelles et à Gondrexon

(1) A Harbouey, l'église, construite grâce au curé Darancy, fut bénite, le 13 septembre 1731, par l'évêque de Toul, qui eut soin de souligner qu'elle échappait à la juridiction abbatiale de Domèvre. A Barbas, l'église, frappée d'interdit, parce qu'elle menaçait ruine, fut redressée sur un plan fourni par l'architecte Jennesson, et bénite par l'Abbé Piart, en 1734. Il fallut quinze ans de luttes pour qu'un vicaire résidant y fut installé; ce fut Menoux; la principale opposition venait du curé de Harbouey, parce qu'il perdait une annexe.

(en 1786), à Autrepierre (en 1789), à Nonhigny (en 1800), à Igney (en 1802), à Frémonville (en 1820), à Verdenal (en 1830).

Le style adopté partout est d'une rare simplicité, et son nom de *style grange* n'est pas fait pour en vanter le mérite. Blâmont comprit mieux les exigences de notre art religieux dans sa restauration de 1856, quand il érigea son église gothique, si majestueuse en sa silhouette, et si pittoresque, à l'opposé des ruines du vieux château.

On a fait au XVIIIe siècle le reproche d'aimer la chicane à outrance;

BADONVILLER — Clichés POUPIN-WERNERT.

Hôtel de ville construit sur l'emplacement de l'ancienne église

Eglise construite en 1786

point n'est besoin d'autres preuves que les affaires qui précèdent. La manie de la procédure hantait les hommes d'Eglise aussi bien que les gens de la noblesse ou de la roture. Il s'agissait pour tous de garder des droits ou des privilèges que l'on se jalousait, ou bien d'échapper à des charges parfois écrasantes. Si ce fait très humain et propre à tous les temps, s'est accentué davantage à cette époque, c'est que les institutions d'alors n'étaient plus suffisamment à jour. On devine, tout au moins, le profit qui en résulta pour les gens de loi; ils se firent légion et prirent dans la société une place prépondérante.

3° Les derniers temps de l'Indépendance lorraine

Le milieu du XVIIIe siècle devait assister à l'agonie de la nationalité lorraine. Le duc Léopold eut une mort soudaine, le 17 mars 1729. Son glas funèbre retentit à Blâmont pendant quarante jours, et les services religieux furent célébrés aux frais du chapitre de Deneuvre. Son fils, François III, élevé à Vienne, Allemand de cœur, au dire même de sa mère, ne vint en Lorraine que pour régler une Régence qu'il confia à la duchesse Elisabeth-Charlotte. Pendant tout son séjour, il ne voulut prendre que le titre de comte de Blâmont, comme s'il dédaignait ses droits sur le duché. La déception et le blâme furent universels, quand on apprit que, par le traité de Vienne (1736), ce prince laissait à la France

Cliché du *Pays Lorrain.*

PORTE A BÉNAMÉNIL (1797)

tous ses droits sur l'héritage de ses ancêtres et acceptait en échange le duché de Toscane.

Par contre, on s'attacha beaucoup à la Régente, tout en regrettant certaines mesures, d'une fiscalité trop visible, comme la *révision* et la *confirmation* des titres de noblesse. Le dernier des fiefs de la contrée fut créé par elle, à Repaix, en 1736. Il porta le nom de *Belmont* et fut donné au sieur Poirot. Ce plaisant cottage, situé en face du village, comprenait trois maisons entourées de vignes; il avait un colombier et comportait droit de chasse pour le maître et un ami ou domestique.

Les années de la Régence furent bonnes, malgré la quatrième occupation française, qui dura de 1733 à 1738. On signale, en 1731, un hiver rigoureux et une maladie singulière du bétail, qui eut la langue rongée par un ulcère; en 1733, une invasion de souris, si funeste que les arbres en eurent l'écorce rongée jusqu'à trois pieds de hauteur et qu'en certaines paroisses on crut bon de recourir aux exorcismes; en 1734, des pluies et des orages qui causèrent de grands dégâts. En 1737, la France installa le roi Stanislas à Nancy. La Régente dut quitter Lunéville, pour se retirer à Commercy. Son départ causa une tristesse universelle, car on sentait qu'avec elle s'éloignait l'âme de la Lorraine.

Le roi Stanislas, n'ayant plus d'intérêt particulier dans le Blâmontois, ne s'en est pas occupé spécialement; il confirma ses coutumes, le 1er avril 1743; il l'honora d'une courte visite, en 1757, et c'est tout. Aussi son nom y fut peu populaire et sa fête n'y excitait qu'une joie restreinte. Prévôté, fiefs et communautés eurent surtout affaire à l'Intendant La Galaizière, qui ne se fit aimer nulle part.

On ne s'étonne pas, dès lors, que les nobles, si nombreux dans la région, aient gardé toute leur sympathie pour l'ancienne famille ducale et aient envoyé leurs fils au service de l'Autriche. René du Châtelet resta l'homme de confiance de François III et alla préparer son entrée en Toscane. Son frère, Pierre-Désiré, se couvrit de gloire dans le régiment de Tessé. D'autres, cadets, gentilshommes, gardes licenciés ou dispersés, s'enrôlèrent dans les armées de Sa Majesté Impériale et furent capitaines ou colonels sur plusieurs champs de bataille. Ainsi se distinguèrent : Bannerot, d'Herbéviller; Nettancourt d'Igney; Martimprey, de Repaix; Barrail, Bussène, Laugier, Circourt, de Blâmont ou d'ailleurs. Il serait trop long de redire ici les hauts faits de ces personnages.

Cette fidélité lorraine donna lieu, à des contrastes étranges. Chez les Bannerot, par exemple, on put voir des fils guerroyer en Autriche et des filles donner leur main à des capitaines français, qui allaient les combattre. Chez d'autres, il y eut des festins de mariage, de baptême ou de fête, où se coudoyaient, à la même table, des officiers lorrains, français, autrichiens. La haute société d'alors ne s'en offusquait pas, pourvu que la vie fût bruyante, joyeuse et pleine d'entrain.

C'est de cet engouement de la noblesse pour le métier des armes que provint sans doute la faveur marquée que nous accordons encore à l'uniforme militaire. Blâmont ne dissimula pas sa joie de recevoir, vers 1740, une brigade de la maréchaussée. Ses édiles lui préparèrent une caserne convenable, dans des bâtiments contigus au couvent de Notre-Dame, à l'emplacement de la gendarmerie actuelle. Ses habitants entourèrent d'une vive sympathie les quatre policiers, habillés à la française et parés des couleurs de la Pologne, jaune et noir. Quand les édits de 1740, 1743 et 1744 ordonnèrent la levée des *Milices lorraines* pour aller au secours de la France, le contingent demandé fut facilement atteint; Blâmont fournit, en 1741, sept volontaires et paya 189 livres pour leur équipement.

Au début de la guerre d'Autriche (1743), on craignit soudain l'invasion d'un certain Mentzel, que l'on disait arrivé en Alsace avec une armée de Suédois. L'alarme fut vive. On vit passer à Blâmont, le 20 septembre, pour se rendre à Saverne, Florent-Louis du Châtelet, à la tête d'un corps de cavalerie (1) ; il devait barrer la route à l'ennemi. Il vint alors à l'idée de quelques exaltés des montagnes de provoquer une révolte contre les Français. Tous les soirs, ils allumaient des feux sur

Cliché du *Pays Lorrain.*

PORTE A DOMJEVIN

les plus hauts sommets, même sur le Donon, et leurs émissaires appelaient aux armes pour reconquérir l'indépendance lorraine.

Le bon sens des paysans laissa tomber ces provocations et les Français eurent l'habileté de ne pas s'en émouvoir. Mentzel ne parut pas et tout rentra dans l'ordre. L'année suivante, Louis XV conduisit

(1) Il était neveu de René, marquis de Grandseille, et mari de la célèbre Emilie de Breteuil.

en personne une armée à Saverne. Il passa à Blâmont, le 2 octobre, et y fut l'objet d'une ovation enthousiaste. On avait préparé des arcs de triomphe; on chanta le *Te Deum* et on alluma des feux de joie; les mousquetaires séjournèrent pendant dix-neuf jours. Quand le Roi fit son entrée à Strasbourg, il eut le plaisir d'apprendre que l'ennemi avait rebroussé chemin et il revint par Saales, Saint-Dié et Baccarat.

Le traité d'Aix-la-Chapelle (1748) mit fin à toutes les hostilités. Alors Blâmont vit repasser, par petits groupes, des milliers de soldats de tout pays. Son hôpital fut bientôt insuffisant à recueillir les malades et les traînards. Enfin, le flot écoulé, le calme revint.

Peu après (1751), un arrangement conclu entre le roi Stanislas et le comte de Salm eut pour résultat d'annexer la baronnie de Fénétrange à la Lorraine et de constituer la nouvelle principauté de Salm, pour le prince Nicolas de Salm-Salm. Ce petit Etat eut Senones pour capitale et comprit trente-deux villages aux environs. Il garda son autonomie jusqu'en 1793, époque où il réclama lui-même son annexion au territoire de la République.

La guerre de Sept-Ans (1755-1762) imposa de nouveaux sacrifices d'hommes et d'argent. Les deux régiments *Royal-Barrois* et *Royal-Lorraine*, recrutés dans le pays, furent très éprouvés dans le Nord; des bataillons de 650 hommes ne revinrent à Nancy qu'avec 50 ou 60 soldats, le 5 décembre 1763. Il fallut licencier ces troupes découragées. Faute de reformer d'autres bataillons, les casernes de Nancy et d'Einville restèrent vides, et les *marchands d'hommes* durent suspendre leur singulier trafic. Du reste, le règne de Stanislas approchait de sa fin et, par la force des traités, le duché de Lorraine allait cesser, en 1766, quand le monarque exhala son dernier souffle.

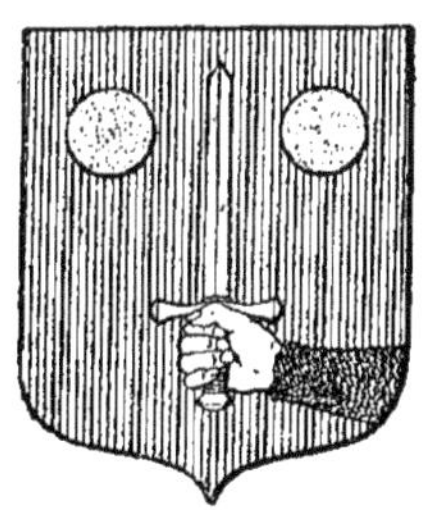

Armoiries de Cirey

Armoiries du grand chapitre de la cathédrale de Metz, concédées à quelques villes de la région, à la suite des décrets de la Chambre d'annexion (1683)

II

Le Bailliage

1° Son ressort

Le roi Stanislas garda longtemps les rouages administratifs imaginés par Léopold, et personne ne s'en plaignait, quand, en 1751, il promulgua un nouveau remembrement de la Lorraine. Le motif était évident : il fallait se rapprocher davantage de l'organisation française. Les changements visèrent surtout la justice et les finances. Les prévôtés changèrent leur nom pour celui de bailliage; les coutumes locales furent conservées. Le bailliage de Blâmont fut subordonné à celui de Lunéville; comme il était seulement de seconde classe, il n'eut pas de bailli résident. Il eut à peu près la même étendue que la prévôté. Perdant Emberménil et Domjevin, qui furent rattachés à Lunéville, il obtint Avricourt, Barville, Saint-Martin, Verdenal et Xousse. Les villages ou portions de villages déjà déclarés français ressortirent au bailliage de Vic, ainsi : les deux châtellenies de Lagarde et de Baccarat, les villages de Vého, Herbéviller, Mignéville, Fréménil, Buriville et les portions françaises de Halloville, Harbouey, Couvay, Avricourt et Xousse. Les offices reçurent des noms différents et, chose plus grave, furent attribués à d'autres titulaires, ce qui provoqua des murmures.

La *Cour bailliagère* fut ainsi composée : 1° le chef de police, appelé *lieutenant général civil et criminel*, ou *subdélégué de l'intendant.* Ce fut Antoine Duban, seigneur de Parux et Frakelfing, auparavant procureur, mort en 1757 et remplacé par Jean-Baptiste Fromental (1);

(1) Il naquit à Lunéville en 1729, vint à Blâmont vers 1752, comme gruyer et prévôt de Harbouey et Lorquin, fut conseiller de l'hôtel de ville et maire, de 1773 à 1785. Marié à Elisabeth Zimmermann, il eut plusieurs enfants, que nous rencontrerons dans la suite.

2° Le lieutenant particulier assesseur;

3° Cinq conseillers assesseurs.

Près du tribunal furent le procureur et son substitut, deux greffiers, deux huissiers, deux notaires et plusieurs avocats (1). Les audiences avaient lieu le lundi.

Pour les finances, il y eut :

1° *Le receveur*, nommé *capitaine général des fermes*, ou *entreposeur* du bureau de Blâmont. On vit dans cette charge : Poirot, Maton, Piètre, Bour, Babillotte, qui passèrent vite;

2° *Le contrôleur des actes :* Michon, puis Leclerc;

3° *Le curateur en titres :* Pierre Marotel;

4° *Le commissaire aux saisies réelles :* Mathieu Hachon.

Ces derniers furent plus stables et acquirent quelque notoriété.

Il faut rapprocher de ces charges la *poste aux chevaux* et la *poste aux lettres*, qui eurent un bureau à Blâmont. Stanislas voulut des routes parfaites pour les avantager et Blâmont s'imposa, dans ce but, de lourds sacrifices. En 1743, on planta des arbres pour border la chaussée; en 1747, on adoucit la montée qui se trouve sous le bois de Trion. Le relais de Blâmont fut toujours des mieux achalandés et il enrichit l'un après l'autre les *maîtres* qui tinrent son hôtel : Chrétien, mort en 1694; Frémion (1708); Royer (1734); Michault (1760); Mayeur (1772); Jacques Klein (1787); Leclerc, Helluy, etc...

Les *messageries* ou *poste aux lettres*, fonctionnèrent, dès 1730, par les soins de Mathieu (1738); Huin (1753); Marmod (1763); Chanel (1772).

Ce régime déjà lointain a pu laisser des souvenirs amers. Les impôts furent très lourds et le mode de leur perception par les fermiers particulièrement odieux. On ajouta aux contributions en vigueur sous Léopold, *la vente des sels et tabacs, le droit de contrôle, le timbre, le greffe, l'amortissement.* On imagina le *vingtième* ou *capitation*, les *ponts et chaussées* pour payer les œuvres d'art sur les routes; les *impositions accessoires* pour l'armée et les canaux; la *foraine*, sorte de douane pour les marchandises échangées entre la Lorraine et les Trois Evêchés; enfin les impôts en nature, la *milice*, la *corvée des chemins* (2). Tant de charges appauvrirent la région et ralentirent l'élan qui aurait dû lui faire accepter l'autorité française.

---

(1) Citons quelques noms : Procureurs : Voirin (1741-1761), Jacquot (1766), Gauthier (1777); substitut : Lallevée; greffier : Marcel, qui devint procureur en 1784, et secrétaire du district, de 1791 jusqu'à sa mort; notaires : Royer et Gauthier.

(2) Cette corvée, exigeant cinq jours de travail par homme, fut remplacée, en 1786, par une taxe en argent. Tous les paysans s'en plaignirent, en disant : « On nous demande un argent que nous n'avons pas et on nous refuse les bras que nous offrons. »

L'édit royal d'octobre 1771, qui modifiait le fonctionnement des cours bailliagères, ne fit à Blâmont que des changements peu importants. Les offices eurent des *finances* plus élevées et des titres plus sonores, mais les titulaires ne changèrent pas. A la *lieutenance générale* se succédèrent : Jean-Baptiste Fromental, de 1771 à 1784; Christophe Batelot (1788); Justin-Louis Fromental, le cadet, (1790) (1).

L'hôtel de ville, adoptant les manières françaises, s'entoura de majesté et tint ses séances le samedi. Ses douze conseillers furent nommés par le roi et eurent chacun un titre : maïre royal, lieutenant de maire, échevin, procureur syndic, etc... ; leur charge achetée conférait une sorte de noblesse (2). Cependant la prospérité de la ville cadrait peu avec le faste prétentieux de ses édiles. Son budget, satisfaisant avant 1766, baissa toujours depuis et finit par inquiéter par son déficit (3). La cause en fut *la ferme* appliquée aux octrois municipaux et diverses dépenses inattendues. Les bâtiments communaux se trouvèrent tellement délabrés, en 1756, qu'il fallut songer à les reconstruire. Après avoir acheté l'hôtel de Marmier pour une installation provisoire, on rebâtit sur place, d'après les plans de l'architecte Lainé. L'ouvrage était à peine fini qu'il devint la proie des flammes (24 avril 1761). Cet accident entraîna l'achat de pompes, chez Lafont, chaudronnier à Lunéville. La dépense fut de 1.488 livres. Ces instruments étaient une nouveauté. Ils ne devaient se vulgariser et entrer dans la pratique de nos villages qu'un siècle plus tard.

Le nouvel hôtel rétabli ne satisfit personne : il était trop étroit, sans grâce, inférieur de toute façon à l'attente d'une ville qui atteignait 2.000 âmes et se payait le luxe d'un second sergent de police tout galonné d'argent. D'autres frais s'imposaient pour l'hospice, pour les classes de filles, pour les rues non pavées. L'église surtout criait misère; à force d'être retouchée, elle devenait informe; on l'aurait voulu placée plus au centre; tout au moins fallait-il l'agrandir comme dans les paroisses voisines; mais l'Abbé de Haute-Seille et les curés se retranchaient dans une opposition irréductible; on se contenta des réparations les plus urgentes.

Les orgues qui, en plein *Credo* de Pâques, avaient refusé leur service, au grand effarement de l'organiste, furent restaurées, en 1762, par le facteur Dingler. Les cloches se trouvaient à l'atelier pour leur refonte, quand mourut Stanislas; elles ne furent prêtes à sonner son glas funèbre que l'année suivante. Ainsi s'accentuait de jour en jour le malaise dans une ville qui avait tout pour être prospère.

Dans les villages, les affaires étaient plus simples. Le curé, le maire et les échevins s'occupaient également des intérêts religieux et civils : les

---

(1) C'était le second fils de Jean-Baptiste, ci-dessus nommé; son frère aîné fut Jacques-Théodore.

(2) Il y eut seulement deux maires : Fromental père (1771 à 1777); Joseph Chazel (1777-1790).

(3) En 1740 : 6.909 livres; en 1745 : 10.292; en 1766 : 13.019; en 1775 : 5.161, avec 1.000 de déficit; en 1789 : 8.167, avec 1.800 de déficit.

délibérations se prenaient sous le porche, à la sortie des offices, et se promulguaient au prône : ainsi s'est formée la coutume, naguère encore en vigueur chez nos gens, de stationner, le dimanche, sur la place de l'église, pour un brin de causette, avant de rentrer au logis. Des améliorations importantes dans les habitations et les voies de communications furent le fruit d'un travail opiniâtre, favorisé par la paix. La population devint surabondante et connut l'aisance. Pourtant il y avait des abus partout, qui provoquèrent, plus tard, les nombreuses doléances consignées dans les Cahiers des Etats généraux.

2° Coup d'œil général sur la Société blâmontaise

Ce n'est pas exagérer ni flatter que de reconnaître au milieu blâmontais une distinction plus qu'ordinaire. Les pratiques chrétiennes y étaient en grand honneur, sous l'impulsion quelque peu rigoriste d'un clergé de valeur. En 1729 et en 1745, les missions avaient fait grand bien. Il y avait, dans presque toutes les paroisses, des confréries du Saint-Sacrement et de la Sainte-Vierge. A Blâmont, florissaient en plus celle du Saint-Suffrage, pour les âmes du Purgatoire, et celle de l'Annonciation, réservée aux hommes (1). Le couvent des Capucins, les abbayes de Haute-Seille et de Domèvre étaient de précieux foyers d'édification. Douze *cures unies* étaient desservies par des chanoines réguliers et plusieurs d'entre elles eurent des curés modèles (2). Cependant, vers 1770, les idées philosophiques, venues de France, introduisirent dans cette Congrégation religieuse un relâchement fort regrettable. Les moines de Domèvre principalement en furent victimes.

L'abbé Chatrian, l'annaliste ecclésiastique bien connu, en a fait la remarque en 1781, quand il écrivit avec sa malice habituelle : « Les religieux du vieux chrême se font rares... Le P. Saintignon, général et abbé de Domèvre, est allé à Belchamp, et y a vu le P. Petitjean, vieux et infirme, qui lui a articulé qu'avant de mourir il voudrait bien voir la Congrégation comme elle était auparavant, parce qu'on ne la reconnaissait plus; l'Abbé a tourné les talons et rangé sa frisure factice, mais s'est bien gardé de lui répondre » (3). Peu après la décadence fut telle que ces prêtres firent tous défection, quand la Révolution ouvrit les portes des couvents.

---

(1) La Confrérie des hommes débuta en 1745, avec 153 membres; M. de Marmod en fut le premier préfet; elle se maintint jusqu'au milieu du XIXe siècle; M. Léon Cloud a remis récemment aux archives de la cure le registre de ses délibérations.

(2) On cite surtout : à Leintrey, les PP. Collignon et Gentil; à Igney, le P. Gauthier, qui a laissé une curieuse Relation de la fête de la Rosière à Réchicourt, Quinze conférences sur les dons du Saint-Esprit, etc... Il avait participé à la fondation de l'Académie Stanislas de Nancy. Il mourut à Igney, en 1788, après 28 ans de ministère en ce lieu.

(3) Voir Abbé Mathieu : *L'Ancien Régime en Lorraine et Barrois.*

Les curés séculiers étaient devenus assez nombreux pour desservir les paroisses non unies aux monastères et ils égalaient les réguliers en science et en zèle. On en voit plusieurs qui étaient issus de familles nobles, tels que : de Cliquot, à Repaix; de Magnier, à Frémonville; de Circourt, à Reillon; le Faucheur, à Herbéviller; le Paige, à Xousse; le Duc, à Leintrey. D'autres étaient originaires de la région et même de Blâmont, que la classe de latinité avait transformé en une pépinière d'ecclésiastiques distingués, appelés ses *enfants-prêtres* (1). Quelques-uns furent célèbres. On n'a pas oublié, à Ogéviller, le court ministère des chapelains suivants : *Chatrian* (1770), devenu curé de Saint-Clément; *Galland,* devenu curé de Charmes; *Collet* et *Mangin,* guillotinés à Mirecourt en 1794. *Normand* eut, à Blâmont, un rôle fécond, de 1715 à 1747. Son successeur, *Lacour,* fut très discuté. Après avoir réalisé des fondations utiles, comme la *Fabrique paroissiale* (1760) et l'école des garçons, confiée aux *Frères des Ecoles chrétiennes* (1755), il dut partir en disgrâce à Amenoncourt (2), d'où il revint quelques années après, pour mourir à Blâmont, en 1790.

Tout autre fut *Rollin* (1770-1780), docteur en théologie, qui, après Blâmont, administra la paroisse Saint-Nicolas de Nancy. La *classe de latinité* lui parut tellement importante qu'il n'hésita pas à demander le concours d'un second vicaire qui pût lui donner tout son temps. Le curé *Toussaint* (1780-1785) était d'une valeur moindre (3); il mourut au cours d'une épidémie.

Son vicaire, *Desjardins* (4), montra, durant cette épreuve, un dévouement intrépide et les paroissiens le demandèrent comme curé; mais la supplique manqua son but, pour un motif inconnu. Le vicaire dut se rendre à Pexonne, pour remplacer *Guillot,* qui fut nommé à Blâmont (5).

---

(1) On compte dix-neuf de ces prêtres, ordonnés entre 1760 et 1790, entr'autres : les deux Lacour, oncle et neveu; Frémion; Cambas; les deux Colvis; les deux Oury; Garry; Voinot; Potier; Pierron; Maurice; Lottinger; Fromental. On cite aussi à Autrepierre, Dedenon, minime; à Herbéviller, Thiry, tiercelin, et Gley; à Domèvre, Pélissier; à Blémerey, Dumas; à Vého, Grégoire et Lhôte.

(2) Le trait suivant dépeint son caractère altier : voyant, à la Chandeleur de 1764, que les cierges du maire et des échevins étaient plus gros que le sien, il interrompit la cérémonie et couvrit d'invectives ces personnages. Leur plainte fut portée à l'intendant La Galaizière, qui en référa à l'Evêque. Après un blâme sévère, le curé n'eut plus qu'à disparaitre.

(3) « On se demande, écrit Chatrian, qui a pu faire nommer cet incapable, à qui il fallut tout de suite l'aide d'un administrateur. »

(4) Georges *Desjardins,* né à Rosières, prêtre à Toul (1762), professeur estimé chez les Jésuites d'Epinal, administrateur de Blâmont, en 1766, curé de Pexonne, en 1785, émigré, en 1792, à son retour nommé curé de Vigneulles (1802), puis de Xermaménil, jusqu'à sa mort, en 1808.

(5) *Guillot,* né à Aingeville (Vosges), en 1739, professeur savant, mais d'humeur fruste, sur lequel Chatrian échappe cette réflexion, en apprenant son avancement : « Comment eut-il pu faire pour prêcher, lui qui n'a jamais pu remplir que l'office de lecteur à Pexonne? » Emigré en 1792, il comptait rentrer à Blâmont en 1802, mais la place étant prise, il lui fallut aller à Saulxures-lès-Bulgnéville, où il mourut en 1819.

Après une réception plutôt froide, ce pasteur finit par gagner l'estime de ses ouailles.

Pourquoi en faire mystère? Certains reproches pèsent sur ce clergé du XVIIIe siècle. Dans l'ensemble, il a trop aimé les procès; mais il n'était pas seul à partager cette manie, et il faut convenir que les institutions de ce temps y prêtaient. La Révolution, en pratiquant des coupes sombres, a-t-elle trouvé le vrai remède?

Certains prêtres, même dans le Blâmontois, ont aussi mérité l'épithète de *mondains*, à cause de leurs allures trop libres et de leurs opinions avancées. Les plus incriminés furent : *Deveney*, curé de Couvay, peu soucieux de sa paroisse et trop assidu à la Cour de Lunéville; *Marotel*, curé de Vacqueville, et *Grégoire*, curé d'Emberménil, qui donnèrent leur nom aux Loges philantropiques de la contrée. Ces exceptions furent rares et ne firent pas école. S'il faut regretter ces taches, on peut faire observer qu'il y eut ailleurs des désordres plus graves.

Un autre trait, propre à la société que nous étudions, fut son engouement pour l'instruction à tous les degrés. On était, ne l'oublions pas, au siècle de l'Encyclopédie. Notre milieu, épris de ce noble élan, trouvait de quoi le contenter. Sans aller jusqu'à prétendre que les écoles fûssent assez fréquentées, nous pouvons affirmer qu'elles étaient en nombre suffisant.

Chacun de nos villages, même Gondrexon, avait son *maître* ou *régent d'école*, dûment engagé vis-à-vis de la communauté, sous l'œil vigilant du curé. Nos archives communales possèdent plusieurs contrats de ce genre, dont les clauses sont connues; elles renferment aussi des conventions pareilles avec les sages-femmes et autres personnes qui s'astreignaient à un service public.

A Blâmont, ce fut un vrai luxe d'écoles très florissantes. Pour les garçons, il y eut : *la classe de latinité*, inaugurée par des maîtres laïcs, vers 1720, et continuée par les vicaires; *l'école de la communauté*, existant de temps immémorial pour les deux sexes, et confiée à des régents, toujours bien choisis, dont le type est resté légendaire, dans la personne de Chaudron; *l'école des Frères de la Doctrine chrétienne*, dont la durée fut courte, de 1755 à 1790. Pour les filles, il y eut : *le pensionnat des Religieuses de Notre-Dame* (1), repris vers 1660, qui eut le grand mérite d'inculquer à la classe riche l'éducation et la tenue si élevée qui la caractérisaient dans la petite ville; *l'école des filles*, inaugurée, en 1770,

(1) Un document de 1740 relate, dans cet établissement, la présence de trente religieuses et de douze filles fortunées de la région. Il y règne une distinction parfaite. On y verra se succéder trois directeurs, qui furent des prêtres accomplis : le P. *d'Hangest*, fils d'un noble polonais, chanoine régulier, auteur d'une vie de saint Pierre Fourier, qui prenait plaisir à être nommé le *père Danger*, mais qui était plutôt une bonne fortune pour sa communauté; *Charles Mérat*, qui fut victime du typhus en 1785; *Charles de l'Etang*, né à Charmes-sur-Moselle, directeur à Blâmont jusqu'en 1790, émigré, puis missionnaire zélé à Gripport et Ubexy, et enfin, mort à Charmes vers 1810; Chatrian l'appelle : missionnaire cosmopolite.

par trois *sœurs Vatelotines* ou de la *Doctrine chrétienne*, qui continua ses services jusqu'à la fermeture des écoles congréganistes, vers 1905.

Il suffit d'ouvrir les registres paroissiaux de cette époque pour constater les bons effets de tous ces établissements; très peu d'actes, à Blâmont, portent, comme signature, la croix, qui était l'indice des illettrés. Non seulement les connaissances essentielles, mais aussi les arts d'agrément pouvaient être appris, et nous trouvons, dans les comptes de la ville, des subventions accordées à l'organiste, au professeur de musique vocale et instrumentale, et même au maître de danse.

Ces goûts avaient été inspirés, jadis, par les familles nobles, autrefois nombreuses et influentes, mais alors remplacées par des bourgeois et des gens d'affaires. Ils se perpétuaient, s'accentuaient même dans la nouvelle élite où figuraient les Fromental, les Regneault, les Regnier, les Batelot, les Zimmermann, les Mayeur, les Lottinger, les Lafrogne, les Chazel et d'autres. Sur ce milieu quelque peu prétentieux, voici des anecdotes savoureuses que nous a laissées Chatrian, toujours malicieux : « Les dames de ce grand monde se rendent à l'office en litière... — L'abbé Gantrelle (vicaire en 1785) a prêché à l'hôpital, en arrivant, et a dit que les gens de ce lieu avaient tous les vices des grandes villes, sans en avoir les qualités. Ce propos peut être vrai, mais ne fit sûrement pas plaisir... — L'abbé Gantrelle jouit d'une vogue considérable, les dames et les demoiselles sont fréquemment chez lui pour jouer, pour déjeuner ou pour des fêtes brillantes... On dit aussi qu'il peint en noir, dans la chaire sacrée, les femmes qui ne sont pas de la coterie de celles qu'il voit. » Ces propos et ces actes exposèrent l'imprudent vicaire à plus d'une perfidie féminine et, au bout d'un an, force lui fut de se retirer, les ailes brûlées.

Les villages des alentours n'avaient pas si grand genre; plusieurs cependant possédaient des fiefs où résidaient des familles nobles, telles que celles de Martimprey, à Repaix; de Pindray, à Frémonville; de Bussène, à Igney; de Mirbeck, à Barbas. Leur présence faisait apprécier à leur entourage les charmes de la bonne société. Le plus favorisé de ces villages fut, sans contredit, Herbéviller. Là se déroulèrent des jours inoubliables, au temps du sieur de Bouchage et de Pierre de Ligniville, son gendre. Les fêtes de 1766, organisées pour la fusion des deux seigneuries du lieu, émerveillèrent toute la contrée (1). Ce ne fut, hélas! qu'un feu de paille, que n'entretint pas le dernier seigneur, Nicolas de la Garde de Fage et qu'éteignit la Révolution, qui était imminente.

Parmi les préoccupations de cette époque, pour beaucoup entachées de vanité, triompha toujours le souci de la charité et cette note est à l'honneur du pays. L'hôpital Saint-Jean de Blâmont, en particulier, fut toujours l'objet de générosités remarquables. Les bâtiments avaient été améliorés; la dotation grandissait. Jusqu'en 1771, trois Sœurs Vatelotines en assuraient le fonctionnement. Sans qu'on puisse en découvrir le

(1) On en trouve la description dans *La Lorraine illustrée*, juin 1909.

motif, ces trois religieuses durent laisser la place à des Sœurs de Saint-Charles et assumer la direction de l'école de filles, récemment fondée. Les nouvelles venues égalèrent les anciennes en dévouement. Ce furent : *Sœur Marie Badel*, économe, professe de 1758, dont la charité fut héroïque dans l'épidémie de typhus, en 1785. Chassée de Blâmont, avec ses compagnes, par l'application des lois, elle reprit aussitôt la direction du *Coton*, à Lunéville, y tint tête à l'orage révolutionnaire et y termina ses jours en 1812, vénérée de toute la population. *Sœur Monique*, professe de 1767, fut pharmacienne, et, au sortir de Blâmont, se rendit à

HOPITAL DE BLAMONT Cliché PIERSON.

Gondrecourt, où elle finit sa carrière comme supérieure. *Sœur Agnès Grandmaire* fit la classe aux orphelines de la maison ; elle fut la seule à revenir, avec d'autres compagnes, quelque temps après son départ forcé.

3° Passage à Blâmont de Marie-Antoinette d'Autriche

Le ministre Choiseul ayant négocié le mariage du Dauphin avec Marie-Antoinette, archiduchesse d'Autriche, on fixa la date de la cérémonie au mois de mai 1770. La Cour de Vienne fut conviée à une bénédiction préparatoire, avant le départ de l'auguste fiancée. Joseph II, tenant la place du Dauphin, conduisit sa sœur à l'autel. Le lendemain commença le long voyage vers la France. Sitôt arrivée au pont de Kehl, sur le Rhin, l'Archiduchesse fut accueillie par la députation chargée de lui présenter les hommages du roi Louis XV. Après les compliments, elle déposa ses habits pour revêtir le costume qui lui venait de France, et fit connaissance avec les personnes de son nouvel entourage. En entrant à Strasbourg, elle fut arrêtée, sous la porte, par le maire et les échevins, et écouta leur harangue. Comme elle était en langage du pays, Marie-Antoinette interrompit dès les premiers mots, et dit au maire : « Parlez français, Monsieur, je n'entends plus d'autre langue que la française ».

Paris attendait avec impatience l'arrivée du royal cortège : aussi les arrêts furent-ils partout très courts. A Blâmont, on avait préparé, pour fêter son passage, des décorations magnifiques, mais on ne peut dire si la Souveraine daigna descendre de son carrosse. Elle put constater, du moins, que pour les descendants des anciens ducs, les sentiments lorrains étaient toujours vivaces dans la petite cité. On sait par une lettre, conservée à Emberménil, dans laquelle il était enjoint d'envoyer à Bénaménil un postillon et douze chevaux pour le relais de la Dauphine, que le passage de cette dernière eut lieu le 8 mai. Le mariage princier fut célébré à Paris, le 10 mai ; quatre ans plus tard (10 mai 1774) s'éteignait Louis XV. Blâmont ne vit plus, dans la suite, que l'arrivée de l'archiduc Maximilien, le 2 mars 1775, et de l'empereur Joseph II, voyageant sous le nom de comte de Falkenstein, le 10 avril 1777. La paix régnait toujours, mais une paix pleine de malaises. Pour y remédier, il fallait des réformes sociales. On les attendit des prochains Etats généraux.

4° Préparation aux Etats généraux

Le mauvais état des finances publiques était le gros sujet d'alarme pour le pays. La convocation des Etats généraux parut être un moyen efficace pour faire renaître la richesse et pour procurer en même temps ce que prônaient toutes les bouches : la liberté, l'égalité, la fraternité. Le Blâmontois partagea l'illusion générale.

Comme les assises solennelles devaient s'ouvrir en mai, on fit, en février, les préparatifs exigés, à savoir : l'élection des délégués et la rédaction des cahiers de doléances ou de vœux à présenter (1). Deux ordonnances royales avaient réglé l'ordre à suivre en Lorraine. Chaque bailliage dut choisir d'abord un représentant des trois ordres, et celui-ci dut aller voter à l'assemblée, dite de réduction, qui devait désigner les députés de la province.

L'assemblée préliminaire de Blâmont eut lieu le 16 mars. Les locaux de l'hôtel de ville, se trouvant trop petits, on se réunit dans la grande

---

(1) Voir Abbé Jérôme : *Les Elections et les Cahiers du Clergé lorrain aux Etats généraux en 1789*, et *Procès verbal de l'Assemblée des trois Ordres au Bailliage de Blâmont*. Arch. nat., B. III, 93, p. 370.

salle des Capucins; le bailli, M. de Lubert, ne se présenta pas; le président fut donc Louis Fromental, lieutenant général, et l'assesseur Charles Regneault, procureur du roi. Le Clergé fut placé à droite, la Noblesse à gauche et le Tiers au centre. L'appel nominal fit constater la présence de vingt-six ecclésiastiques, tous abbés, curés ou vicaires en exercice. Firent défaut : M. de Cambis, abbé de Haute-Seille et le Chapitre de Saint-Dié, seigneur de Verdenal. La Noblesse fut représentée par MM. de Chéville (Montreux), de Laugier (Belcourt), Leclerc, receveur des domaines à Blâmont, le Paige, Mathieu de Sailly (Repaix), Antoine de Sailly (Frémonville), de Barrail, de Bussène (Igney), de Mitry (Repaix), Abram, Desbournot (Grande-Haye), Mme de Pindray. Firent défaut : de Marmier (Grandseille), le prince de Salm, le duc de Richelieu (Foulcrey), de Coussay (Barville) et Poirson (Sérolle). Le Tiers-Etat eut cinquante représentants, élus en assemblée paroissiale, entre le 10 et le 15 mars, à raison de deux par village.

On prêta le serment exigé, puis on procéda au choix des trois délégués. Pour laisser à chaque ordre plus de liberté, on forma le bureau dans trois chambres séparées. Le plus pressant était de désigner les délégués; la rédaction des cahiers se ferait plus à loisir et chacun pourrait s'en retourner le jour même. Il n'y eut pas de difficulté pour la Noblesse et le Tiers, le choix tomba sur M. de Bussène et sur MM. Fromental et Gérard de Barbas. Dans le Clergé, les compétitions furent vives. Les chanoines réguliers ambitionnaient l'honneur d'être élu pour leur général, M. de Saintignon; ils avaient, dans ce but, mobilisé tous leurs hommes; mais les curés séculiers ne l'entendaient pas ainsi et s'étaient coalisés en faveur de Ména, curé de Foulcrey. Au premier tour, le général eut 13 voix et Ména 14. Les forériens, écrit le malicieux Chatrian, se récrièrent et voulurent annuler le vote pour vice de forme. Un second, un troisième tour donna les mêmes résultats, et Ména fut élu. Cet incident, minime assurément, montre que réguliers et séculiers, tout en vivant côte à côte, différaient d'opinions sur plusieurs points; la suite le prouvera plus amplement.

Les cahiers primaires des paroisses furent remis aux commissions pour être fondus en un cahier général, et une nouvelle convocation fut lancée, pour le lundi 23 mars, afin de faire approuver ce cahier; mais très peu de membres se présentèrent. On n'y vit aucun chanoine régulier, pas même le président de la Chambre ecclésiastique. Les trois cahiers de chaque ordre étant arrêtés, on voulut les réunir en un seul, mais, faute d'accord, on décida que les « trois fascicules resteraient suivant leur forme et leur teneur, cotés, paraphés et cachetés ». Les cahiers de la Noblesse et du Tiers ne sont pas parvenus jusqu'à nous, peut-être n'ont-ils pas été imprimés. Celui du Clergé, reproduit dans la brochure de Mgr Jérôme, est peu original et bien inférieur à celui que Grégoire fit admettre à Lunéville. La tâche du bailliage était finie. On sait que l'assemblée de réduction, tenue à Nancy, le 6 avril, désigna huit députés, dont trois étaient originaires du Blâmontois : l'abbé Grégoire, Regneault et Regnier.

Ne pouvant analyser les divers cahiers de la région (1), disons seulement que tous déplorent la mauvaise répartition des impôts depuis les quinze dernières années. Ils réclament l'abolition des lettres de cachet, des péages ou douanes intérieures, des charges vénales, des privilèges, colombiers, droit de chasse.

Ils demandent la diminution du sel, du tabac, l'unification des poids et mesures, l'arrêt des industries qui consomment trop de bois, comme les salines, les forges, les faïenceries, parce que les pauvres ne peuvent plus bâtir ou se chauffer.

Badonviller voudrait redevenir la cité importante qu'elle était jadis. Il faudrait achever la route qui s'embranche à Ogéviller sur la route nationale et qui se rend en Alsace par le Donon ; la distance de Strasbourg serait ainsi abrégée de cinq lieues, et Badonviller, qui est sur ce parcours, en tirerait profit. Vaucourt a un préambule curieux, dicté sans doute par Grégoire, son curé : « Le Roi se montre un père ; montrons-lui qu'il a en chacun de ses sujets un enfant. Répondons à sa tendresse par les témoignages les plus grands d'une amitié sincère et d'un dévouement sans bornes. »

Herbéviller laisse percer de l'indépendance dans l'écrit de son maire, Vourion : « Les habitants, pénétrés de la bonté paternelle du Roi, voudraient n'avoir à lui faire entendre que l'expression de leur bonheur... mais telle est l'étendue de leurs maux qu'ils ne peuvent que lui proposer leurs plaintes... Pour les impôts, le fardeau en est devenu accablant, et, comment ne pas gémir, quand on voit côte à côte tant de privilégiés exempts de ces impositions ? »

En somme, les désirs exprimés étaient légitimes et ils revêtaient une forme convenable, mais les appétits qu'ils déchaînèrent dépassèrent les bornes. Le mouvement, en devenant révolutionnaire, engendra des maux pires que ceux dont il cherchait la guérison.

5° Les Ferments révolutionnaires

Le Blâmontois évoluait, dans ses idées et dans son aspect, tout autant que les autres régions. Comme les légistes avaient remplacé la noblesse ancienne, ainsi les tendances françaises supplantèrent l'esprit lorrain. Le peuple accorda d'instinct sa confiance aux maîtres du jour. On saisira très bien l'état de l'opinion publique, en examinant la physionomie morale des trois personnages que l'Assemblée de Réduction tira de notre Blâmontois pour les envoyer siéger à la Constituante : j'ai nommé l'abbé Grégoire, Regnier et Regneault. Quoique d'esprit différent, ils furent tous trois des hommes de valeur et jouèrent un rôle fameux. Nous devons les faire connaître.

(1) On peut lire le cahier de Blâmont dans la brochure de M. l'abbé Jérôme ; celui de Badonviller, dans l'*Inventaire des Archives communales,* de M. Duvernoy, t. VIII, p. 59 ; celui de Lunéville, de Vaucourt et Herbéviller, dans *Annales de l'Est,* t. I et III.

L'abbé Grégoire (1), né à Vého, en 1750, prêtre de Metz en 1775, fut curé d'Emberménil de 1782 à 1792. Une intelligence ouverte et un cœur ardent s'alliaient en lui à une élocution facile et enjouée; son physique agréable rehaussait encore ces qualités; aussi ses confrères l'avaient-ils en grande considération. Pourtant on le savait plus mondain que pieux. Dès son temps de vicariat, il affectait d'être philanthrope; il avait donné son nom à une loge maçonnique de Nancy; certains sermons sur les images des Saints placées dans nos églises avaient paru tenir plutôt d'un protestant que d'un prêtre catholique. Mais sa tolérance en politique lui avait valu les bonnes grâces du monde cultivé et même l'Evêque de Nancy l'estimait assez pour désirer l'avoir comme collègue aux Etats généraux.

Grégoire, nommé député dans le rang du Clergé, se rendit à Versailles et rompit presque tous ses rapports avec sa paroisse. En quittant Emberménil, il terminait la première phase de sa vie, celle, disait-il, qui l'avait rendu le plus heureux. On le verra, dans la suite, mêlé aux débats les plus importants de la Révolution, et dépenser son activité tenace au service de causes parfois regrettables.

Claude-Antoine Regnier (2), né à Blâmont, le 5 novembre 1746, était fils d'Ambroise Regnier, originaire de Saint-Dié, et de Marie-Françoise Thiry, d'Herbéviller. Après de bonnes études à la Faculté de droit de Strasbourg, il se fit inscrire comme avocat au barreau de Lunéville. Il s'y maria avec Charlotte Lejeune et en eut dix enfants, dont seuls survécurent un fils et une fille. Pour débuter, il s'était mis au service de Louis de Salm, comme procureur général de sa principauté. Mais il fallait à son talent un théâtre plus vaste, et il quitta Senones, en 1775, pour venir plaider au Parlement de Nancy. Son habileté professionnelle le mit fort en vue : aussi fut-il désigné pour l'Assemblée de Réduction comme député du *Tiers* aux Etats généraux. Il était sorti en tête de la liste. Il fut chargé de porter les Cahiers de son Ordre. Il lui arriva une mésaventure. En ouvrant ses malles, à Paris, il eut la désagréable surprise de constater que ses papiers étaient disparus; il dut en demander à Nancy une autre expédition, et l'incident n'eut d'autre conséquence que de faire retarder le dépôt de ses pièces.

Regnier, comme ses confrères lorrains, soutenait la Monarchie, mais partageait les préventions courantes contre l'Ancien Régime. Il siégea toujours aux côtés de Mirabeau. Ecarté de la Législative, il revint à Nancy et donna son temps aux affaires municipales. Président du Directoire du District, il parut bientôt trop modéré et eut l'honneur d'être destitué. Retiré dans sa propriété de Maxéville, il était sur le point

---

(1) Pour son histoire, voir : *Ses mémoires*. — H. Carnot : *Notice historique sur Grégoire* (1857). — Debidour : *L'Abbé Grégoire* (1881).

(2) Pour sa biographie, consulter : Michel, *Biographies Lorraines;* Duvernoy, J.S.A.L., 1898; Pfister, M.S.A.L., 1910, 1911, 1912; Alexandre, *Discours de rentrée à la Cour d'appel de Nancy*, 1853; P. Delaval, *Pays Lorrain*, 1909, 1927.

CLAUDE-AMBROISE REGNIER,

DUC DE MASSA-DI-CARRARA,

Ancien Grand-Juge Ministre de la Justice,

Grand-Aigle de la Légion d'Honneur,

Né le 5 Novembre 1746 à Blamont Dép.t de la Meurthe.

D'après une gravure appartenant à M. P. DELAVAL,
arrière-betit-fils du Grand-Juge

d'émigrer, quand il apprit l'arrestation de son père, motivée par sa propre conduite. Aussitôt il courut à la police, pour le délivrer, et resta sous les verrous jusqu'à la chute de Robespierre.

Nous le retrouverons plus tard auprès de Bonaparte, qui l'appela à une brillante carrière, en lui confiant la réorganisation de la Justice, avec le titre de grand juge, et le fit duc de Massa di Carrara. Thiers l'a défini : « Magistrat instruit et disert et, par dessus tout, honnête homme. » Thibeaudeau l'avait pareillement jugé, le jour de sa nomination, quand il disait à l'Empereur : « C'est un honnête homme, vous ne pouvez faire un meilleur choix. »

Charles Regneault (1) vit aussi le jour à Blâmont, le 15 février 1755. Ses parents étaient originaires de Froville. Muni de ses grades, il vint se fixer à Lunéville comme avocat, puis comme conseiller au Tribunal. Il y épousa Charlotte Chipel, en 1785, et en eut quatre enfants. Cousin de Regnier, il partageait ses idées et se montra d'un caractère aussi noble, mais eut une fortune moins brillante. Habitant Nancy au temps de la Révolution, il se fit remarquer dans la journée du 31 août 1789, et faillit trouver la mort, en intervenant pour la conciliation. Blâmont le revit comme président du Tribunal de son district, mais pendant un an seulement (1791). Nancy le rappela pour lui confier une Justice de Paix. Souvent son équité le mit à deux doigts de sa perte, mais elle ne fléchit jamais. Les mauvais jours passés et l'ordre rétabli, le magistrat intègre s'en fut à Paris, pour collaborer à l'œuvre de Regnier, jusqu'à ce que la mort l'enlevât, en 1811.

Des hommes ainsi doués auraient pu élaborer de sages réformes. Pourquoi faut-il que les passions de la multitude aient contrarié leurs projets pleins de promesses, en les faisant dévier vers le désordre? Dans nos régions écartées de la capitale, les discussions de Paris et de Versailles passionnaient tous les esprits; le peuple s'arrachait les nouvelles à l'arrivée des voitures de poste, et l'effervescence se propageait jusqu'au sein des villages, avec la rapidité d'un incendie. On a peine à le croire : l'abbaye de Haute-Seille, en son isolement, fut, le 1er août 1789, le théâtre de l'échauffourée suivante (2). Les sujets de l'Abbé avaient de forts griefs contre lui et contre M. de Prémont, seigneur de Cirey, à l'occasion de leurs droits forestiers. A la suite des propos colportés dans le pays, ces paysans se figuraient que le Roi allait abolir toutes les servitudes; ils se mirent en tête d'exiger la livraison des titres qui les consacraient. Voilà donc les gens de Hesse, Biberskirch, Trois-Fontaines, Harzviller, Hermelange et Niederhoff qui se donnent rendez-vous à Tanconville, afin d'aller ensuite réclamer à l'Abbé les titres qui les concernent.

La foule arrive menaçante, vers midi, et sonne à la porte du monas-

---

(1) Voir : Michel, *Biographies Lorraines;* Pfister, M.S.A.L., 1910, 1911, 1912.

(2) Voir : de Martimprey, *Notice sur Haute-Seille,* M.S.A.L., 1887; Cuissard, *Notes pour servir à l'Histoire de Cirey,* Arch. dép., H., 563.

tère. L'Abbé, M. de Cambis, était absent; les moines, effrayés, se gardèrent bien d'ouvrir. La porte céda bientôt sous les coups de hache, et, en un clin d'œil, la cour intérieure fut envahie. Les assaillants, rejoints bientôt par des gens de Cirey, de Bertrambois et Lafrimbole, sont au nombre de trois ou quatre cents; le tocsin sonne et le prieur se présente. Les habitants de Hesse, qui sont en tête, réclament les titres qui les concernent, disant qu'ils se retireront, quand ils les posséderont. Le prieur refuse naturellement de les livrer. Les cloîtres sont alors envahis

Cliché Cuissard.

Hotel de ville actuel de Cirey

et la salle des archives prise d'assaut. Sur les entrefaites arrive M. de Prémont, escorté de sept hommes armés. La vue des fusils met le comble à l'exaspération, les insurgés éventrent la salle voûtée, brisent les armoires, emportent ou déchirent les vieux parchemins et ne se retirent que le soir, après mille dégradations stupides, sans cependant verser de sang.

Le prieur n'avait plus qu'à porter aussitôt sa plainte à Blâmont et à Lunéville, et à demander réparation pour les dégâts commis. C'est ce qu'il fit. On pourra dire que ces excès étaient le fait de montagnards à l'humeur brutale et trop prompte, c'est vrai; mais c'était l'indice d'une nervosité qui devenait générale et aboutit trop souvent à d'horribles forfaits.

La ville de Blâmont n'eut point à déplorer des manifestations aussi violentes, mais il s'y révéla peu après des signes non équivoques d'agitation sourde et l'ébauche d'un club semblable à ceux de Paris. L'âme en fut un certain Claudon, que nous retrouverons plus tard, et le siège, sa propre auberge. Par ses menées, il s'attire un procès, en octobre, et se voit condamné, pour avoir sonné, sans permission, une cloche de l'église, dans le but d'indiquer l'heure d'une réunion démocratique.

Toute cette agitation porta les masses à s'inquiéter pour leur propre sécurité et leur fit accueillir avec joie l'institution de la *Garde citoyenne*. Le bataillon de Blâmont fut formé, en novembre 1789, et reçut comme chefs : Lafrogne et Thouvenin (1). La plupart des villages se donnèrent des milices semblables, entr'autres Nonhigny et Halloville. Chazelles assurait, à la date du 6 décembre, des patrouilles journalières ; son contingent était divisé en quatre pelotons de six hommes chacun ; les rondes de nuit surtout se faisaient avec ponctualité. Ces initiatives étaient l'occasion de nombreuses parades et d'élections variées. Le peuple, en s'y délectant, croyait tenir la justice et la liberté que caressaient ses rêves. L'Ancien Régime, depuis la nuit du 4 août, recevait coups sur coups ; il devait fatalement en mourir. Cependant les sacrifices offerts sur l'autel de la Patrie ne calmèrent pas la poussée de la Révolution ; au contraire, ils en exaltèrent les exigences.

---

(1) *Louis Lafrogne*, notaire de la prévôté de Harbouey, transféra son étude à Blâmont, en 1790. Il fut maire de cette ville, de 1816 à 1826, et, en même temps, député de la Meurthe. *Jean-Claude Thouvenin* fut, à Blâmont, président du District, puis juge de paix, de 1803 à 1813.

TROISIÈME PARTIE

—.—

Le District et les Cantons

PANORAMA DE BLAMONT Cliché WEICK.

I

LE DISTRICT

1° Son organisation

Après avoir aboli les institutions anciennes, la Constituante élabora de nouveaux cadres administratifs et provoqua un remembrement général de la France. La mesure, décrétée le 9 janvier 1790, eut son exécution dans l'année même; elle fut prête à fonctionner dans le Blâmontois dès le 29 juillet. Les légistes du pays eurent hâte de l'établir : ce qui prouve qu'elle répondait à leurs vœux.

Le District, division du département, était réparti en cantons, et avait à sa tête un Directoire et un Tribunal. Le premier, chargé de la prompte exécution des lois, comportait six bureaux; le second, établi pour juger au civil et au criminel en premier ressort, avait une Cour que nous décrirons plus loin. La brigade de la maréchaussée devait prêter main forte aux magistrats. Plus tard, furent institués des Comités, dont l'intervention fut plutôt gênante. La grande innovation qui séduisait le peuple était d'avoir à désigner, par *l'élection,* les titulaires de toutes les charges publiques, sans en excepter aucune.

Le District de Blâmont, situé entre ceux de Lunéville et de Sarrebourg, s'étendit à toute la région qui est proprement le Blâmontois, c'est-à-dire à la région de la Haute-Vesouze. C'était la première fois que, débarrassée de toute enclave et dotée d'une homogénéité complète, cette circonscription correspondait aussi parfaitement à ses bornes géographiques. Il y manquait toutefois Domjevin, Emberménil et Vaucourt, qui furent rattachés à Lunéville, et, par contre, on y avait ajouté Réchicourt-le-Château, Moussey, Foulcrey, Avricourt, Gondrexange, Ibigny, Richeval, Saint-Georges, qui auraient pu être attribués à Sarrebourg.

Le Directoire fut ainsi composé :

Président : Didier Florentin (1), jusqu'à 1794; Catabel (2), jusqu'à 1795.

Vice-Présidents : Michel et Vaultrin Nicolas (3), jusqu'à 1792; Pacotte et Hanus, jusqu'à 1795.

Procureur : Louis Laurent, jusqu'à 1792; Fromental, aîné, jusqu'à 1799.

Greffier en chef : Mercier, jusqu'à 1799.

Secrétaire en chef : Lafrogne, jusqu'à 1794.

Membres : Mayeur, François, Fromental, Vaultrin, jusqu'à 1792; et Mayeur, François, Thouvenin, Dumont, Hanus, jusqu'à 1795.

Les bureaux avaient comme désignation :

1° Administration ou correspondances, tenu par Thouvenin, puis par Mercier;

2° Contributions ou Payements : Dumont;

3° Domaine et Enregistrement : Pacotte. On créa, en 1795, un bureau annexe, les Hypothèques : Benoit, venant de Rambervillers;

4° Police administrative, civile et militaire : Thouvenin;

5° Travaux publics et Bienfaisance nationale : Hanus;

6° Impositions indirectes (supprimé en 1795) : Henrion.

L'hôtel de ville étant trop petit pour loger tous ces services, chaque chef aménagea son bureau chez lui. Mais quand le couvent des Capucins fut devenu propriété nationale, on les y réunit tous. Les fonctionnaires recevaient un traitement, variant entre 1.200 et 1.800 livres, suivant le

---

(1) Florentin, notaire du marquisat de Grandseille, habitait Blâmont depuis 1770. Il fut épuré par le représentant du peuple Bar.

(2) Catabel, fermier royal à Badonviller, dès 1769, venu à Blâmont en 1794.

(3) Nicolas Vaultrin, né en 1747, à Blâmont, fut maire de Nancy en 1793, emprisonné jusqu'en 1794. Il eut deux frères : François de Sales et Jean-Baptiste; marié à Charlotte Klein, il en eut Gilbert-Catherine, qui mourut à Blâmont, en 1865.

prix du pain. Le Procureur ou l'Agent national, à partir de 1793, eut 2.500 livres; le Président et ses deux Assesseurs, 2.000 livres.

Le Tribunal comprenait :

Un président : Laplante, jusqu'à 1792; Charles Regneault, jusqu'à 1793; Laplante, jusqu'à 1795;

Un vice-président : Pacotte;

Quatre juges : Thomas, Hertz, de Blâmont; Germain, de Moussey; Crouvizier, de Neufmaisons; .

Un commissaire national : Joseph Regneault (1);

Un greffier en chef : Marcel.

D'après un rapport de 1791 (2), le Tribunal eut si peu de place aux Capucins qu'il lui fallut installer son greffe chez Louis Fromental, parti aux armées. Il n'y avait pas de maison d'arrêt ou de détention; on utilisait pour cela l'ancien corps de garde de la ville. Mais, sous la Terreur, les poursuites se multiplièrent et on aménagea en prison des locaux attenant à la gendarmerie, qui avaient appartenu aux Religieuses de Notre-Dame. C'était un réduit misérable, dont la toiture s'effondrait. Chaque prisonnier devait y payer ses repas; s'il était insolvable, le geôlier saisissait le secours que la Nation attribuait aux pauvres.

Le District avait été subdivisé en *Cantons*, pour assurer une exécution des lois meilleure et plus prompte. L'usage démontra l'inutilité de ce rouage, et la Constitution de l'an VIII le supprima. Ce qu'il avait de spécial, était la *Justice de paix*, pour les causes ordinaires; on y avait prévu aussi un Conseil général, semblable à celui des communes, mais il ne fut jamais constitué. Dans notre district furent établis six cantons (3) :

Blâmont, avec dix communes : Ancerviller et Josain (4), Barbas, Domèvre, Frémonville, Gogney, Halloville, Harbouey, Repaix, Verdenal et Grandseille. Le juge fut Marotel, puis Laplante; le greffier, Nicolas Daiche; l'huissier, Jacquemin. Quatre assesseurs furent pris dans différents villages.

Badonviller, avec douze communes : Angomont, Bréménil, Couvay,

---

(1) Il était cousin de Charles Regneault; marié à Françoise de Rambert, en 1772, il séjourna à Blâmont pendant la Révolution, après avoir été procureur à Longwy et maire royal à Saint-Nicolas-de-Port.

(2) Voir *Archives départementales*, L. 660.

(3) Voir Lepage : *Le Département de la Meurthe*, I, p. 72.

(4) Vers 1793, plusieurs hameaux perdirent leur titre de commune, tels que : Les Rappes, Ancerviller, Josain, etc... Ces deux derniers furent unis à Couvay. Mais comme les habitants préféraient être du canton de Blâmont, ils décidèrent d'appeler Ancerviller tout le groupe, firent valoir qu'il était plus rapproché de Blâmont que de Badonviller et obtinrent ainsi gain de cause.

Fenneviller, Neufmaisons, Veney, Pierre-Percée, Neuviller, Pexonne, Saint-Maurice, Sainte-Pôle, Vacqueville.

Juge : Mangeon ; greffier : Lesaint.

Cirey avec : Bertrambois, Hattigny, Frakelfing, Niderhoff, Nonhigny, Montreux, Parux, Petitmont, Raon-les-Leau, Saint-Sauveur, Turkestein, Val-de-bon-Moutier avec Châtillon.

Juge : Louis Fromental, jusqu'à 1792 ; Thirion, an III ; Crance, an V ; l'Hôte, an VIII. Greffier : Crance, puis Troppinot.

Leintrey avec : Amenoncourt, Autrepierre, Blémerey, Chazelles, Gondrexon, Reillon, Remoncourt, Saint-Martin, Vého, Xousse.

Juge : François. Greffier : Petitfils, tous deux habitants Autrepierre.

Ogéviller avec : Brouville, Buriville, Fréménil, Hablainville, Herbéviller, Mignéville, Merviller, Montigny, Pettonville, Reclonville, Reherrey et Vaxainville.

Juge : Charpentier. Greffier : Voinot.

Réchicourt avec : Avricourt, Foulcrey, Gondrexange, Igney, La Haye des Allemands, Moussey, Richeval et Saint-Georges.

Juge : Germain. Greffier : Marcel.

La commune fut comme la cellule à la base de l'organisme national. La loi lui accordait :

1° *Un maire,* assisté d'un procureur qui, en 1793, fut appelé agent national, d'un secrétaire, d'un greffier et d'un trésorier ;

2° Un conseil municipal, d'au moins dix membres ;

3° Un conseil général formé des notables, dont le rôle principal était d'élire à tous les emplois, même minimes, de l'ordre ecclésiastique, militaire et civil.

Le corps électoral comportait trois degrés : citoyens actifs, électeurs, grands électeurs, ayant chacun leurs attributions. Pour chaque élection, il y avait une réglementation méticuleuse, compliquée de serments et d'actes religieux qui devaient en relever le prestige.

Cette réforme passionna d'abord le peuple, qui voyait là une grande conquête. Certaines séances durèrent un jour et une nuit (1). A Ogéviller, le 6 juin 1790, on vit défiler 455 votants dans une assemblée primaire ; à Blâmont, pour le choix des grands électeurs, en 1791, il fallut s'y reprendre à deux fois : le 17 juin et le 24 juillet. Puis on se lassa bientôt d'un système, que les uns trouvaient trop *aristocrate,* et d'autres trop *démocrate.* A Badonviller, par exemple, en 1795, une séance de vote ne réunit que cinquante-trois votants, c'est-à-dire la moitié des électeurs inscrits. Ce milieu, du reste, se montra, dès le début, réfractaire aux mœurs électorales, car une de ses délibérations porte, déjà, en septembre 1789, que « les assemblées de communauté n'auront plus lieu qu'une

(1) Voir *Archives départementales,* L. 632-634 ; Pfister : *Les Députés de la Meurthe,* M.S.A.L., 1911, p. 337.

fois par an et le dernier dimanche d'octobre, parce qu'il est difficile de se réunir et qu'il y a trop de tumulte dans cette occasion. » (1).

Les premiers corps municipaux furent constitués en février et mars 1790. A Herbéviller, Foulcrey, Barbas et Repaix, les curés furent nommés maires, mais ils ne gardèrent l'écharpe qu'une seule année. Ailleurs, les autorités locales furent choisies parmi les notables du lieu. Elles furent peu discutées dans l'ensemble et restèrent à leur poste pendant toute la Révolution.

A Blâmont, il n'en fut pas ainsi et l'on y vit des compétitions très vives. Thomas de Mitry, nommé maire en 1790, tint habilement le gouvernail sur une mer houleuse, jusqu'en août 1791. Mais soudain il disparut pour aller, au grand étonnement de la population, s'enrôler parmi les ennemis de la République. Par réaction, la petite cité se jeta dans les bras de Claudon, démagogue intrigant, dont nous avons déjà dénoncé les menées et qui fut porté à la mairie, dans une heure d'exaltation malsaine, le 4 septembre 1791. Ce délire coûta cher. Pendant dix-sept mois, ce ne fut à l'hôtel de ville que violence, désordre, incohérence. Le calme ne revint qu'avec Vaultrin, Hertz et Benz, qui tinrent l'écharpe, l'un après l'autre, de 1792 à 1795, en conjurant bien des orages.

La vie communale aurait reçu de la Constituante des améliorations appréciables, si le programme en avait été mieux réglé, mais comme il embrassait trop, la plupart de ses belles promesses restèrent vaines.

Ainsi, la *Bienfaisance publique* fut un leurre, avec ses hospices nationaux, ses ateliers de travail, ses distributions de semences et d'outils. D'autre part, la *Garde nationale* dégénéra en comédie, avec ses cadres factices et ses parades burlesques (2). L'*Ecole publique* elle-même, est restée comme une ébauche prématurée, bien qu'elle fût assez goûtée. L'instruction, du reste, ne manquait pas dans notre pays. Les règlements diocésains obligeaient les paroisses à tenir une école ouverte, au moins pendant l'hiver. Blâmont et Badonviller étaient les mieux outillés à cet égard. Outre l'école communale, les garçons pouvaient y suivre une classe de latinité (3). Les filles avaient des pensionnats florissants, tenus par les Religieuses de Notre-Dame et par les Annonciades, sans compter les classes plus populaires des Vatelotines. Avricourt et Amenoncourt,

---

(1) Voir Duvernoy : *Inventaire Archives commun.*, série E., arrondissement de Lunéville, p. 61.

(2) Voir dans M.S.A.L., 1876, le récit d'une expédition de la Garde nationale de Blâmont, à Turkestein, le 10 septembre 1791, pour aller surprendre, dans les ruines du vieux château, des traîtres avec leurs munitions. Elle ne trouva rien, bien entendu, et se couvrit de ridicule par cette expédition, dont chacun déclina la responsabilité. Les compagnies de Cirey et de Badonviller, un peu plus nombreuses que celles des simples villages, n'ont à leur actif que d'innocentes équipées à l'occasion des fêtes républicaines.

(3) Antoine Chaurard avait créé cette classe, vers 1780, à Badonviller, alors qu'il était chapelain de Saint-Florent, puis curé de ce lieu.

grâce à la générosité d'un sieur Deviot, d'Avricourt, avaient eux-mêmes essayé d'un cours supérieur de filles, dirigé par une Religieuse de la Doctrine-Chrétienne.

La *Convention* eut des ambitions plus vastes, en matière d'enseignement. D'après les lois imaginées par Romme et Bauquier, chaque commune, même petite, devait être pourvue d'une classe gratuite et obligatoire pour chaque sexe séparé. Or, tout manquait pour cela : le personnel, les locaux, le temps et l'argent. Il y eut pourtant des essais, comme en témoignent certaines pièces d'archives, ce qui prouve qu'on y tenait, mais ces tentatives furent partout infructueuses.

A Leintrey, on avait envoyé une institutrice, âgée seulement de vingt ans; les habitants, la jugeant trop jeune, font savoir au District qu'ils désireraient plutôt confier leurs filles à l'instituteur, donnant une garantie plus sérieuse (1793); la réponse assez sèche du Directoire est qu'il faut s'en accommoder, puisque l'autorité l'a trouvée bonne; la pauvre demoiselle n'en fut pas moins forcée de s'en aller.

A Reclonville, le traité passé avec l'instituteur a été renouvelé, en 1793, dans des termes identiques à ceux qui étaient en usage sous l'ancien régime.

Un rapport décadaire de 1793 mentionne que l'école est mixte dans tous les villages du District, que Blâmont a trois écoles et que Badonviller en a deux, dont une de filles.

On remarquera l'à-propos et la modération du Directoire de Blâmont dans les questions qui passionnaient alors l'opinion, comme elles le font encore aujourd'hui. Catherine Hartmann, institutrice de Blâmont, s'étant mis en tête de vouloir transporter sa classe dans le presbytère devenu vide, en 1794, fut priée, sans détour, de laisser son école là où elle était, puisque ce local avait été suffisant pour les Sœurs Vatelotines. Une même réponse fut faite aux instituteurs de Domèvre et d'Herbéviller, pour une tentative semblable. Pierre Masson, autre instituteur de Vacqueville, auteur de remontrances quelque peu insolentes, toujours pour le même sujet, n'obtint de Fromental qu'un billet fort bref, l'avertissant que, dans le temps présent, chacun devait songer à marcher droit (1).

Toute cette œuvre scolaire ne devait pas tarder à s'effondrer. Aussi, dès 1795, n'y avait-il plus d'école ouverte qu'à Blâmont, Badonviller, Domèvre et Herbéviller. Le manque de maîtres en était cause, plus encore que les circonstances, réellement peu favorables. Et comment le regretter? L'école n'était plus qu'un foyer de propagande républicaine; les manuels, alphabets, catéchismes, qu'on y introduisait, ne devaient plus que « faire sucer à l'enfant les principes révolutionnaires avec les rudiments de la langue ». L'auteur de ces brochures, faut-il le dire, était un enfant de Blâmont, le citoyen Thiébaut, devenu chef de bureau au

---

(1) *Arch. départ.*, L., 154, 628, 633.

Directoire de Nancy. Il inonda le pays de ses productions, et on retrouve de lui plusieurs lettres, où il se plaint que ses envois ne sont pas payés. Le Directoire de Blâmont les recevait, en effet, avec dédain, ou les dirigeait vers Badonviller, pour s'en débarrasser. Il n'en est pas moins vrai qu'à la longue l'esprit public se pervertit, au contact des sophismes dont ces libelles étaient remplis, et qu'il fallut de nombreuses années, après la tourmente, pour dissiper les préventions qu'ils avaient semées.

2° Premières vexations révolutionnaires

SPOLIATION DE LA CLASSE NOBLE

C'est le vent d'égalité qui porta les premières atteintes à l'ordre social, en s'attaquant à la noblesse. Par la loi du 19 juin 1790, tous les titres et privilèges anciens furent abolis et tous les Français furent confondus dans le même rang de *citoyens*. Après ce prélude, d'autres mesures plus violentes vinrent frapper la personne et les biens des ci-devant nobles. Vraiment ceux-ci avaient lieu de ne plus se croire en sûreté. Dès l'été de 1790, beaucoup partirent en exil. De ce nombre furent : l'abbé Laugier (1), qui se rendit à Florence, où il avait un canonicat; le seigneur de Prémont (2); Mathieu de Sailly (3), seigneur de Repaix; Simon de Bussène, mort bientôt après; Armand Duplessis de Richelieu, seigneur de Réchicourt; Pierre Hüe d'Ogéviller; le prince de Salm, etc... Tous disparurent de divers côtés, sans songer à une opposition qu'ils savaient inutile.

L'exode, un instant interrompu, reprit en 1791. Thomas de Mitry, maire de Blâmont, s'engagea dans l'armée de Condé, au mois d'août. Henri de Bault, son beau-frère, s'absenta aussi peu après et fut réputé émigré (4). Léopold-Armand Febvrel partit en laissant à Blâmont sa femme, Thérèse Mayeur, et son fils Léopold. Celui-ci trouva un emploi dans les bureaux du District et, par cette preuve de civisme, put sauver

---

(1) Il avait une sœur qu'il emmena avec lui, et un frère, résidant à Belcourt (les Rappes de Remoncourt), qui fut guillotiné. Tous leurs biens furent mis en vente, le 28 juin 1794, et adjugés pour 179.100 livres, au lieu de 39.302, prix d'estimation.

(2) Ce fut le dernier seigneur de Cirey. Ses biens furent vendus, le 16 décembre 1793. Pour sauver sa part, sa femme, Félicité Mortal, sollicita le divorce. Tous deux se retrouvèrent à Parux, après la Révolution, et y moururent, l'un, en 1817, l'autre, en 1819.

(3) Ses biens furent vendus, le 4 mars 1793. Il revint en 1798. Alléguant qu'il n'était pas atteint par la loi contre les Emigrés, puisqu'il était parti en 1789, il essaya d'obtenir la restitution de ses biens, mais il fut débouté de sa demande (L., 2803, 2804).

(4) Son hôtel de Blâmont, plusieurs fois pillé par les armées de passage, allait être vendu en 1794, quand il reparut juste à temps pour s'opposer aux enchères, en démontrant qu'il n'était jamais sorti du territoire de la République.

son patrimoine. Charles Vinyot-Desmolins, ou plutôt Deshayes, rentier à Sérolle, eut ses biens vendus en décembre 1795 (1). De Chéville abandonna sa ferme de Montreux (2).

A côté de ces noms figurent, on ne sait pourquoi, sur la liste des émigrés, d'autres noms de personnes plus modestes, telles que : les deux frères Joseph et François Simonin, perruquiers à Blâmont; les deux frères Barbier, de Remoncourt, peut-être compromis avec de Laugier; Henry et Martignon, de Badonviller, qui, en rentrant, purent prouver qu'ils avaient servi aux armées ; Jean Pierron, fils du tanneur de Blâmont, qui s'enfuit à Strasbourg, pour un motif inconnu, et dont l'escapade valut à son père l'incarcération, en vertu de la loi des *Suspects;* l'abbé Brazy, de Badonviller, qui démontra que son absence avait été constatée par un passeport valable, quoiqu'elle se fût prolongée au delà du temps fixé; Gérard et Martin, de Neuviller, qui, prenant peur à la suite d'un délit vulgaire, partirent au delà de la frontière et dont les biens allaient être confisqués, quand les supplications de leurs femmes obtinrent l'indulgence du tribunal; François Louis, de Bertrambois, déserteur, mais à l'abri des sévérités de la loi, parce qu'il ne possédait rien; Pierre Martin, de Saint-Maurice, autre soldat, accusé d'émigration et menacé de confiscation, mais dont la femme put prouver qu'il était mort dans une prison de Vesoul, où l'avait conduit un délit de droit commun. Le cas de Gabriel Regnault, dit Chatillon, mérite d'être cité. Il fut maire de Rosières-aux-Salines, jusqu'en 1792. Or, pour sa convenance, il vint résider à Châtillon, qu'il possédait depuis 1772. Il fut dénoncé par des gens malveillants, pour avoir abandonné son poste, alors que la Patrie était en danger : ce délit lui faisait encourir la confiscation. Obligé de se disculper devant le tribunal de Blâmont, il s'y prit de telle façon qu'il obtint le remboursement d'une créance, vraie ou fausse, s'élevant à 24.000 livres, qui lui permettait de retrouver l'avoir de son frère, maire de Saint-Nicolas, réellement émigré.

Cette liste est sans doute incomplète. Elle montre, du moins, la variété des cas qui exposaient aux sévérités de la justice. Elle prouve aussi la souplesse, pour ne pas dire la clémence, des administrateurs blâmontais. Ils surent mener de front les poursuites légales nécessaires avec les liquidations, les gestions épineuses de biens ou de bois non vendus, les lotissements qui devaient rendre les achats plus abordables.

Au sujet d'affaires si délicates, on retrouve seulement deux remontrances du Département et on ne compte aucune plainte émanée du District. Les rapports décadaires disaient vrai, quand ils énonçaient cette remarque assez fréquente : « Les biens des émigrés se vendent de mieux

---

(1) Les principaux acquéreurs de ses terres furent Cleff et Poirson, de Leintrey.

(2) Cette ferme fut achetée, en 1795, par Boulanger, de Cirey, au prix de 99.715 livres.

Chateau de Chatillon — Cliché du *Pays Lorrain*.

en mieux et les préjugés tombent » (1). Cependant les scrupules des acheteurs avaient beau disparaître et les enchères monter, la valeur du numéraire baissait et on allait à la faillite des assignats.

TRACASSERIES INFLIGÉES AU CLERGÉ PAROISSIAL

Au premier moment, ce fut presque une joie pour le clergé blâmontais d'abandonner à la Nation les revenus des bénéfices ecclésiastiques, en échange d'une pension qui paraissait devoir être plus importante et plus commode. L'abbé Grégoire et les légistes abondaient tous dans ce sens. Les curés se présentèrent donc, sans hésiter, au bureau de Pacotte, pour faire les déclarations exigées par la loi (2). A tous il était promis au moins 700 livres; dans des conditions déterminées, quelques-uns pouvaient espérer davantage.

Leur démarche eut lieu entre le 25 octobre et le 4 décembre 1790. La répartition par le Directoire fut terminée pour le 22 octobre suivant. Les payements commencèrent le 7 décembre, grâce à des avances que firent les agents du lieu, tant que la caisse départementale fut incapable de fournir les fonds.

Le désenchantement suivit de près, causé par l'affaire du Serment, dit *Constitutionnel*. Un arrêté royal, du 26 décembre, exigea sa prestation immédiate et indiqua, comme dernier délai, le dimanche 5 février. Tout le mois de janvier se passa en discussions. Les curés polémiquaient de presbytère à presbytère, privés de directives venant des supérieurs; les paroissiens et les autorités civiles conseillaient la soumission. Le dernier dimanche arrivé, les maires entendirent, à la messe ou aux vêpres, les déclarations des curés et les transmirent à Blâmont, pour être portées au chef-lieu du département. Il y avait alors dans le District, 57 curés ou vicaires astreints au serment; 28 le prêtèrent sans réserve (3); 25 y mirent des restrictions (4); 4 le refusèrent absolu-

---

(1) C'est en 1794 qu'il y eut le plus grand nombre de ventes : pour 493.690 francs en avril; 223.127 francs en mai; 179.100 francs en juin; les enchères produisirent presque toujours le double de la mise à prix.

(2) Elles se trouvent aux *Archiv. départ.*, L., 740, 741, 742.

(3) Ce sont : Thiriet (Barbas), Gabriel (Domèvre), Uriot (Frémonville), Dieudonné (Harbouey), Le Duc (Leintrey), Marchal (Blémerey), Maire (Chazelles), Beaulieu (Reillon), tous chanoines réguliers; Parmentier (Bréménil), de Mirbeck (Vacqueville), Bastien (Neufmaisons), Potier (Saint-Martin), Le Paige (Xousse), Grosdy (Reclonville), Conroux (Mignéville), Delorme (Gondrexange), David (Ibigny) et tous les curés du canton de Cirey.

(4) Ce sont : Guillot et ses vicaires, Litaize et L'Hommée (Blâmont), Guise (Gogney), Garry (Repaix), Chaurand (Badonviller), Latasse (Fenneviller), Pierron (Neuviller), Desjardins (Pexonne), Barbiche (Montreux), Pierre et son vicaire Kippeurt (Sainte-Pôle), Lacour (Amenoncourt), Laforge (Autrepierre), Rondeau (Remoncourt), Cordier, Carel et Garosse, vicaires (Ogéviller), Laurent (Brouville), Claude (Herbéviller), Mandel (Merviller), Laurent (Montigny), Malnory (Avricourt), Ména (Foulcrey), Claude (Moussey).

ment (1). Notons que les maires du canton de Cirey forcèrent la note, en déclarant tous les curés *assermentés,* alors qu'ils avaient tous formulé des restrictions, et que le maire de Foulcrey présenta son curé comme *insermenté,* alors qu'il était simplement *restrictionnaire.* Pour tous, le serment voulait dire acceptation, mais à condition que l'acte ne serait pas déclaré contraire à la discipline catholique et romaine.

Très ennuyé, le Directoire de Blâmont attendit jusqu'au 17 mars, pour envoyer son rapport à Nancy, et il s'arrangea pour présenter comme assermentés, même les restrictionnaires; il n'eut ainsi que quatre déchéances à prononcer, et encore ne les fit-il pas suivre d'expulsion. Laurent et Richard restèrent dans leur paroisse jusqu'en juillet; Zuibel demanda son passeport pour Strasbourg et Cherrier ne fut pas inquiété dans son presbytère, à condition d'y subir un administrateur; peu après Rollin démissionna, pour devenir vicaire épiscopal de Strasbourg. C'était, en somme, trois paroisses seulement qu'il fallait pourvoir de titulaires; on eut recours à l'élection. Mais qui, dans la partie du District, auparavant messine, devrait donner l'institution épiscopale requise après l'élection? Légalement, l'évêque de Metz ne le pouvait plus, et, d'autre part, la Meurthe n'avait pas encore d'évêque. Le Procureur général, consulté par Fromental, répondit, le 26 avril : « Vous n'avez pas autre chose à faire que d'établir un administrateur, choisi parmi les prêtres cy-devant approuvés par les anciens évêques. » C'est ainsi qu'Igney reçut, deux jours après, François Marchal, ci-devant cordelier; Saint-Georges, Martin Oury, ex-capucin, et Réchicourt, Louis Simon, ex-bénédictin de Toul. Les autres élections de curés furent remises jusqu'après l'arrivée de Lalande, le nouvel évêque de la Meurthe, pour qu'il pût les confirmer (2).

L'avènement de l'évêque schismatique Lalande redoubla les ennuis réservés au clergé. Son intronisation eut lieu le 3 juin. Sarrebourg s'y porta avec enthousiasme; Blâmont y délégua sa garde nationale, qui revint peu enchantée d'attendre son indemnité pendant trois mois. Les autorités locales l'appuyèrent, puisque c'était l'évêque légalement nommé. Quand parut sa première lettre pastorale, le 29 juin, le désarroi fut complet. Un bref papal du 13 avril avait éclairé les consciences catholiques et montré qu'il fallait arrêter les empiétements de l'Etat. D'autre part, engagé comme il l'était, le pouvoir civil ne pouvait se contenter plus longtemps d'une demi-soumission. Ordre fut donné d'épier sévèrement la conduite des curés dans cette circonstance; ceux qui accepteraient de lire au prône la lettre épiscopale, sans observation, seraient dits *conformistes;* ceux qui opposeraient un refus ou feraient des commentaires désobligeants, seraient dits *non conformistes.* On donnait ainsi aux insermentés et aux restrictionnaires précédents le

---

(1) Ce sont : Laurent (Verdenal), Richard (Hablainville), Zuibel (Igney), Cherrier (Réchicourt).

(2) Voir Abbé Constantin : *L'Election de l'Evêque constitutionnel de la Meurthe*

moyen de se racheter; les réfractaires, à n'importe quel titre, seraient irrémédiablement déchus et remplacés pour le 24 juillet. Les officiers civils devaient tout mettre en œuvre pour assurer le triomphe de la loi. Fromental alla porter lui-même le document au curé de Blâmont; d'autres membres du Directoire firent une démarche analogue à Autrepierre, Repaix, Amenoncourt, Barbas; partout la pièce fut remise, la veille au soir ou le matin même du dimanche, pour empêcher la réflexion ou l'entente; le choix fut laissé, pour la lecture, entre le dimanche 10 et le jeudi 14 juillet, fête de la Fédération.

Le résultat fut déconcertant pour les autorités et les populations. Les prêtres jureurs ne firent aucune difficulté; l'un d'eux cependant, Delorme, mit à sa lecture un sans-gêne qui la rendait inintelligible. Les habitants de Gondrexange lui demandèrent d'élever la voix, il répondit qu'à cause de son âge et de la longueur de la lettre, il se sentait incapable d'aller jusqu'au bout et qu'il achèverait à vêpres. Le cas de Cristallin, curé de Cirey, est plus étrange (1). Le rapport officiel dit que la lecture fut faite à la grande satisfaction de tous les paroissiens, le 14 juillet, et fut suivie d'une exhortation à la soumission aux lois. Or, on peut lire au registre de la paroisse, à la date du 22 mai 1800, sous la signature de ce même Cristallin, les lignes suivantes : « Je déclare : 1° N'avoir fait que malgré moi la dite lecture et par crainte de trouble dans la paroisse, vu que les autorités l'exigeaient; je conviens avoir eu tort et manqué à mon devoir; 2° le ton, avec lequel je l'ai faite, manifestait assez ma douleur, ma répugnance, mon indignation. »

Tous les restrictionnaires protestèrent à nouveau, mais de diverses façons, contre l'injonction faite par la loi. Les curés d'Amenoncourt, d'Autrepierre, de Hattigny, désapprouvèrent simplement. Le curé d'Herbéviller déclara qu'il lisait uniquement pour ne pas causer de trouble; un murmure s'éleva dans l'église; un jeune prêtre du lieu, Gley (2), se répandit en invectives contre l'évêque Lalande; d'autres ripostèrent; l'office s'acheva dans le tumulte.

Les chefs du Directoire furent bienveillants, en considérant ces cas comme une soumission suffisante. Ils durent cependant ranger parmi les refus formels les attitudes suivantes, qui leur furent signalées. Les curés d'Ancerviller, Repaix, Gogney, Ogéviller, Remoncourt, Moussey, Montigny, Montreux, avaient obligé le maire ou le greffier à faire la lecture à leur place; le curé et le vicaire de Brouville avaient protesté qu'ils ne reconnaissaient comme évêque que Mgr de la Fare.

A Pexonne, les habitants étaient sortis pendant la lecture faite par

---

(1) Voir Cuissard : *Notes pour servir à l'Histoire de Cirey*, p. 256.

(2) Dominique Gley, ordonné à Nancy, le 17 février 1790, émigra quelque temps après son curé, puis, de retour, fut incarcéré à Nancy, en 1793, et élargi, en 1795; mais il changea de sentiments, se maria, et devint, comme agent national du canton d'Ogéviller, un zélé partisan de la Révolution. Il mourut sans avoir fait régulariser son mariage.

le greffier. A Blâmont, l'incident avait tourné à l'outrage : pendant la grand'messe, chantée par le vicaire Litaize, Guillot avait fait son prêche, sans parler de la lettre, et les autorités avaient cru que la lecture était remise à la fin de l'office; mais quand le clergé fut rentré à la sacristie, personne ne revint au sanctuaire. Fromental alla demander raison de l'omission commise; pour toute réponse le curé rendit le document. Il fallut appeler le greffier, qui commença de le lire en face des bancs déjà vides; la dernière messe fut aussitôt commencée par le curé et décemment le procureur décida de faire reprendre, après vêpres, le malencontreux document.

A Foulcrey, ce fut autre chose : le curé prêcha contre la lettre qui devait être lue à vêpres. Par crainte d'une émeute, la Garde nationale s'était mise en armes. Quand le greffier eut pris la parole, un certain Jacques Tranche agita son chapeau et invita les assistants à sortir, par protestation. Le maire eut beau s'interposer; il fut insulté et dut lever la séance, tellement le tumulte était grand. Saisi de l'affaire, le tribunal fit les condamnations prévues par la rigueur des lois (1).

A la suite de ces actes entrainant la destitution, les curés insoumis n'attendirent pas d'être chassés par la force, mais prirent le chemin de l'exil, dès le 24 juillet. Presque tous gagnèrent d'abord Trêves, puis se disséminèrent dans diverses villes du Rhin ou se rendirent en Bavière (2). Leur sort fut partout pitoyable.

Pour les remplacer, les assemblées communales élirent, le 24 juillet, des religieux restés sans emploi depuis leur sortie du cloître. Blâmont fut ainsi confié à Voinot, enfant du lieu, ex-chanoine régulier sortant de Thiébauménil; Igney, à Poirson, ex-cordelier; Foulcrey, à Urbain, qui ne put y rétablir l'ordre. En août, Pélissier fut nommé à Montreux, à Montigny, à Neufmaisons; il ne se plut nulle part et finit par échouer à Neuviller, où il se maria; Kippeurt alla à Hattigny. En novembre, Fromental accepta Herbéviller et Verniory, Gondrexange (3).

A cette date, le District comptait 24 curés *intrus*, dépourvus par là même de pouvoirs canoniques. Les populations semblent s'être peu préoccupées de cette irrégularité, désirant surtout la continuation du culte et le maintien des usages religieux. Elles ne se firent pas plus grand scrupule pour acquérir les biens ecclésiastiques confisqués et mis en vente. Cette affaire fut, du reste, adroitement menée, et c'est avec une satisfaction visible que le Directoire inscrivait dans ses rapports la formule consa-

---

(1) *Archives départementales*, L., 744, 745.

(2) Ce furent : Guillot, Litaize, l'Hommée, les deux Laurent, Oury, de Gogney, ordonné prêtre à Saint-Dié, le 19 mars 1790, et mort peu après en exil; Garry, Richard, Barbiche, Chaurand, Desjardins, Delorme, Claude, Gley, Latasse, Ména, Malnory, Guise, mort en exil, Cherrier. La plupart ne revinrent qu'en 1802.

(3) Louis Fromental, né à Blâmont, neveu du procureur, fut ordonné prêtre par Lalande, en 1792; il déposa ses lettres de prêtrise, en 1793, et acheva sa vie laïquement à Frémonville (L., 134, 617).

crée : « Les acheteurs des biens nationaux jouissent en paix de leurs acquisitions. » Pourtant toute cette besogne d'ordre religieux lui valut de nombreux ennuis, impuissant qu'il était à satisfaire les réclamations des paroisses, et, plus encore, les appétits d'un personnel plutôt disparate.

DISPERSION DES ORDRES RELIGIEUX

La guerre faite à l'Eglise rejaillit fatalement sur les Maisons religieuses; les coups, que leur porta la Révolution, furent tout de suite mortels. Une enquête fut d'abord décrétée dans le but d'inventorier, dans chaque couvent, le personnel et les biens. On devait demander aussi à chaque religieux ses intentions pour l'avenir. La visite officielle eut lieu, chez les Capucins, le 27 avril 1790; leur nombre était de huit, dont trois frères; sept se déclarèrent résolus à vivre et à mourir dans leur état religieux; un seul dit qu'il reprendrait la vie séculière, s'il le fallait. A l'abbaye de Domèvre, on trouva, le 16 mai, douze chanoines réguliers, trois frères, deux prêtres affiliés ou oblats, un organiste laïc; tous étaient décidés à reprendre leur liberté, si la Congrégation était modifiée; l'Abbé de Saintignon, alléguant son grand âge, sollicita la faveur de garder son quartier abbatial; il vivrait retiré, à l'aide de sa pension (1).

Les Cisterciens de Haute-Seille, à la date du 4 novembre, étaient au nombre de dix; leur abbé était absent; tous déclarèrent leur intention bien arrêtée de ne jamais quitter leur monastère. Le couvent de Notre-Dame, à Blâmont, renfermait dix-sept religieuses de chœur, six converses et une affiliée; elles protestèrent énergiquement, le 3 septembre, qu'elles aimaient leur communauté comme un paradis. Les Annonciades de Badonviller exprimèrent les mêmes sentiments; on y compta dix-sept religieuses et quatre sœurs. Les trois ermites de Saint-Jean, à Blâmont, furent d'abord assimilés aux religieux et touchèrent deux trimestres de pension; mais une décision du Département annula cette pension, sous prétexte qu'ils n'appartenaient pas à une règle reconnue (2).

L'année suivante (1791) un décret nouveau, paru en janvier, ordonna de diminuer le nombre des résidences religieuses, déclarées trop nombreuses. Les Capucins furent donc sommés, le 20 janvier, de se réunir à leurs confrères de Lunéville; ils quittèrent Blâmont le 27 mars (3)

---

(1) Il mourut à Domèvre le 1er février 1795, dans une misère profonde, paralysé depuis 1793, abandonné de tous, et tellement déconsidéré qu'à ses funérailles on ne vit que son unique domestique et son chien.

(2) On trouvera tous les noms faisant partie de ce personnel religieux dans les pièces d'archives (L., 635, 742, 746.).

(3) Le P. Georgel Jean-Damascène, dernier gardien du couvent, émigra en Allemagne; le P. Thomas, retiré à Bar-le-Duc, fut déporté et mourut sur les pontons de Rochefort, en 1794; le P. Masson revint se cacher à Barbas, où une dénonciation le fit arrêter en 1794, et emprisonner à Nancy, jusqu'en 1795; le P. Sacré se retira à Vignot; le P. Cholay, à Charmes; le P. Saintin, à Pont-à-Mousson; le P. Oury, de Blâmont, jureur, devint curé intrus à Avricourt et autres lieux; réconcilié au concordat, il fut curé de Nonhigny jusqu'à sa mort, en 1824.

Leur maison, devenue propriété nationale, fut louée au Directoire; leurs jardins furent également loués, sous réserve que la location cesserait de plein droit, s'il survenait un ordre de vente.

Le 18 août, tous les Ordres religieux furent dissous; c'était la mort sans phrase : il n'y avait plus qu'à se disperser. Les Religieuses de Notre-Dame quittèrent, en pleurant, leur maison, dans les premiers jours d'octobre. Plusieurs demandèrent un passeport, pour retourner en Alsace, leur patrie; d'autres demeurèrent à Blâmont, ou dans les environs. Leur mobilier d'église fut porté à la paroisse, et leurs immeubles furent attribués au District, pour servir de *grenier d'abondance*, de *magasin d'équipement*, et même de *prison*. Les Annonciades subirent un sort pareil à Badonviller. Les Cisterciens de Haute-Seille ne cédèrent qu'à la force; Combette, Blondot et d'Hennezel émigrèrent; Claudon et Paquot acceptèrent d'être nommés à Saint-Georges et à Vézelise, après avoir juré. Le Directoire songea, un instant, à fonder un établissement de charité pour utiliser leurs immeubles; mais il reconnut bientôt que leur éloignement les rendait impropres à une entreprise publique et il finit par les vendre par lots. Les Religieux de Domèvre furent les plus piteux dans cette tourmente. L'estime plutôt médiocre, dont ils jouissaient dans la contrée, se perdit tout à fait, quand on les vit sortir de leur couvent presque avec joie et sans attendre les derniers délais. Les uns regagnèrent leur pays natal, comme Thiesselin, vieillard de 82 ans, retiré à Dombasle; Hainaut, à Tantonville, où il ouvrit un pensionnat; Barrois, procureur, qui sera curé de Xirocourt, en 1803. D'autres rentrèrent dans la vie laïque, comme Wiollard. La plupart acceptèrent d'être curés constitutionnels, comme François, à Saint-Georges, Rollin, à Vého, etc... Les terres et forêts de l'abbaye furent vendues par lots, à des dates diverses; les bâtiments furent réservés à la Nation pour servir de magasins à fourrages; les meubles prirent toutes sortes de chemins; les huit cloches furent expédiées aux fonderies de Metz; la bibliothèque, le buffet d'orgues, un confessionnal vinrent échouer à Blâmont; un autre confessionnal, avec quantité d'objets cultuels, resta à l'église de Domèvre. Les documents, qui concernent toute cette liquidation, font valoir, une fois de plus, la réelle habileté et la modération du Directoire blâmontais. Aussi ne reste-t-il dans les traditions aucun souvenir de violences ou de mécontentements se rapportant à ces circonstances.

Le District perdait ainsi un certain nombre de religieux, mais c'était pour en retrouver d'autres, qui rentraient dans leurs familles. La liste nous en est fournie par le rôle des pensions qui leur furent servies. C'étaient : Claude Collot, retiré à Petitmont, mort en 1792; Maldidier, à Saint-Martin; Lhôte, à Vého; Simon, à Réchicourt; Batho, ex-abbé de Saint-Nicolas-des-Prés, à Verdun, retiré à Hattigny; Vœlfert, Krebs, Jœger, Hœfner, alsaciens, momentanément fixés à Blâmont; Christophe Dedenon, ex-minime, à Autrepierre; Receveur, à Domèvre; Thiry, ex-tiercelin, à Herbéviller; Milliani, ex-prieur de Fricourt; Gridel, ex-prieur de Saint-Christophe de Vic, à Vacqueville; Simonet et Mercier, à Badonviller; Maire, nommé curé à Chazelles; Dieudonné, à Harbouey; Muller, à Verdenal; Fiel, frère bénédictin, à Couvay; Marie Henry, annonciade de Bar, à Badonviller; Marie-Anne Nicolas et Jeanne-Baptiste Guigne, à Val-et-Châtillon; Anne Dedenon, à Autrepierre, et d'autres sans doute, dont les noms nous échappent et sur lesquels Chatrian a laissé des notes précieuses. Tous furent admis à toucher la pension de 400 livres, que la Nation leur alloua jusqu'en 1797.

3° Le régime de la Terreur

LE MAIRE CLAUDON A BLAMONT

Le démagogue Claudon, que nous avons déjà signalé, déchaîna la Terreur à Blâmont, un an avant qu'elle ne sévît en France. On vit rarement chef de Club plus réussi. Ambitieux, autoritaire, jaloux, il était par surcroit illettré et naïf. Son auberge, à l'enseigne du *Grand Cerf*, avait une nombreuse clientèle. Poussé au conseil municipal par ses partisans, il se posa, dès la première séance, en vengeur des abus. Il en voyait partout : dans le partage des pâtis communaux fait l'année précédente, dans la conduite de la Garde nationale, dans la gestion du Directoire, trop partial dans sa répartition des impôts. Ses reproches parurent alors si effrontés qu'il fut sérieusement question de l'emprisonner, le lendemain, 13 novembre 1790. Heureusement pour lui arriva la nouvelle de la chute de Mirabeau, qui déconcerta les Girondins de l'endroit, habitués de la *Croix-d'Or* ou de la *Poste-aux-Chevaux*. La popularité de Claudon alla dès lors en augmentant. Au mois d'août suivant, le maire, de Mitry, eut le tort de passer à l'armée de Condé. L'occasion était belle de briguer son écharpe; le triomphe fut facile.

Mais il fallait gouverner et c'était là que nos juristes l'attendaient. Un homme de sa trempe devait fatalement s'enliser, en franchissant les passages difficiles, qui devaient bientôt se présenter. Une première sottise, qui le couvrit de ridicule, fut d'avoir permis à la Garde nationale son expédition burlesque à Turkestein, dans le but d'y découvrir des traîtres imaginaires (11 septembre 1791). Une autre maladresse, plus grave, fut de multiplier, pendant tout l'hiver, des vexations et dénonciations de toutes sortes contre les magistrats du lieu, à cause de leur prétendue apathie.

Ces menées soulevèrent contre lui une haine violente. Assistant un jour à une séance du tribunal, il se vit soudain assailli par un garde national qui avait sabre au poing. Ce fut un gros scandale; l'agresseur était le frère de Vaultrin, vice-président du Directoire et procureur à ce même tribunal. Le maire offensé voulut une réparation et ne l'obtint pas. Econduit par la justice du lieu, il crut devoir recourir à celle de Nancy et même à celle de Saint-Dié; toutes deux, après enquête, repoussèrent sa demande. Il voulut poursuivre jusqu'au Ministère, à Paris. Une sentence administrative, rendue sur la présentation d'un Mémoire imprimé relatant tous ses griefs (1), finit, le 17 novembre, par maintenir le maire dans sa fonction et sans amende, mais avec un blâme sévère « pour avoir dépassé ses droits en maintes circonstances et injurié la municipalité ».

Cet antagonisme entre les autorités offrait parfois de singuliers contrastes. D'une part, Claudon était tout de feu pour célébrer les fêtes républicaines et accueillir les patriotes de passage; d'autre part, Fromental l'aîné et d'autres fonctionnaires méprisaient les arbres de Liberté, allaient banqueter chez des curés réfractaires, au lieu d'assister aux cérémonies officielles. Or toutes les préférences de la Préfecture allaient à ces derniers. Un soir, pour égayer des troupes se rendant aux armées, Claudon crut spirituel de faire brûler, sur la place, trois mannequins, représentant des partisans de Mirabeau et ajouta qu'il voudrait voir Mirabeau flamber lui-même. La riposte des légistes visés par cette boutade fut un réquisitoire accablant contre son imprudence (il aurait pu incendier la ville); contre ses maladresses dans l'attribution des billets de logement; contre ses invectives à l'endroit d'un sergent, nommé Vanier; contre ses absences trop nombreuses en raison de son commerce; contre son incompétence enfin, qui leur suggéra ce dédaigneux trait final : « Au reste, quel crédit mérite un homme dont tout le savoir se borne à faire son nom, et encore l'écrit-il mal? (2) C'est un violent qui, depuis 1789, n'a cessé d'injurier tous les Corps constitués, qui ne s'entoure que de *Sans-Culotte* comme lui et qui revient sans cesse à la même menace : « *Je vous ferai tous guillotiner* ».

Même en pleine Terreur, pareille lutte devait mal finir; le crédit de Claudon se mit à décliner, puis, au premier glissement, il s'effondra. L'occasion se présenta, le 19 octobre. Un régiment, allant vers le Rhin, venait d'être annoncé de Domèvre. C'était l'usage que la Garde nationale se portât à sa rencontre, pour lui donner l'accolade et lui offrir ses services. Claudon, voulant peut-être se faire garder, refusa de la laisser sortir. Le commandant Rousselot et ses hommes, ne comprenant rien à cette défense, se mutinèrent et, sur le conseil du Directoire, désobéirent résolûment. Le maire porta sa plainte à Nancy; mais, pour toute réponse, il fut informé que son ordre avait été *inconstitutionnel* et qu'il avait eu tort de le donner (8 novembre). Après ce désaveu, il n'avait plus qu'à quitter la mairie, ce qu'il fit sur le champ. Rentré dans l'ombre, il se tint coi pendant un an, puis se trouva de nouveau aux prises avec la justice. Un convoi de prisonniers, conduit par sept gendarmes, descendit chez lui en novembre 1794, et demanda à être hébergé. La note qu'il présenta fut trouvée exagérée et les passagers portèrent plainte. Il eut

---

(1) Ce mémoire, trop long pour être même analysé ici, contient des détails curieux sur la vie municipale d'alors, et laisse apercevoir, dans les deux camps, un arbitraire, qui pouvait justifier bien des critiques. *Arch. départ.*, L., 662.

(2) On trouve son nom, écrit par lui, avec un C ou un G, indistinctement, et souvent terminé par un t.

beau se disculper; le tribunal le condamna et lui infligea de la prison. Cette dernière aventure acheva de le déconsidérer; tous les comités qui l'avaient encore comme membre le rayèrent et il finit par la faillite.

Le reste du District ne connut pas tous ces troubles et ne perdit pas son calme en se prêtant aux nouveautés révolutionnaires. Badonviller et Cirey montrèrent seuls quelque enthousiasme à planter des arbres de la Liberté. Les jours furent, du reste, très sombres dans l'hiver de 1792 : le Nord envahi, les convois de volontaires se dirigeant vers Strasbourg, les violences affolées de la Convention, le procès de Louis XVI : c'était assez pour attrister et désorienter. La conduite de Germain Bonneval, d'Ogéviller, député à la Législative et à la Convention, devenu Montagnard et régicide, celle de l'abbé Grégoire approuvant le vote criminel auquel il n'avait pu prendre part, furent des sujets de douloureuse surprise. L'année 1793 s'ouvrit et apporta chez nous, comme ailleurs, ses lois, ses décrets, ses comités, ses tyrannies. Toutefois les hommes qui durent appliquer ces mesures réussirent à le faire avec une sage modération, et c'est ainsi que parmi nous le souvenir de la Terreur est resté moins odieux.

LES POURSUITES JUDICIAIRES

Le *Comité populaire* pour l'assistance des nécessiteux eut peu à faire à Blâmont. Sa boulangerie nationale, son grenier d'abondance, ses ateliers ouvriers ne servirent qu'aux troupes de passage; l'hôpital et les familles suffirent à soulager les vrais pauvres. La *Société populaire,* destinée à renseigner les autorités sur les actes des citoyens, ne vécut que sur le papier. Le *Comité de surveillance,* plus tard, *Comité révolutionnaire,* fut franchement odieux, avec sa mission de surveiller les lettres, de provoquer les dénonciations, d'ordonner les arrestations par les gendarmes, tout comme les juges et sans contrôle. Il était composé de neuf membres, dont un président et un secrétaire (1); il se réunissait chaque jour, à 5 heures du soir, et même plus souvent, s'il le fallait; le *décadi,* la séance était publique et durait de 7 heures à 9 heures. Il fonctionna chez les Capucins, depuis le 14 avril 1793 jusqu'en mars 1795. La preuve qu'il ne fut qu'à moitié malfaisant, c'est qu'il y eut presque une révolte à Blâmont, lorsqu'il dut prendre fin et déposer ses archives, suivant la loi du 30 ventôse, an III. Cependant il compte à son actif une trentaine de poursuites, presque toutes pour des délits ordinaires : vols, propos injurieux, rapports avec les suspects ou les émigrés (2). Une

(1) Les présidents furent : Laplante, puis Lombard, puis Didier Florentin. Les secrétaires : Aubert, Marcel, Chanel.

(2) Legrand, de Remoncourt, a dit qu'il aimerait mieux donner son blé aux cochons que de le laisser aux réquisitions militaires. Laurent, de Blâmont, garde national, de service à la fête du 10 août, a refusé de présenter les armes devant l'autel de la Patrie, en disant qu'il n'adorait pas les idoles, il a plaisanté l'officiant Voinot et les filles présentes à la cérémonie. Germain, de Réchicourt, a entendu dire à un homme : « Je voudrais être l'assassin de Marat », mais on ne put le retrouver.

accusation assez grave est portée, le 10 mai, par Joseph Oury, notaire, contre Barail, « l'homme dont il faut le plus se défier, dit-il, puisqu'il envoie de l'argent aux émigrés ». Il y a grand émoi, d'autant plus qu'en même temps se déroule le procès de Laugier, pour le même motif. Le tribunal s'empare de l'affaire ; l'inculpé donne ses explications que l'on reconnait valables, et il échappe à la condamnation. De Laugier (1) eut le malheur de comparaître devant le tribunal de Sarrebourg ; celui de Blâmont n'eut à s'en occuper que pour fournir des écrits de l'accusé, comme pièces à conviction, et pour opérer la confiscation de ses biens ; il eut peut-être trouvé le moyen d'être moins sévère. C'est Jordy, procureur de Sarrebourg, républicain exalté, qui mit tout en mouvement. « Je possède, écrit-il à Fromental, le 23 avril 1793, une lettre de Laugier, écrite de sa main à d'Olone, par laquelle, il lui annonce des fonds ; une lettre de change de 228 livres y était jointe. Braun, par l'entremise de qui cette négociation était faite, dénonce Laugier ; ils sont tous deux coupables... » La justice de Sarrebourg acheva l'information et l'accusé ne put nier. Transféré à Nancy, l'infortuné s'entendit condamner à mort, le 19 frimaire, an X. Il fut guillotiné, le jour même ou le lendemain, sur la place de Grève, avec trois autres condamnés (2). La contrée apprit avec effroi cette exécution ; sa femme et sa fille s'exilèrent, sans essayer de sauver leur avoir.

Un peu avant, deux prêtres, très appréciés comme vicaires à Ogéviller, subirent le même supplice pour d'autres raisons. C'étaient Collet, curé de Voinémont, guillotiné à Nancy, le 25 octobre, et Mangin, supérieur de Maréville, guillotiné à Mirecourt, le 15 novembre (3). Il faut ajouter un autre nom à ce lugubre martyrologe, celui de Marie-Thérèse Berclat, née à Herbéviller, femme de Joseph Jacquel, faïencier à Domèvre. Le lieu et la date de sa condamnation nous échappent, mais le fait est attesté par un rapport du procureur-syndic de Blâmont, à la date du 1er prairial, an II (21 mai 1795) : « Il passe pour certain, écrit-il, que la femme Jacquel a été condamnée pour avoir distribué de faux assignats ; aussi son bien doit être confisqué... » Le mari protesta que sa femme n'avait rien dans son entreprise, mais la loi l'emporta, après un an de démêlés, et la confiscation fut exécutée.

Les infractions étaient inévitables, étant donné la multiplicité des règlements économiques, militaires et autres, et leur allure draconienne et inattendue. Le brigadier Marchis et ses trois gendarmes étaient

---

(1) Louis-André de Laugier, propriétaire de Belcourt (Remoncourt) et de la cense de Milbert, savant naturaliste, auteur d'un traité de pharmacie, frère de l'abbé de Laugier. (Michel : *Biographies lorraines*, p. 300 ; *Arch. départ.*, L., 3161.).

(2) Le registre des décès porte seulement : exécution de Louis Laugier, âgé de 68 ans, rentier, demeurant à Belcourt, condamné à mort pour avoir entretenu une correspondance criminelle avec les ennemis de la République et fait passer de l'argent aux Emigrés, acte dressé le 8 ventose, an II (28 décembre 1793) ; aimable communication de M. Denis, archiviste municipal de Nancy.

(3) Voir Mangenot : *Les Ecclésiastiques de la Meurthe*, p. 41, 47.

toujours en route ; ils ramenaient parfois des prisonniers, après de troublantes enquêtes. Un certain jour, on les vit passer avec sept hommes, mutinés à Leintrey. Mais les juges examinaient les dossiers avec une sévérité plus apparente que réelle, acceptaient les explications plausibles et classaient les affaires. Ce stratagème n'avait pas échappé aux *représentants du peuple,* farouches inquisiteurs, dont le passage était toujours redouté : jamais ils ne réussirent à trouver nos administrateurs en défaut. Lacoste, en particulier, n'aurait pas été fâché de sévir contre eux. Il survint à l'improviste, un certain *décadi* de 1794, inspecta tous les services, *épura* plusieurs fonctionnaires et exila sept curés, qui lui avaient été dénoncés. Quand il se retira, il adressa des félicitations au Directoire pour son exactitude « tout en regrettant que le pays fût toujours sous l'empire du fanatisme catholique ». Fromental eut cette fière réplique : « Nous ne craignons pas de te dire que l'agent qui t'a dénoncé nos curés (c'était Jordy, de Sarrebourg) s'est conduit légèrement ; si quelqu'un de ces prêtres avait fait des tentatives pour troubler l'ordre, nous l'aurions su... Nous remettons à ta sagesse le règlement de leur conflit avec cet agent national, qui parait avoir du temps de reste pour s'occuper ainsi de Théologie. » (1).

Les arrestations suivies de tranfert à Nancy n'eurent lieu que rarement et parce qu'on ne pouvait les éviter. Le 20 août 1793, l'ex-capucin Masson fut trouvé chez le curé de Barbas et conduit à Blâmont, puis à Nancy, où il fut emprisonné jusqu'en 1795. La dame Ervet, qui le tenait caché habituellement, fut emmenée avec lui, mais on ne retint contre elle que le délit d'avoir amassé plus de provisions que la loi n'en permettait et elle fut relâchée. Gley, d'Herbéviller, paya son attitude *contre-révolutionnaire* par une détention qui dura un an ; il fut libéré, à force de démarches, mais uniquement comme *travailleur* s'engageant à se rendre utile. Fage, ex-noble du même lieu, resta emprisonné aussi jusqu'en 1795, pour des propos injurieux, sans qu'on eût égard à ses infirmités et à son grand âge. Pierre, curé de Sainte-Pôle, et Grosdy, curé de Reclonville, eurent le même sort, en juin 1794, pour avoir continué les offices divins, au mépris des lois. Ce dernier, peu qualifié certes pour être confesseur de la foi après la malédification que causaient ses excès de boisson, devint une charge pour le geôlier de la prison. Il en fut de même du malheureux Duban, ex-noble, arrêté pour ne pouvoir justifier de ses moyens d'existence. Comme tous deux étaient incapables de payer leurs repas, ils furent dirigés vers les prisons de Nancy et y restèrent incarcérés jusqu'à la chute de Robespierre.

Si nous ajoutons aux précédents trois ou quatre soldats fautifs, réfractaires ou déserteurs, et autant de citoyens, compromis pour diverses raisons, nous aurons tout le bilan, relativement restreint, des victimes blâmontaises à cette sinistre époque.

---

(1) *Arch. départ.*, L., 609, 617, 744.

LES MESURES D'ORDRE MILITAIRE

« La Patrie était en danger », c'est ce qui explique la rigueur des lois. Un premier appel aux *Volontaires* eut lieu en juillet 1792 : notre district fut taxé à 266 hommes; il en fournit 271. Tous les cantons ne montraient pas le même enthousiasme. Blâmont fut parfait avec ses 65 volontaires, parmi lesquels figuraient les fils des meilleures familles, comme François Florentin, Louis et Antoine Fromental. Badonviller fut aussi empressé avec ses 56 volontaires. Cirey n'en eut que 6. Le reste du contingent fut désigné par le sort parmi les membres de la Garde nationale, comme le voulait la loi. A Réchicourt, ce fut très épineux : aucun volontaire. Plusieurs villages, comme Igney, n'avaient pas de Garde nationale : comment tirer au sort? On chercha à embaucher des domestiques. A Ogéviller, même difficulté. A Leintrey, 7 volontaires, dont 6 de Xousse; mais il en fallait 23. Autrepierre, Chazelles, Reillon, n'avaient même pas envoyé de délégation. Un jeune garçon de Leintrey, désigné par le sort, allait donner sa signature, quand, sur un signe de son père, il s'esquiva; on ne put le retrouver. Un autre du même endroit, nommé Larue, eut aussi un mauvais numéro. Comme l'agent municipal voulait le lui porter, sa mère dit qu'il avait quitté le pays; « or ,je suis sûr de l'avoir aperçu », certifia l'agent. L'élan patriotique des armées de la République a été beaucoup vanté; la réalité fut telle que nous venons de la décrire, au moins pour la première fois. Soyons justes cependant : une fois arrachés au sol natal, nos paysans retrouvaient toutes les qualités de la race.

Les recrues furent dirigées sur l'Armée du Rhin et partirent, le 2 octobre. On connaissait la reddition de Longwy et de Verdun, le recul jusqu'à Valmy et on craignait pour Nancy, quand, le 10 septembre, arriva de la Frimbole un exprès, annonçant que les Prussiens étaient à Sarrebourg. La Garde nationale prit les armes et se disposait à partir, quand on sut qu'il s'agissait d'une méprise : les fameux Prussiens n'étaient autres que des patriotes, égarés près de Phalsbourg, qui, en réclamant leurs rations, avaient oublié de se conduire *à la française*. La victoire de Valmy dissipa toutes les craintes.

Pendant tout l'hiver, des convois de toutes sortes défilèrent sur la route, à destination de Strasbourg. En mars, un second contingent d'hommes dut être levé : 200 pour le district, qui furent répartis en sept compagnies et élirent leurs chefs. Ils se mirent en marche, pendant le mois de mai. Un rapport de Fromental signale la gêne qu'en ressent l'agriculture : douze laboureurs devront cesser leur exploitation. Quelques exemptions accordées suscitent de vives protestations. Les anabaptistes prétendent que leur religion leur interdit de porter les armes; ils reçoivent cette réponse : « L'égalité devant la loi n'a rien à voir avec votre religion ». Bien plus, comme ils avaient une façon particulière de porter la barbe, on s'avisa, quelque jour, d'en arrêter trois, parce que la Convention avait prohibé tous les signes extérieurs du culte.

L'été de 1793 fut plein d'alarmes, causées par les désastres de Wissembourg. Pour préparer le camp de Bitche, le district dut fournir deux compagnies de 98 travailleurs qui partirent en avril, sous les ordres de Poussardin, d'Angomont, et de Pacotte, de Cirey. De nouvelles levées d'hommes furent encore faites en décembre et en mars 1794; la crainte des punitions faisait seule endosser l'uniforme. D'autre part, les ressources du pays s'épuisaient à force de réquisitions militaires. La guerre continua, mais dans le Nord, et c'est alors que l'Armée de Sambre-et-Meuse accomplit ses exploit. Puis l'hiver vint, l'inoubliable hiver de 1795, pendant lequel les privations et le froid causèrent tant de souffrances. En juillet fut conclue la paix séparée de Bâle.

Pour parer aux besoins de la guerre, le pays dut s'imposer des sacrifices de tout genre : dons patriotiques, travail forcé, fournitures d'animaux, de fourrages, de vêtements. Il fallut aussi déployer une activité qui ne s'était jamais vue : produire du salpêtre et du fer, fabriquer des sabres, des piques, des baïonnettes, tisser des étoffes, préparer des cuirs, des baudruches. Le Blâmontois participa largement à tous ces travaux et, la paix revenue, les continua, en les adaptant aux nécessités nouvelles.

LES VEXATIONS ODIEUSES

Le décret du 29 août 1792 avait enjoint d'abolir tous les signes de l'Ancien Régime. Dans notre district, l'exécution de cette mesure fut retardée jusqu'en octobre 1793. Voici les faits. A Blâmont, les ci-devant nobles apportèrent leurs titres à la mairie, ou déclarèrent qu'ils n'en avaient plus; il n'y eut pas d'incorrection; le rapport de Fromental finit par ces simples mots : « C'est toute la caste nobiliaire ». A Herbéviller, Fage déposa, sans fracas, sa croix de Saint-Louis et ses papiers. A Chatillon, Regneault en fit autant. A Badonviller, le dernier des Bannerot eut un geste peu honorable. C'était en la fête de la Reconnaissance et des Bonnes-Mœurs (30 novembre 1793); en arrivant devant l'arbre de la Liberté, il déchira ses titres avec mépris, les piétina et les jeta dans un brasier, pendant que la populace criait : « Vive la République! Périssent les tyrans! » A Cirey, la foule fut prise aussi de délire, mais sans qu'il y eût aucun noble. Les armoiries furent partout mutilées, du moins, celles qui étaient visibles au dehors. Qui le croirait? les colombiers succombèrent sous les coups de l'exécration universelle : les gens de Chazelles, par exemple, éprouvèrent le besoin de clamer, à toute la contrée, leur joie délirante « d'avoir rasé un pigeonnier misérable, d'où partaient des nuées de vautours pour dévorer leurs moissons ».

Plus odieux furent les attentats contre le culte catholique : les fêtes et les offices étaient abolis, les églises fermées et pillées, les signes extérieurs de la religion renversés. D'après la loi, toutes ces mesures devaient être achevées pour le 9 novembre; dans le Blâmontois, ces impiétés furent retardées jusqu'au 23. Les gens impuissants laissèrent faire. L'église de Blâmont fut louée à Vaultrin, pour 155 livres; l'intention de ce magistrat fut, sans doute, de la soustraire à la profanation; aucune autre église ne fut ainsi cédée à un particulier. Toutes les sonneries furent réduites à une seule cloche, qui put continuer les tintements de l'*Angelus*. Tous les métaux précieux et les bronzes prirent le chemin des fonderies nationales; les ornements, les cordes même furent portés aux magasins d'équipement. La croix surmontant les églises fut descendue à Badonviller, à Ogéviller, à Leintrey, à Foulcrey. Cependant, à en juger par les écrits qui nous restent, les propos et les actes vraiment sacrilèges furent assez rares : à Leintrey, le curé afficha une joie patriotique, quelque peu déplacée, en livrant ses vases sacrés, et, à Chazelles, l'agent national put écrire dans son rapport : « On ne trouverait ici aucun signe du fanatisme, ni croix, ni statue, ni sur le clocher, ni à la campagne, ni devant les maisons. » La cloche de Blâmont cessa de sonner l'*Angelus*, le 4 avril 1794, après la défense formelle du farouche Bar.

Il paraît difficile d'apprécier la conduite du clergé constitutionnel, placé en face de ces profanations. Les traditions locales sont aujourd'hui très effacées; d'autre part, les rapports officiels ont dû exagérer, par bienveillance, la note de la soumission silencieuse. S'il faut en croire ces documents, aucun curé de la région n'éleva de protestation. La loi prescrivit, en outre, le dépôt des lettres de prêtrise et l'abdication. Par ménagement, le Directoire blâmontais attendit un long mois avant de mettre ses curés en demeure d'exécution. Survint le représentant Bar, qui exigea une soumission immédiate (12 février 1794). Trois jours après, Fromental put écrire : « Les prêtres sont en voie de renoncer à leurs fonctions anciennes; quatre ont remis leurs lettres d'ordination, à savoir : Oury, Voinot, Gérard et Henry, cy-devant vicaire à Sainte-Pôle, qui s'est marié à Thionville. » Un cinquième s'était décidé pour le 20 mars. Il fallut une autre circulaire, datée du 15 avril, pour réduire les récalcitrants. Fromental écrivit, peu après : « Il faut agir sur les autres par persuasion, seul moyen de réduire l'esprit public; vingt-quatre démissions sont déjà parvenues sur quarante-huit. » Le but fut atteint onze jours plus tard, et il n'y eut que quatre refus obstinés qu'opposèrent Marcaire, Laforge, Mirbeck et Grosdy. On remarquera que *démission* et *abjuration* ou dépôt de lettres de prêtrise étaient deux choses très différentes. La seconde put paraître une formalité de pure complaisance, que presque tous accomplirent dans le secret, sans grande conviction (1); la première semblait devoir entraîner la perte de leur allocation. Un état de Dumont, dressé le 27 juillet, put les rassurer à ce sujet; il se termine ainsi : « Tous, même les cinq non-démissionnaires, sont amis des lois, tranquilles et dignes de leur allocation » (2).

---

(1) Conroux, de Mignéville, refusa cet acte d'apostasie par ces nobles paroles, rapportées par Chatrian : « Si on me guillotine, tant mieux; je l'ai mérité. » E. Martin : *Histoire du diocèse de Toul*, III, p. 149.

(2) *Arch. départ. M.-et-M.*, L., 611.

Si le Directoire blâmontais usait ainsi de ménagements, les Représentants du peuple marquèrent leur passage par des sévérités implacables.

En février 1794, Bar fit partir Voinot et Gérard, en leur enjoignant de s'éloigner à vingt lieües de Blâmont, pour que leur présence ne favorisât plus le fanatisme, Le premier n'eut que trois jours pour s'en aller; l'autre, son vicaire, et aussi gérant de l'hôpital, en eut quinze pour pouvoir régler ses comptes; tous deux se rendirent à Saint-Mihiel et n'en revinrent que plus d'un an après. Lacoste exila à Dijon sept curés, sur une dénonciation de Jordy (1). L'habile plaidoirie de Fromental fut impuissante à les sauver, et ils durent passer deux ans là-bas, sous la surveillance de la municipalité. *Michaud* renchérit encore, par son arrêté du 13 septembre 1795, en ordonnant :

1° De démolir, sur le champ, les chapelles écartées qui servaient encore aux réfractaires;

2° D'éloigner à quatre lieues de distance, au moins, tout prêtre ayant rempli des fonctions pastorales dans le district; il n'y avait d'exemption que pour les infirmes, les septuagénaires et les mariés.

Comme toujours, Fromental fut habile et bienveillant. En répondant, le 8 octobre, il constate avec emphase que la raison a fait assez de progrès pour empêcher les gens de regretter les prêtres, puis il propose d'accorder l'exception à quatre mariés (2), à quatre septuagénaires (3), et à cinq vieillards approchant de 70 ans (4). Il eut gain de cause. Pierre, de Sainte-Pôle, infirme et sexagénaire, pour avoir négligé de formuler sa demande, se vit arrêté, puis transféré aux Grandes-Carmélites de Nancy, où il resta jusqu'au 10 décembre. Les autres indiquèrent le lieu de leur retraite, pour pouvoir toucher leur pension (5).

On fait peser volontiers de graves reproches d'immoralité sur le clergé d'avant la Révolution. La vérité est que, dans notre Blâmontois, ces désordres furent plutôt rares. Il faut reconnaître que deux religieux de Domèvre et deux curés de paroisses assez éloignées furent des sujets de scandale. Les quatre prêtres qui se marièrent dans les circonstances que l'on sait sont une bien faible minorité; ceux qui retournèrent à la vie laïque, comme Fromental et Mirbeck, ne sont pas plus nombreux. Et

---

(1) C'étaient les curés de Cirey, Bertrambois, Ibigny, Saint-Georges, Hattigny, Frémonville et Domèvre. Après enquête, on reconnut qu'il fallait mettre Tanconville, au lieu de Frémonville (L., 609, 717, 744).

(2) Pélissier, Gley, Henry et Uriot. Ce dernier prit peur, en se voyant en butte aux tracasseries de Lacoste, et il s'unit à sa paroissienne, l'exaltée Catherine de Pindray. Il est mort à Saint-Maurice, cinq ans après, en 1799. Chatrian en écrit, en 1802 : « Nous ignorons si Uriot a mis un emplâtre sur ses maux, il est plus vraisemblable qu'il n'est pas revenu sur ses pas. »

(3) Maldidier, Parmentier, Marchal, Rollin.

(4) Duc (69), Collot (69), Laforge (67), Gary (63), Thiriot (61).

(5) Le Paige, Baccarat; Thirion, Steige (Alsace); Didelot et Christophe, Lunéville; Feuillette, Barbas; Gary, Fromental et Marin furent favorisés, en restant à Repaix, Frémonville et Belcourt.

comment ne pas plaindre des malheureux comme Grosdy, qui tomba à Badonviller dans la plus pénible vulgarité, et comme Beaulieu, qui, devenu aveugle, dut mendier son pain sur la route de Thiébauménil?

Cette époque, pénible pour le clergé, exerçait des tracasseries pareilles sur les civils. Malgré la modération du Directoire, les amendes et la prison les menaçaient sans cesse pour des vétilles, des fraudes ou des retards dans les réquisitions, pour des négligences dans les travaux imposés. Finalement, chacun se lassa d'un régime de liberté qui en accordait si peu. Le représentant Génévois fut frappé du mécontentement général, quand il arriva dans la Meurthe, en décembre 1794, et son premier soin, pour apaiser l'opinion, fut d'accorder la liberté à tous les prisonniers qui n'étaient pas indignes de clémence (1). Cette accalmie, venant six mois après la mort de Robespierre, marqua chez nous la fin de la Terreur.

---

(1) C'est en sortant de la prison de Strasbourg, que la R. M. Viart, supérieure générale de la Congrégation de Saint-Charles, trouva la mort, dans un accident de diligence, un peu au dessus de Blâmont. Recueillie par les deux Sœurs de l'Hospice, elle fut inhumée provisoirement à Blâmont, puis transportée plus tard à Nancy. Pfister : *Histoire de Nancy*, II, p. 1019, note 2.

II

Les Cantons

1° Courte accalmie

Des innovations aussi radicales dans la société ne pouvaient être mises au point sans tâtonnements. Après la constitution de l'an I, vint celle de l'an III, puis trois coups d'Etat, le Triumvirat et enfin le Consulat; c'est tout le bilan du Directoire.

La réforme de l'an III (1795) supprima le district, comme rouage inutile, et confia son attribution au canton, qui fut rattaché directement au département. Ce coup porté à la suprématie de Blâmont lui fut très sensible, et toute la population de la petite ville s'unit en une protestation énergique, mais inutile. Dans chaque canton, indépendant de son voisin, il y eut un Directoire et une Justice de paix; cinq membres formèrent le Directoire, où le *président* et le *commissaire* ou *agent* avaient un rôle prépondérant (1). Dans le conseil communal furent créés l'*agent municipal* (maire) et un *lieutenant* (adjoint). Des rapports décadaires devaient renseigner le département sur tous les détails de la vie cantonale ou communale.

Imposer un système n'est pas le réaliser. On s'aperçut bientôt que, dans presque tous les cantons, manquaient les éléments indispensables au nouvel organisme, à savoir : les hommes compétents d'abord, puis les locaux, enfin le matériel nécessaire pour les réunions. Pressé de demandes, le département ne put que répondre à Ogéviller et à Leintrey que leur maison communale servirait de prison ou d'asile; à Réchicourt,

---

(1) A Blâmont : président, Thouvenin; commissaire, Fromental. A Leintrey : Paulus et Potier, curé de Saint-Martin. A Ogéviller : Bailly et Gley. A Cirey : Cambas et Dumont, sorti de Blâmont. A Badonviller : Lachasse et Boulangier. Les juges de paix ne furent pas changés.

qu'il conviendrait de louer à beaux deniers une partie du château. Il eut fallu partout des gendarmeries. Blâmont eut sa brigade, qui fut renforcée de neuf grenadiers pour les séances de conscriptions, toujours tumultueuses. Badonviller reçut aussi trois gendarmes, pour surveiller les défilés des Vosges, fréquentés par les déserteurs. Partout ailleurs, l'agent national dut faire les courses de police. On laissa les notaires, en leurs études précédentes, à Blâmont, à Cirey, à Badonviller, à Réchicourt. On établit enfin, en 1797, deux bureaux de l'enregistrement, à Blâmont et à Réchicourt. Tout ce régime, installé en décembre 1794, fonctionna jusqu'à la constitution de l'an VIII (1801).

Dans ce temps d'accalmie, les populations, lasses des parades républicaines, s'enhardirent à demander la réouverture des églises et le retour des prêtres exilés. Les lois n'étant pas abolies, les autorités ne purent accorder de permissions, mais elles se montrèrent tolérantes. A Ancerviller, « une caste fanatique, écrit le maire Gérard, s'est mise en tête de rouvrir l'église et d'y indiquer des réunions au son de la cloche. Des femmes s'y rendent, r'habillent les autels et chantent des cantiques, comme au temps de la cy-devant religion catholique ; le tailleur, Voinson, est l'âme du mouvement, et le maître d'école, Fricot, partisan de ces pratiques, s'est permis d'introduire un mort à l'église et de chanter ses obsèques ». Le juge de Blâmont fit comparaître les délinquants et fut, malgré tout, bon enfant. Voinson, incapable de nier ou de se disculper, en fut quitte pour quelques jours d'arrêt ; Fricot put établir que son père, et non lui, avait introduit le corps, et que, se trouvant là, par hasard, il avait chanté des psaumes ; il fut invité à ne plus recommencer. A Badonviller, un certain Ory était chargé de sonner l'*Angelus* et avait la clé de l'église. Or, pendant qu'il montait à la tour, les fidèles se faufilaient dans l'église. Interrogé sur ce fait, il répond qu'il n'en peut mais et le juge se contente de lui recommander plus de vigilance. Des faits analogues se répétaient partout, ce qui n'empêchait pas les agents nationaux d'écrire en leurs rapports décadaires : « Les lois sont partout respectées, et l'ordre a été rétabli partout où nous l'avions vu troublé. » Les gens de Blâmont, reprenant la semaine catholique, affectaient de passer le *décadi* en costume de travail et le dimanche en beaux habits, au grand scandale du comité révolutionnaire, qui, en février, lance un blâme violent « contre les indifférents qui ne viennent pas au Temple faire l'office de la Décade avec la Société populaire et chanter des cantiques à l'Etre suprême ».

La poussée populaire fut telle que, le 31 mai, on obtint une certaine liberté des cultes. Sans que les lois précédentes fussent abrogées, il fut admis qu'après déclaration à la commune les cérémonies chrétiennes pourraient être célébrées dans les églises ou dans les maisons particulières. Aussitôt cette formalité fut remplie par les curés restés à leur poste, ou les religieux non exilés. Les prêtres éloignés ou emprisonnés rentrèrent et les paroisses du pays revirent les anciens offices, comme l'atteste ce rapport de Dumont (25 avril) : « Les prêtres choisis de préférence sont des prêtres constitutionnels ; dans l'église de Blâmont, louée à un particulier, on exerce la religion catholique, sans aucun signe extérieur; les communes des campagnes ont pris tout bonnement leurs anciennes églises pour y exercer le culte, et je n'ai pas cru devoir m'en mêler. »

En si bonne voie, les prêtres s'enhardirent à redemander leurs lettres de prêtrise, et, sur avis favorable du Procureur général, en date du 12 juillet, elles furent rendues sans difficulté (1).

Tous les esprits cependant n'admettaient pas également la tolérance, et l'irréligion officielle conservait ses partisans. Les lignes suivantes, de Fromental, écrites en 1796, laissent percer une pointe de jalousie qui nous étonne : « Le culte public devrait se conformer aux règles du calendrier républicain ; or, la tendance est de reprendre le culte catholique avec ses fêtes et ses dimanches... On échappe trop facilement à la loi du culte officiel, en faisant des offices privés, messes et vêpres, dans les maisons particulières. »

On en vint à un tel point de tolérance qu'au début de 1797 plusieurs prêtres émigrés essayèrent de rentrer dans leurs paroisses. Cherrier reparut à Réchicourt, Rondeau à Remoncourt, Claude à Herbéviller, Pierron à Blâmont (2). Mais leur séjour dura peu ; ils couraient trop de dangers. Chatrian était bien informé en écrivant de son exil : « Les prêtres rentrent, on devient plus humain en France, c'est vrai ; mais on n'est pas plus religieux ; qu'est-ce qu'un pauvre prêtre *quæsumus* (quêteur) peut bien faire y revenir ? »

Leur retour fit cependant du bien ; l'exemple de leur courage réveilla la conscience de plusieurs prêtres jureurs, et, comme ils avaient des pouvoirs spéciaux des évêques légitimes, ils purent réconcilier avec l'Eglise les schismatiques qui le désiraient. Cherrier rendit ce service à Lacour, d'Amenoncourt, qui eut dès lors une conduite tout à fait digne ; Gillot et Thomassin, prêtres cachés à Blâmont avec titres de *missionnaires apostoliques*, en firent autant pour Voinot, Gérard et Cristallin. Il fallut un certain courage pour persévérer dans ces rétractations, car la persécution religieuse recommença avec le coup d'État du 18 fructidor (5 septembre 1797).

2° Derniers sursauts de la Révolution

Le serment de *Haine à la Royauté et à l'Anarchie*, imposé à tous les fonctionnaires, fut la principale affaire de ce temps. C'était un acte

---

(1) *Archiv. départ.*, L., 629, 174.

(2) *Cherrier* resta à peine deux mois, il était déjà reparti en septembre, il mourut en 1800, on ne sait où. *Rondeau* fut d'abord assez mal reçu ; une veuve consentit à le loger ; ses vertus touchèrent enfin tous les cœurs et on ne le laissa pas repartir. Le prêtre intrus, vivant aux Rappes, était en bons termes avec lui. La police feignit de l'ignorer et il vécut là jusqu'à la fin de la tourmente. *Claude*, revenu, le 5 août, sur l'invitation d'un habitant, fut mal reçu ; Gley, l'ami d'autrefois, ameuta les gens contre lui et il n'eut même pas la joie de célébrer la messe ; il repartit en Allemagne. *Pierron* revint de Florence en avril, et y repartit en octobre.

anodin par lui-même, mais les circonstances le rendirent si odieux qu'au dire de Chatrian les magistrats eux-mêmes méprisèrent ceux qui le prêtèrent. Les prêtres du Blâmontois hésitèrent beaucoup avant de s'y soumettre. Thiry fit exprès le voyage de Nancy, pour consulter des hommes plus éclairés. On le retrouve quelques jours après, présidant un conciliabule, dans lequel une dizaine de ses confrères examinèrent la conduite à tenir. La plupart penchaient pour l'abstention, quand l'un deux, très subtil assurément, émit l'avis que, la Royauté et l'Anarchie étant des êtres de raison, elles n'entraient pas dans la catégorie des êtres dont la haine est défendue par la loi divine. L'argument fut péremptoire et dissipa tous les scrupules. Cependant Lacour, Cristallin et Thouvenin persistèrent dans leur refus; Voinot et Gillet furent mis hors de cause et ne furent pas inquiétés. Mais on reprit les tracasseries contre les autres réfractaires et on recommença les visites domiciliaires pour les retrouver. Le chartreux Lottinger, né à Blâmont, fut condamné à être fusillé, le 6 avril 1798 (1); Cristallin et Thouvenin s'enfuirent de Cirey et de Badonviller. On rechercha, en vain, les deux Colvis, émigrés rentrés; on arrêta, le 9 janvier 1800, Philippe Savoy, émigré, rentré chez son frère, curé de Tanconville. On fit d'autres perquisitions, notamment le 18 juillet 1798 et le 29 mai 1799, qui furent sans résultat.

Un rapport du 8 décembre 1798 fait un tableau navrant de l'état des paroisses : quatre prêtres seulement pour le canton de Blâmont, trois pour Badonviller, huit pour Cirey, cinq pour Leintrey, six pour Ogéviller. Plus de croix sur les tombes des cimetières; on s'obstine à préférer le dimanche au *décadi;* on ne s'attache pas aux fêtes républicaines, malgré les amendes et les poursuites (2).

Cependant les Théophilanthropes s'étaient mis en frais. Pour remplacer le culte de la Raison et de l'Etre suprême, déjà démodé, ils avaient imaginé des fêtes sentimentales, comme celles des fleurs, des époux, de l'agriculture, etc... Blâmont, peut-être par dépit, resta dans une sage réserve; mais Ogéviller et Leintrey eurent des manifestations exubérantes, où se retrouve certainement le génie inventif de ses deux agents nationaux. Pour célébrer la *Souveraineté du peuple* (3 ventose, an III), voici ce qui se fait à Leintrey. A 11 heures, la Garde nationale se met sous les armes, au son de la cloche; à midi, les autorités entrent à la mairie, puis un cortège s'ébranle vers l'église. En tête, marchent des garçons revêtus d'emblèmes symbolisant l'agriculture et l'industrie; un autre groupe porte les tables de la *Constitution* et les insignes de la *Liberté;* les autorités suivent en uniforme, enfin le peuple s'avance, encadré par les gardes nationaux. Sur l'autel de la Patrie, les emblèmes sont disposés en faisceaux harmonieux; le recueillement est peint sur les physionomies. Alors, le plus âgé donne au maire la formule à lire; c'est une exhortation à répudier tout préjugé, source d'esclavage,

---

(1) Voir Mangenot : *Les Ecclésiastiques de la Meurthe,* p. 424.

(2) Voir L., 172, 183, 184.

et un discours concis explique le texte ; le peuple applaudit, une symphonie se fait entendre, puis un cantique républicain ; puis le cortège s'ébranle à nouveau pour revenir à la mairie. La soirée est consacrée aux réjouissances et à la danse.

La même fête, un an après, donna l'occasion à Gley, agent national d'Ogéviller, de tonner contre les *royalistes* et les *anarchistes* « qui ne songent qu'à rouvrir les cachots et à relever les échafauds. Qu'avons-nous besoin des hommes aux numéros 18 et 93 ? Alors apparaît un défenseur de la Patrie, marqué de cicatrices glorieuses, qui chante d'une voix vibrante les couplets nationaux ; l'assistance est émue ; les gardes tirent une salve de boîtes » (1). A Blâmont, tout est plus simple : « On a planté un arbre de la Liberté ; ce fut une belle fête, agrémentée de deux mariages, célébrés sous cet arbre. »

L'impression causée par ces démonstrations étranges a pu incliner pour un temps les esprits vers l'impiété, mais un tel fatras ne réussit pas à déraciner les traditions catholiques, et Bonaparte fut acclamé, quand il proposa sa constitution de l'an VIII (15 décembre 1799). Les proscriptions cessèrent en 1800 ; le Concordat rétablit la vie chrétienne en 1801 ; la France allait changer de face.

3° Conséquences de la Guerre et réformes sous le Directoire

L'état de guerre, prolongé jusqu'en 1809, causa au pays des souffrances sans nombre. Après l'hiver de 1795, les denrées atteignirent des prix exorbitants, par suite de la disette et de la dépréciation des assignats. La simple façon d'une paire de bottes était payée 300 francs et le cordonnier n'y trouvait pas son compte. Une estampe allemande, où la haine a mis, sans doute, un peu d'exagération, représente une revue militaire à Mannheim ; l'accoutrement des soldats est sordide et leur tenue révèle la dernière misère. Après l'armistice signé par Pichegru, le 31 décembre, l'état des camps était réellement lamentable ; aussi les désertions se produisaient en masse. Pendant six mois on vit alors déboucher des Vosges, vers Cirey ou vers Badonviller, des bandes en haillons, qui s'échappaient de Strasbourg. Les gendarmes leur donnaient la chasse, mais, disent leurs rapports, ils ne pouvaient les atteindre, parce que les paysans les cachaient par pitié ou leur donnaient de quoi se réconforter.

Avec le temps, la conscription entra dans les mœurs et on écrit de Blâmont, en décembre 1796 : « Les soldats désignés se soumettent aux lois et prennent leur poste avec exactitude. » Ce qui n'empêche pas Potier de signaler sept évasions sur trente-quatre inscrits pour le canton

(1) Voir L., 162, 172, 182.

LE GÉNÉRAL COMTE KLEIN

D'après un portrait appartenant à Mme O. Elie, née Phulpin son arrière-petite-fille

de Leintrey, et, chose étrange, quatre de ces évadés sont des habitants de sa paroisse. Un peu plus tard, Bonaparte institua un contrôle pour le conseil de révision; cette mesure acheva de faire accepter le service militaire. On ne peut nier que la vie champêtre plaisait plus que le tumulte des camps. Cependant, dit justement Rivarol, « une fois arrachés à leur foyer et contraints à l'héroïsme, nos paysans devinrent avec leurs camarades les premiers soldats du monde, et ils firent trembler l'Europe, après être venus aux frontières en tremblant ».

Le Blâmontois eut sa phalange de soldats, issus de milieux divers, et plusieurs furent illustres, sous la République ou sous l'Empire. Il faut citer entre autres : *Jean-Claude Thouvenin*, qui devint juge de paix de 1803 à 1813; les *deux frères Fromental*, dont le dernier, Antoine, mourut à Montreux, vers 1840; les *deux Romer*, l'un, Auguste, né à Blâmont, grenadier intrépide, tué le 11 septembre 1798, en sautant dans une tranchée anglaise, et ayant assez de courage pour crier en mourant : « C'en est fait de moi, vos soins sont inutiles, prenez ma place »; l'autre, Joseph, neveu de Regnier et cousin du précédent, né à Toul, engagé dans l'Armée du Rhin, en 1794, puis, après des actions d'éclat, appelé à la Cour impériale, où il terminera sa glorieuse carrière sous la protection du Grand Juge. D'Amenoncourt sortirent *François* et *Jean Geoffroy*. Le premier, parti comme volontaire et devenu capitaine de hussards, continuera sa belle carrière sous l'Empire; nous le retrouverons plus loin. Le second, gendarme à Sarrebourg, resté légendaire pour son intrépidité et son amour de la discipline, fut décoré pour avoir capturé, au risque de sa vie, un brigand qui terrorisait la contrée. Terminons enfin par le plus célèbre de tous, le général *Dominique-Louis Klein*. Né à Blâmont, en 1761, de Jacques Klein, originaire de Hesse, et de Thérèse Mayeur, il entra dans les armées de la République en 1791, fut adjudant général après Fleurus, se couvrit de gloire dans l'Armée de Sambre-et-Meuse, et fut promu général de division, en 1798, en récompense de ses brillants états de services (1). Nous le retrouverons, plus tard, aux côtés des grands généraux de l'Empire.

Les réquisitions militaires de ces années mémorables ne nous émeuvent plus aujourd'hui. Elles furent alors un véritable fléau pour les lieux où passaient les troupes. Les corps d'armées se mettaient en marche uniquement avec un ordre de route donné par les chefs, et ils devaient se procurer, chemin faisant, tout ce qu'il leur fallait : armes, provisions et bagages. Est-il étonnant qu'à leur approche les paysans aient cherché à éluder leurs ordres de ravitaillement? Plusieurs enquêtes de la gendarmerie furent faites, pour ce motif, à Xousse, à Cirey, à Hablainville et dans les villages de la Verdurette. Parfois elles entraînèrent de fortes amendes, assez souvent elles finissaient par une menace comme celle-ci : « Apprends que ta tête est garante, envers la Nation,

---

(1) Il avait épousé, en 1783, Marie-Agathe Pierron, d'Herbéviller, et en avait eu : *Marie-Arsène-Edouard*, né en 1784, et *Charles-Joseph*, né en 1786, à Blâmont.

de la violation des lois. Quand il s'agit de la Patrie, tout intérêt particulier doit être oublié. » C'était beau comme doctrine, mais difficile à inculquer. On le vit bien quand la Nation aux abois lança sa grande souscription nationale. Si le département fut, en somme, peu généreux, le Blâmontois fut plus que réservé.

Cependant le commerce s'était fort accru, le trafic avait doublé sur les routes, et les marchés portant sur les denrées, le bétail et les immeubles avaient rapporté de beaux deniers. C'est le temps où nous vinrent en bon nombre des Juifs, originaires, comme leur nom l'indique, des principales villes du Rhin, et suivant les mouvements des armées pour contribuer à leur ravitaillement.

Léon Spire apparut un des premiers, vers 1793 ; d'autres le suivirent, comme Herz, Vormus, etc... Ils s'engageaient à fournir des chevaux, des grains, des fourrages, au risque parfois d'encourir de graves mécomptes avec l'Etat, devenu leur débiteur. On peut citer cet exemple. En 1799, 7.000 chevaux passèrent à Blâmont à une date qui importe peu. Lié par son contrat, Léon Spire s'empressa de fournir toutes les rations nécessaires. Or, après leur départ, le trésor oublia de payer la note, et il fallut plaintes sur plaintes, pour que l'intéressé obtînt enfin satisfaction. On ne dit pas cependant que cet incident l'aît appauvri.

Industrie et commerce se donnent la main d'ordinaire. Dans le Blâmontois, surtout agricole, il convenait de s'appliquer surtout à la fabrication des objets usuels les plus nécessaires. A la place d'ateliers d'armurerie longtemps prospères, Blâmont créa des tanneries, vers le milieu du XVIIIe siècle. On les installa le long d'un petit canal qu'on ouvrit entre la Voise et la Vesouze, au lieudit Moyenpré. Dans ce genre de travail réellement utile excellèrent les familles Vaultrin, Pierron, Kippeurt, Swach, Herz et Marin. Pour utiliser l'abondance de ses bois, Cirey se livra plutôt à la fabrication de la faïence et du fer. Avant 1760 déjà, Voltaire signalait toutes les richesses que l'on devait tirer du minerai de fer, très commun dans les terrains avoisinants. M. de Marmier, gendre du marquis du Chatelet, fit un timide essai en 1762 ; divers associés agrandirent la forge, en 1770 ; Benjamin Malherbe en fit un établissement qui rendit de réels services à la Nation pendant les guerres de la République. On cherchait le minerai non seulement à la *Minière* et au *Haut-Bois*, près de Hattigny, mais encore dans le vallon d'Allemcombe ; on y utilisait tout un peuple d'ouvriers réquisitionnés. Dans l'usine, on voyait « huit tournants sur la rivière, actionnant quatre soufflets, un martinet et deux grands marteaux ». Mais soudain, vers 1796, le travail fut arrêté et les commandes accaparées par des entreprises plus vastes. La forge devint papeterie, puis verrerie ; aujourd'hui la glacerie a une réputation mondiale.

Au même moment, Pacotte travaillait le fer d'une autre façon, dans la forge de Saint-Maurice. Il produisait surtout des armes et des outils pour l'armée : baïonnettes, piques, lances, pelles, pioches, etc... L'atelier, proche de la Blette, comprenait un *haut feu*, un marteau et un martinet et occupait une douzaine de forgerons. Vers 1820, Louis-François

Batelot, fils de Christophe Batelot, bien connu à Blâmont (1), continua et agrandit cette industrie. Les Aubry, de Badonviller, eurent un atelier, où ils fabriquaient des alènes. Les trois frères Pacotte reprirent, après leur père, des usines de faïencerie, qu'ils perfectionnèrent,à Cirey et à Pexonne.

Telle était la remarquable activité du district blâmontais, pareille à celle d'une ruche qui semble plus bourdonnante aux heures d'orage et de calamité.

---

(1) Christophe Batelot vint de Saint-Georges, vers 1780, fut l'un des principaux de Blâmont pendant la Révolution, maire de 1805 à 1816 et de 1826 à 1829; mort à Blâmont en 1829. Marié à Louise Laurent, il en eut : *Marie-Jacques*, né en 1785 à Blâmont, maître de forges à Abreschviller, puis fondateur de la forge de Blâmont, au Moulin-des-Champs, mort prématurément en 1829, et *Louis-François*, maître de forges à Saint-Maurice, mort en ce lieu en 1835.

QUATRIÈME PARTIE

Le Canton actuel de Blâmont

Cliché A. MUNIER.

RUINES DU VIEUX CHATEAU DE BLAMONT

I

Circonscription civile et religieuse du Canton actuel

1° La Constitution de l'an VIII

La Constitution de l'an III eut beau vouer haine à l'anarchie, elle n'en triomphait pas, même après cinq années d'essai. Celle que publia Bonaparte, en l'an VIII, fut plus efficace, puisqu'elle dure encore, sans changements importants. Ajoutons que le talent de Regnier contribua beaucoup à son élaboration. Les fonctions cessèrent d'être électives et le pouvoir central se réserva les *nominations,* sur présentation des assemblées électorales. La division administrative, comportant le *département, l'arrondissement,* le *canton* et la *commune,* fut ramenée à ce qui existe encore aujourd'hui ; point n'est besoin de la décrire.

On aurait pu faire du Blâmontois un arrondissement ; la petite ville le désirait et tenta des démarches en ce sens. Mais les vues du gouvernement furent tout autres ; son territoire fut attribué moitié à Lunéville, moitié à Sarrebourg. Le canton de Lorquin, où l'on fit entrer, dès le début, les environs de Cirey, jusqu'à Nonhigny et Parux, et les environs de Réchicourt, fut bientôt reconnu trop vaste. On le sectionna en 1814, pour former celui de Réchicourt, qui s'étendit jusqu'à Igney, Moussey et Avricourt. On sait qu'en 1871, ces deux cantons furent annexés à l'Allemagne, sauf Igney, qui fut rattaché à Blâmont, et Cirey avec cinq communes, dont on forma le nouveau canton de Cirey.

Dans la partie donnée à l'arrondissement de Lunéville, il y eut deux cantons avec Blâmont et Baccarat pour chefs-lieux. On en sait la composition, qui n'a pas varié, sinon en 1874, quand Badonviller obtint une justice de paix propre. Les premières nominations eurent lieu en 1803. A Blâmont, le juge fut Thouvenin ; son suppléant, Fromental, et son greffier, Chanel. Dans les communes, maires et adjoints furent aussi nommés par le préfet ; à Blâmont, le maire fut Fromental, jusqu'en 1805.

2° Le Concordat

Le désarroi des paroisses fut plus long à disparaître. Le Concordat était promulgué ; néanmoins la persécution continuait ; les prêtres assermentés n'osaient reprendre les offices publics ; quatre prêtres non jureurs disaient la messe en cachette (1) ; la plupart des cures étaient vides ; ceux qui les avaient occupées étaient morts ou s'étaient éloignés, pour ne pas succomber à la misère. Le premier souci des autorités religieuses et civiles fut de dresser la liste des succursales et des annexes. Blâmont, chef-lieu du doyenné, eut le titre de *cure* de deuxième classe. Les anciennes paroisses furent dénommées *succursales;* les *annexes* ne devaient pas avoir de *desservant* résidant ; toute chapelle *non reconnue* devait être fermée à tout exercice public du culte (2). Cette première mesure souleva de vives réclamations. Deux villages, Nonhigny et Chazelles, autrefois sans curé, devenaient succursales, c'était bien ; mais huit, qui avaient eu un curé, retombaient au rang d'annexe, et l'on ne pouvait s'y résigner. Les gens de Remoncourt firent valoir leurs trois écarts et supplièrent l'évêque de leur garder Rondeau ; le maire et le curé de Xousse s'y opposèrent, si bien que Rondeau dut aller à Kerprich.

---

(1) Hourdiaux à Foulcrey ; Dedenon à Igney ; Rondeau à Remoncourt, Saulnier à Harbouey.

(2) Archives de l'Evêché.

Vého réussit à devenir succursale, en 1804, à cause de sa population croissante. Reillon avait gardé son presbytère et y logeait un bon religieux, L'hôte, de Vého, qui était tout désigné pour être *succursalier;* mais Reillon n'avait plus son titre de cure et aucune raison ne le lui fit rendre. Le petit village dut se voir rattaché à Chazelles, à Vého, puis à Blémerey. Chazelles fut succursale jusqu'en 1806 seulement, et ne recouvra ce titre qu'en 1847. Halloville fut annexe d'Ancerviller, en 1822; Vaucourt, annexe de Xures depuis 1806, devint cure en 1840; Repaix, d'abord annexe de Gogney, retrouva un curé, en 1847, et eut Igney comme annexe.

Pourvoir toutes les paroisses de titulaires fut chose plus délicate encore. L'Evêque fut très bienveillant et tâcha de laisser en place les curés assermentés, en leur demandant un signe minime de soumission, avant de les réconcilier. Il aurait voulu aussi réintégrer les émigrés, mais les paroissiens ne le souffrirent pas. Ainsi Guillot s'étant représenté à Blâmont sur l'ordre de l'Evêque, la lettre suivante, écrite le 26 juillet, fit comprendre à l'autorité diocésaine que son ministère n'y serait pas fructueux. « La paix et l'union sont compromises par le retour de l'ancien curé... il ne convient pas; la plus grande partie ne l'estime pas... » Le mieux, pour Guillot, était de ne pas insister et d'aller à Saulxures-les-Bulgnéville, où il mourut en 1818. Voinot comprit que Gillot était mieux qualifié pour Blâmont, et il se contenta de Frémonville, mais Gillot ne fut pas le candidat de l'autorité et il fut placé à Gondrexange. C'est seulement en 1804 que fut nommé le premier doyen, en la personne de Mathieu, ex-curé de Chamagne, émigré et zélé missionnaire dans les Vosges.

Les cures totalement vacantes n'offraient pas moins de difficultés. Rien n'y attirait. Les églises étaient délabrées, les presbytères avaient été vendus pour la plupart, l'esprit public était lamentable. L'évêché fit de nombreuses nominations, après lesquelles on voit ajoutée cette courte note : « N'y est pas allé. » On peut même lire cette réflexion désolée : « Il faudrait des gendarmes pour mettre en mouvement cet ancien clergé. » Jusqu'en 1820, le personnel ecclésiastique fut très instable. Comment s'en étonner après une telle secousse? Il y a lieu plutôt d'admirer que les paroisses aient retrouvé d'assez bonnes dispositions pour garder dans la suite leurs pasteurs jusqu'à leur mort.

———*———

II

Sous le Premier Empire

1° Quelques serviteurs de Napoléon

Désormais le canton de Blâmont est fondu dans la grande famille française et ne présente plus d'histoire spéciale. Cependant, il garde une physionomie propre dont voici quelques traits principaux. La France triomphe, pendant que se déroule l'épopée napoléonienne, de 1804 à 1809, et le pays de Blâmont se relève lentement. Le budget du chef-lieu n'atteint d'abord que 2.000 francs ; les fêtes officielles n'ont qu'un programme restreint ; la société de musique, dirigée par l'organiste Debrun, ne reçoit que 214 francs, pour égayer les fêtes nationales et décadaires ; une somme de 855 francs est inscrite cependant, en 1810, pour doter une *rosière* qui consentira à épouser un militaire réformé pour des blessures. Les ressources augmentant, l'entrain finit par renaître.

Les anciens soldats sont à l'honneur et leurs exploits passent de bouche en bouche. Il en est beaucoup et plusieurs méritent d'être signalés. Geoffroy, d'Amenoncourt, fut à Austerlitz, Iéna, Friedland, Mosaïsk et suivit jusqu'au bout les campagnes de Prusse et d'Autriche. Arrivé devant Hall, en 1806, il lance ses hussards dans les rues, pêle-mêle avec un régiment d'infanterie ; les Allemands fuient ; le capitaine les poursuit bien en avant de ses hommes ; dans un carrefour quatre Prussiens le couchent en joue et il leur crie en allemand : « Vous êtes morts, si vous faites feu ». Son geste est si résolu que les ennemis abaissent leurs armes et se rendent. Dans une autre action, il affronte, avec vingt des siens, le feu de quatre pièces d'artillerie et de deux bataillons d'infanterie ; il franchit heureusement la zone de leur tir, tombe sur les artilleurs, et veut emmener son butin, quand surviennent 800 hussards d'Oussudun. Il les charge avec fureur, en traversant leurs rangs, puis tourne bride pour revenir encore à l'assaut ; il attaque le colonel et s'échappe sans blessure de ce stupéfiant corps à corps. On le retrouve en Espagne, à la veille d'Ocanna (juillet 1808). La bataille se prépare; Geoffroy, chargé de faire une reconnaissance, s'approche assez près du camp pour comprendre que l'ennemi attaquera le lendemain. En se retirant, il tombe au milieu d'un état-major espagnol. Engager le combat serait folie; il essaye alors de semer l'épouvante; il crie de toutes ses forces : « Escadron, en avant! » et il charge avec fougue. Les Espagnols, le croyant en force, le laissent passer et vont donner l'alarme aux leurs. La nuit se passa, l'arme au pied, et la bataille fut perdue pour l'ennemi, peut-être à cause de cet incident. Une autre fois, à la Palma (1810), Geoffroy soutient, avec soixante-six des siens, le choc de six cents cavaliers. Il reçoit trois coups de sabre et ne quitte le terrain que le dernier. Guéri au bout de vingt jours, il est de nouveau sur la brêche à Fuente del Canto, où il enlève seul une pièce de canon. Après la campagne d'Espagne, il se retrouve en Russie (1811). Devant les flots impétueux de la Gébora, l'armée se trouve arrêtée. Comme personne n'ose s'aventurer dans le fleuve, Geoffroy se précipite à la vue de tous, franchit heureusement le courant et s'écrie de l'autre rive : « Camarades, les canons sont ici, il faut les enlever. » Alors plusieurs colonnes s'ébranlent, traversent les flots et mettent en fuite l'adversaire.

La retraite de Russie fut fatale à la *Grande Armée*. Geoffroy, grièvement blessé à Moscou, en novembre 1812, guérit difficilement. Pourtant il fit encore son devoir à Dresde, le 17 août 1813. Mais, dès ce jour, la fortune lui fut contraire. On croit qu'il fut alors emmené en captivité et qu'il y mourut, sans pouvoir donner de ses nouvelles (1).

Le général Klein, déjà célèbre dans les Armées de la République, vit grandir son rôle et sa gloire aux côtés de Napoléon. Promu général et chef d'état-major, en 1799, il fit partie de l'*Armée du Danube*, sous les ordres de Jourdan et de Hoche, et, à la tête de ses hussards, exécuta des charges fougueuses contre la cavalerie de Barco, au nord de Coblentz. Après avoir guerroyé, en Suisse, contre les Russes, et contribué à la victoire de Zurich, il revint à l'*Armée d'Allemagne* et se battit à Stockach, à Schaffouse, à Hohenlinden, et il serait entré à Vienne, si le traité de Lunéville n'avait arrêté les opérations (9 février 1801). La croix de la Légion d'honneur récompensa ses services, le 11 décembre 1803.

Dans la campagne de 1805, Klein reprit le chemin de l'Autriche, avec un régiment de dragons, et réitéra ses exploits à Wertingen, à Albeck, à Merschen. Sa conduite fut alors si glorieuse que Napoléon daigna écrire dans son dixième bulletin de l'armée : « Le prince Murat a été très satisfait du général Klein. » Pareil éloge équivalait à un titre de noblesse; il augmenta l'ardeur de l'intrépide cavalier, qui décidément se surpassa à Austerlitz. La paix qui suivit permit au général de revenir à Paris et de contracter mariage avec Henriette-Marie-Thérèse d'Arberg, après avoir fait prononcer son divorce avec Marie-Agathe Pierron (1805). La guerre semblait nécessaire à son bonheur. Il reprit du service dans

(1) Michel : *Biographies Lorraines*.

la *Grande Armée*, en 1806, et contribua grandement à la victoire d'Iéna. Comme il parvenait à Vaisensée, ses 1.200 dragons tombent sur une masse de fuyards, qui forment l'armée du Prussien Blücher ; ils s'apprêtent à leur barrer la route, quand leur chef se présente et certifie qu'un armistice a été conclu après Auerstædt. Klein ne suppose pas qu'un officier puisse mentir et il le laisse passer. Mais le lendemain, la supercherie est découverte. Napoléon s'en indigne, et Klein n'a d'autre moyen de racheter son excès de loyauté qu'en infligeant, un peu plus tard, une défaite horrible à celui qui l'a trompé.

Ses hauts faits continuent en Pologne ; mais son étoile va pâlir. Il sera blessé à Eylau (1807) et devra renoncer à la carrière des armes. De retour à Paris, il sera comblé d'honneurs à la Cour impériale et nommé sénateur et comte, en 1808. Sa vie se prolongera jusqu'en 1845 (1).

Les deux fils de cet intrépide général se montrèrent dignes de leur père. Ils grandirent à Herbéviller, sous l'œil d'une mère généreuse et vaillante, puis s'enrôlèrent dans l'armée, en 1800, âgés respectivement de seize et quatorze ans. L'un, *Arsène-Edouard,* parvint au grade de chef d'escadron dans la Garde impériale, resta fidèle à Napoléon, même pendant les *Cent Jours* et se vit obligé de quitter l'armée, en 1816 ; l'autre, *Charles-Joseph,* moins heureux, fut tué au siège de Maëstricht, en 1809.

D'autres soldats, moins célèbres, méritent néanmoins d'avoir leur nom inscrit sur ce tableau d'honneur. Voici *Joseph-François Lafrogne,* dont la famille avait fourni des chefs à la *Garde nationale.* Il conquit brillamment les galons de capitaine et la croix d'honneur. Se trouvant en retraite à Blâmont, quand les Alliés firent invasion, il fut chargé par le Préfet de la Meurthe de former un *corps franc,* pour essayer d'arrêter l'ennemi. La petite troupe, organisée à Lunéville, allait se mettre en route, quand l'avalanche, arrivant plus tôt qu'on ne s'y attendait, vint la bloquer avant son départ. De retour à Blâmont, Lafrogne acheva sa carrière en 1855. Il était frère de François-Balthazar Lafrogne, qui fut notaire en 1813, député de la Meurthe de 1816 à 1826, et conseiller général jusqu'à sa mort, en 1846.

D'autres seraient aussi à mentionner, bien qu'ils soient moins célèbres, car il est peu de familles qui n'aient donné quelqu'un de leurs fils à ces bataillons fameux. Quelques-uns revinrent, et le récit de leurs aventures sur les routes de l'Europe émerveillait encore notre enfance ; mais combien d'autres restèrent sur les champs de bataille ou dans les steppes de l'Est !

2° Passage de Marie-Louise à Blâmont

Nous n'avons pas à raconter comment fut conclu le second mariage de l'Empereur avec l'archiduchesse Marie-Louise d'Autriche. Cette alliance, appelée à réconcilier deux nations trop longtemps rivales, fut

(1) Voir Dedenon : *Notice sur le général Klein ;* Pays Lorrain, août 1930.

fixée au 2 avril 1810. Pour venir en France, la Princesse prit le même chemin que Marie-Antoinette (1); Blâmont la vit arriver le 24 mars. Toujours fidèle au souvenir des anciens ducs, la population se mit en frais pour la recevoir.

Un arc de triomphe formant portique fut élevé à l'entrée, du côté de Sarrebourg. Des guirlandes, des banderoles couraient de maison en maison jusqu'à l'hôtel de ville. Là, un autre portique de verdure, dressé par les jeunes filles, portait cette large inscription : « Hommage de la ville de Blâmont à l'épouse chérie du grand Napoléon ». Trois fontaines jaillissantes projetaient, tout près, leurs gerbes de perles, que recueillaient des bassins bordés de mousse.. Jamais, sans doute, la parure de la coquette cité n'avait été aussi riche. Dès l'aube, les cloches et le canon annoncèrent la fête, et 10.000 personnes accoururent pour y assister. Les gardes nationaux de Blâmont et de Badonviller devaient former la haie. A l'heure voulue, un cortège imposant se porta à la rencontre de la berline impériale.

La réception eut lieu sur la place. Quand la voiture s'ouvrit, Marie-Louise apparut, souriante, et répondit aux vivats de la foule. Vingt-cinq maires étaient là, avec le clergé, les juges et les fonctionnaires de Blâmont, Badonviller, Cirey et Réchicourt. Le juge Thouvenin lut des vers ingénus; une jeune fille vêtue de blanc, coiffée en cheveux et ceinturée de vert, s'avança pour dire d'une voix tremblante : « Madame, la bonté dont toutes les actions de Votre Majesté sont accompagnées nous rassure, au moment où nous avons l'honneur d'approcher de Votre auguste personne. Cette bienveillance nous fait espérer qu'elle ne dédaignera pas le faible hommage que des jeunes filles viennent déposer à ses pieds. Les filles des anciens sujets de votre illustre Maison ont un double droit de vous parler de leur dévouement. Leur est-il permis de croire, Madame, que Votre Majesté, arrivée sur le trône le plus éclatant de l'univers, daignera conserver quelques souvenirs de cette simple offrande et des humbles vœux qu'ils osent mêler aux acclamations générales excitées par sa présence? »

Le maire fit ensuite un discours qui ne nous est pas parvenu. Alors, raconte Farquin, un villageois s'approcha et dit, en saluant : « Madame, rendez bienheureux notre grand Empereur et surtout... donnez-lui beaucoup d'enfants ». Sur quoi, Marie-Louise, se tournant vers la reine de Naples, répliqua avec malice : « Voilà un Français qui paraît bien impatient, qu'il attende au moins que je sois épousée ».

Ces instants furent trop courts. Les chevaux changés, le postillon claqua son fouet et la voiture partit vers Domèvre, à une allure rapide; elle arriva, le soir même, à Lunéville. Pour finir la fête, la musique vint, à 7 heures, rassembler le maire, les notables, les gardes nationaux, qui parcoururent les principales rues en criant : « Vive Marie-Louise! Vive

(1) Voir *Pays Lorrain*, 1910, p. 236.

la Lorraine! » Puis le bal fut ouvert et la première danse exécutée par le maire. Les pauvres avaient reçu une aumône extraordinaire (1).

Quelques semaines après, arrivait un cortège d'un autre genre ; il transportait, de Strasbourg à Paris, les restes du maréchal Lannes et du général de Saint-Hilaire. Blâmont fit bon accueil à la dépouille de ces braves ; un service funèbre fut célébré, le 27 mai, et la Garde nationale rendit les honneurs. L'esprit public était attaché à l'Empereur.

A la naissance du roi de Rome, Blâmont délégua son maire, Batelot, pour porter à Paris « l'hommage du dévouement sans bornes de ses administrés, avec leurs vœux pour le souverain et la santé de son épouse ». A cette occasion, le maire vit Regnier et lui présenta une pétition tendant à transférer à Blâmont le tribunal de Sarrebourg, en souvenir de l'ancien bailliage. Mais l'heure était mal choisie : on avait, à Paris, d'autres soucis, et l'affaire fut oubliée.

3° Le déclin de l'Empire

La désastreuse campagne de Russie ébranla l'étonnant prestige de Napoléon. D'abord, on était las de ses levées d'hommes, qui dévoraient tous les forces vives de la Nation. Puis on s'émut des souffrances qu'enduraient les survivants de la Grande Armée, quand ils furent rapatriés, en 1812. L'hôpital de Blâmont dut en recueillir un nombre considérable, pendant une longue année, et il ne fut jamais indemnisé. A Lunéville, il y en eut jusqu'à 2.000, qu'on fut obligé de loger dans un camp retranché. Enfin, le comble fut la nouvelle du désastre de Leipzig, bientôt suivi de l'invasion des vainqueurs (octobre 1813).

Le maréchal Victor et le général de Ségur, chargés de retarder le flot envahisseur, passèrent, l'un dans la vallée de Celles, l'autre à Blâmont, dans les premiers jours de janvier 1814 (2). Tout de suite après, survinrent les Alliés, qui pénétrèrent à Lunéville, le 14. Un corps était passé par Sarrebourg. sous les ordres de Vittgenstein ; trois armées arrivaient par la trouée de Raon, sous la conduite de Schwarzenberg.

L'occupation se prolongea jusqu'au 8 juin. On vit alors défiler à profusion les Bavarois, les Prussiens, les Saxons et les Russes. Leur discipline était passable, mais leurs exigences furent une ruine pour le pays. Les soldats étaient nourris par les habitants. Blâmont dut payer au commandant de place 25 francs par jour, pendant deux mois, faire les frais de son chauffage, de ses convois, et fournir le nécessaire à ces hôtes peu commodes ; le pire fut la menace du typhus et d'autres maladies

(1) Extrait du Registre des Délibérations de Blâmont.

(2) Voir Benoit : *Invasion de 1814 ; Mémoires du général comte de Ségur*, III, p. 103. — Bouvier : *Les premiers Combats de 1814*, p. 37. — Erckmann-Chatrian : *L'Invasion ou le fou Yégof*.

contagieuses (1). La mortalité prit soudain, à Blâmont, de telles proportions qu'on mit, d'urgence, à exécution le projet, depuis longtemps envisagé, de créer un nouveau cimetière, plus vaste que celui qui entourait l'église. Pour cela, un jardin, clos de murs, fut acheté sur la route de Barbas; il garde encore maintenant sa destination. Pour les militaires, qui décédèrent en très grand nombre, on choisit un champ, au lieudit : *A l'Etang,* non loin du chemin de Repaix. On l'appela *cimetière Russe,* mais, en consultant les registres, il apparaît que presque tous les morts furent des Bavarois ou des Prussiens.

Pour couvrir toutes ces dépenses, la ville emprunta 300.000 francs, qu'elle trouva sur place. D'autres villages subirent des calamités pareilles; Domèvre, en particulier, perdit, par suite du typhus, des habitants en si grand nombre, qu'on dut les enterrer aux *Hayes de Mignéville.* Partout l'invasion russe resta parmi les souvenirs les plus sombres du passé.

Les sévices contre les personnes furent plutôt rares. Le fait suivant, cependant, nous est conservé par un registre de Blâmont. Vers la fin de l'occupation, des paysans du voisinage s'organisèrent en bandes, pour tracasser l'ennemi. Rencontrant, un jour, aux abords de la ville, un convoi qui transportait divers effets d'un major russe, certains de ces partisans l'assaillirent et le dévalisèrent, sans toutefois blesser les conducteurs. Grande fut la colère du major, quand il l'apprit. Après avoir imposé une amende formidable, il menaça de brûler la ville, si on ne lui donnait pas satisfaction. Batelot, Lafrogne père et le docteur Lahalle coururent à Nancy, pour implorer le Préfet. Au lieu d'être écoutés, ils furent emprisonnés comme responsables et ne recouvrèrent la liberté qu'en versant la somme exigée, après l'avoir reçue d'amis complaisants. Les vrais coupables, ajoute le document municipal, furent recherchés; on soupçonna fortement un certain Michel Krick et un autre habitant de Blâmont, mais on n'eut pas de preuves convaincantes.

Malgré l'occupation, la nouvelle de l'élévation au trône de Louis XVIII (3 mai) parvint assez vite à Blâmont. Aussitôt fut affichée la proclamation suivante, sous la signature de Fromental, Pierron, Lahalle et Vaultrin : « Confiance! vos peines sont finies, espérez à l'avenir d'être plus heureux! Un prince, qui a des droits à votre amour, remonte sur le trône de ses ancêtres. Comme tous les bons Français, ralliez-vous autour de ce trône antique. Vive le Roi! Vive Louis XVIII! » Une telle explosion de royalisme étonne à bon droit, de la part de Fromental; il faut y voir surtout un effet de l'aversion qu'avait déchaînée l'Empire.

Le 23 mars 1815, Napoléon étant rentré aux Tuileries, après son évasion de l'Ile d'Elbe, Blâmont s'abstint de toute adresse à son égard. Les officiers municipaux prêtèrent simplement le serment qui leur était demandé (4 mai), puis Batelot démissionna, quelques jours après; il fut

---

(1) Voir *Journal de la Lorraine et du Barrois,* 6 mai 1814.

remplacé, à la mairie, par Thomassin, du 30 mai au 20 juillet, puis par Balthazar Lafrogne.

A la fin des *Cent jours*, la déchéance impériale causa moins d'inquétude que le retour des Bavarois. Ceux-ci, aussitôt entrés à Lunéville, le 26 juin, coururent arrêter partout la formation des *corps francs*, dévoués à Napoléon. Ils savaient que Viriot, de Nancy, et Brice, de Lorquin, s'efforçaient d'en équiper ; ils leurs donnèrent la chasse (1). Brice fut cerné au milieu des Russes qui arrivaient par Sarrebourg, et dut se rendre à discrétion au général Orloff, à Frémonville, le 8 juillet.

Chaque village revit les exigences de l'invasion précédente. A Blâmont, trois commissaires surveillaient la distribution des denrées réquisitionnées. On vit passer, en juin, la maréchale Barclay de Tolly, femme du grand chef de l'armée russe, et le Prince royal de Bavière, dont le dîner fut payé 11 ducats. Le 50e russe, cantonné du 27 juillet au 29 août, resta légendaire dans le pays, où l'on se redit encore sa facilité à user du knout et sa manie singulière de couper la queue des chevaux que le hasard lui faisait rencontrer. Cette occupation heureusement dura peu. Les Russes s'écoulèrent, dès le 21 décembre ; pour le 17 janvier 1816, les derniers Bavarois avaient disparu. Le traité d'Aix-la-Chapelle, signé le 9 octobre, avait rétabli la paix pour de longues années.

---

(1) Brice Nicolas Noël, né à Lorquin en 1781, était capitaine dans la Garde impériale en 1814. Il rentra dans l'armée en 1830, fut général en 1848. Il mourut à Nancy en 1861, commandeur de la Légion d'honneur. Voir Benoit : *Les Corps francs du Commandant Brice ;* Annuaire de 1852 ; Pays Lorrain, 1926.

III

Sous les trois dernières Monarchies

1° Sentiments royalistes de la contrée

C'est avec une joie sincère qu'on vit, chez nous, Louis XVIII remonter sur le trône des Bourbons. Qu'on ne s'étonne pas de ce brusque revirement de l'opinion : le peuple était las des régimes précédents et désirait la paix. A Blâmont et dans les environs, la sympathie pour la monarchie fut plus marquée ; dans la vallée de la Vesouze, au contraire, elle fut empreinte d'une réserve plus froide, probablement à cause de Lunéville.

Docile aux instructions du sous-préfet, M. de Moulon, notre petite ville se mit, dès les premiers jours, à supprimer ses aigles, cocardes et autres emblêmes impériaux ; elle réorganisa sa Garde nationale (3 décembre) ; réalisa une souscription pour les besoins de l'Etat, qui produisit 6.443 francs, et renouvela son conseil municipal (1). Batelot fut maire et Fromental, l'aîné, juge de paix (8 janvier 1816). A l'anniversaire du 21 janvier, il y eut une émouvante cérémonie de réparation, que relate le registre des délibérations. Les dignitaires et la population y assistèrent sans exception. Le 25 février suivant, se présenta le sous-préfet pour apporter un drapeau à la Garde nationale. La fête fut grandiose. Après la revue du bataillon et la remise de son insigne, toute l'assistance se rendit à l'église. Le curé Mathieu expliqua longuement le sens de la bénédiction qu'il allait donner au drapeau blanc, et recommanda la fidélité à son égard ; la foule répondit à sa harangue, en chantant à pleine voix : *Domine salvum fac regem*. Toute la soirée se passa ensuite en festins, en danses et en multiples réjouissances

(1) Il ne resta de l'ancien conseil que Lahalle, Pierron et Thomassin ; furent éliminés Gérard, Fromental, Vaultrin, Jacquot, Mercier et Lafrogne ; furent élus à leur place Antoine, Batelot, Chatton, Duchamp, Hertz et Mathis.

A la date du 2 mai, nous trouvons, dans le même registre des délibérations, sous ce simple titre : *Désaveu de l'attentat du 21 janvier 1793*, plusieurs pages chargées de signatures. A la suite de celle du chevalier Gérard de Vivier, officier de cavalerie, on lit : « Né le 25 janvier 1793, je n'ai pu donner mon aveu à la mort imméritée de Louis XVI, mais j'ai vécu avec le regret de ne l'avoir pas connu, et particulièrement de n'avoir pu le venger. » Aucun détail n'indique la raison, ni les circonstances de cette manifestation.

Les réjouissances du 15 juin, motivées par le mariage du duc de Berry, le futur Charles X, furent vraiment populaires. A la messe solennelle, le chant du *Domine salvum fac* fut accompagné d'une salve de pétards, tirés par les gardes nationaux, et le maire s'écria : « Jurons, mes amis, de lui être toujours fidèles, de le défendre jusqu'à la dernière goutte de notre sang. » Dans la soirée, un brillant cortège parcourut les rues; le maire portait le buste de Louis XVIII et faisait crier : « *Vive le Roi! Vivent les Bourbons! Vivent les Augustes Epoux!* » La joie la plus pure et la concorde la plus parfaite n'ont cessé de régner pendant ce jour d'allégresse, et la ville de Blâmont semblait ne former qu'une seule famille, ajoute le même registre. A voir des sentiments si spontanés, nous sommes loin, certes, de la *Terreur blanche* dont, au dire de certains auteurs, le spectre assombrit cette époque.

Cependant des calamités attristaient encore la région. Les récoltes étaient loin d'être satisfaisantes; la disette de 1815 s'aggrava en 1816; le blé se paya 120 francs le resal; les pommes de terre, 40 francs; le pain, 5 francs la miche de huit livres. L'année 1817 fut meilleure et le marché aux grains fut rétabli. Une autre plaie consistait dans les rapines, commises par des vagabonds qui infestaient le pays. Pour les faire cesser, Blâmont organisa un corps de *veilleurs de nuit*, qui, d'heure en heure, faisaient la ronde dans les rues et dans les jardins. Ce service de garde ne cessa qu'en 1825, quand il fut reconnu inutile. La suppression de la conscription avait enchanté le peuple; mais cette joie ne pouvait durer; l'état des peuples réclamait une armée permanente. Une loi du 10 mars 1818 rétablit la conscription, et une autre, du 9 juin 1824, porta le service militaire à huit ans. Comme cette durée parut trop longue, on l'abaissa à sept ans, en 1832, et c'est la règle qui fut observée jusqu'en 1873.

2° Eléments nouveaux de prospérité

A partir de 1820, l'essor fut rendu à toutes les activités. Les profits agricoles ramenèrent le bien-être dans les villages, et les bénéfices du commerce rétablirent la richesse dans la petite ville. Blâmont, redevenu bourgade affairée et industrieuse, se montra plus que jamais soucieuse de progrès et de distinction, désireuse d'égaler les grandes villes par l'élégance de sa société bourgeoise. Partout reprirent les pratiques chrétiennes, remises en honneur par les *missions*. On redressa, aux abords des chemins, les croix abattues. On rendit aux clochers leurs voix de bronze :

trois cloches à Blâmont, en 1829; autant à Verdenal et à Autrepierre, en 1821.

On fit aux églises les aménagements nécessaires : un bâtiment tout neuf à Nonhigny, en 1820; une nef et une tour à Frémonville, en 1827; une nef à Verdenal et à Vaucourt, en 1832; un presbytère à Autrepierre ,en 1827, et une maison d'école au même lieu, en 1830.

A Blâmont, les locaux de l'hospice devenaient insuffisants : ils furent agrandis, en 1827. Ceux de l'hôtel de ville surtout criaient misère : ils furent remplacés par l'édifice actuel, dont le dessin est dû à l'architecte Jeandel.

Le budget, porté à 9.707 francs de recettes, en 1828, permit de réorganiser la compagnie des pompiers et de restaurer les fontaines, ainsi que les pavés des rues. Tous les services communaux se virent ainsi redressés l'un après l'autre.

Cette bonne administration fut l'œuvre de Christophe Batelot. A sa mort, en 1825, son fils, Charles-Marie-Jacques, lui succéda comme maire (1), et fut aussi soucieux des intérêts de tous. Il fit placer le buste de Louis XVIII sur la fontaine de la place Royale, et celui de Regnier, sur la fontaine appelée Massa, située en face de la rue de Domèvre. Il fut enlevé par une mort prématurée, en 1829. A ses qualités de magistrat, il joignait les talents d'un industriel émérite. Il avait établi, au Moulin-des-Champs, en 1826, une taillanderie ou Forge, qui porta au loin le renom de Blâmont par ses produits estimés.

Cette époque voyait éclore des initiatives industrielles, qui s'appuyaient sur des inventions toutes récentes et qui eurent du succès. Les tanneries étaient en plein essor; elles seraient encore florissantes, si les procédés modernes n'avaient tué les entreprises restreintes.

Le tissage mécanique fut essayé, en 1825, par Martin et Horrer, tous deux cousins de Batelot. Ceux-ci avaient acheté les dépendances du château et y avaient établi des *métiers*. La production avait ainsi doublé, mais la mode devint défavorable aux étoffes de *droguet*, et le marché ne demanda plus que les *cotonnades coloriées*. Il leur fallut abandonner l'entreprise, après un demi-succès. Cependant la voie était ouverte, et les frères Lémant, israëlites, y installèrent des aménagements nouveaux, qui comprenaient à la fois filature et tissage. Leurs procédés réussirent et progressèrent tellement que, vers 1850, ils transportèrent leur matériel à Val-et-Châtillon, et y créèrent une vaste usine qui grandit de jour en jour. Leur exemple fut suivi par des industriels, dont les produits avaient moins de vogue, en particulier par les faïenciers de Badonviller et de Domèvre. Leurs établissements, transformés en filatures, fournirent du travail pendant plusieurs années, puis sombrèrent, vers 1850, pour des raisons diverses.

---

(1) Né à Blâmont, en 1785, il épousa Louise Dufays et en eut deux filles : *Catherine*, mariée, en 1840, à Emile Mathis, de Grandseille, et *Mathilde*, mariée à Aymar le Harrivel de Gonneville, de Nancy. Son frère, Louis-François-Marie, se fixa à Saint-Maurice, vers 1820, et y exploita la forge de ce lieu, jusqu'à sa mort, en 1835.

Loin de rester indifférente à ce réveil économique, l'agriculture chercha aussi à perfectionner ses méthodes et son outillage. Il n'était bruit alors que des progrès réalisés par le savant agronome Mathieu de Dombasle, dans sa ferme modèle de Roville. On alla voir sa charrue perfectionnée et étudier sur place sa méthode de dressage pour les chevaux, question capitale en un temps où les diligences jouaient un si grand rôle. L'idée vint d'établir des concours, et Blâmont fut choisi pour le lieu de la première réunion, à la date du 22 août 1824. Ce fut une fête extraordinaire, dit l'*Annuaire* de 1825, par le nombre des concurrents, le choix des poulinières et le brio des courses; douze prix de 1.000 francs furent distribués; parmi les gagnants figurent Spire, Helluy et Bella, de Blâmont; tous les autres sont de la région de Sarrebourg.

Les pouvoirs publics avaient soin d'encourager tous ces progrès. On sait qu'en 1820, le sous-préfet de Lunéville fonda une *Société agricole*, qui fut comme le prélude du *Comice agricole* réorganisé, le 26 novembre 1846, sur les bases actuelles (1). Les caisses d'assurances contre l'incendie, fondées depuis peu, entrèrent dans les mœurs; Blâmont paya sa première prime pour les bâtiments communaux en 1821. L'État songea enfin à multiplier les routes, pour faciliter les transports. Il en fit une, en 1826, entre Ogéviller et Baccarat, par Hablainville. Une autre fut demandée entre Dieuze et Baccarat, mais on hésita, jusqu'en 1832 pour en fixer le tracé; finalement on en créa deux, vers 1834, l'une partant de Bourdonnay, par Vaucourt et Vého, pour rejoindre, à Ogéviller, la route de 1826; l'autre, passant par Moussey, Igney, Blâmont, Domèvre et Merviller. Le rapport, qui fut présenté à ce sujet par le maire de Blâmont, dresse un vrai bilan industriel de la région, en établissant que cette route rendra service aux plâtreries de Maizières, aux forêts de Réchicourt, aux scieries et verreries de Cirey, aux faïenceries de Hablutz, Frémonville, Badonviller, Domèvre et Pexonne, aux fabriques d'alènes de Badonviller, Petitmont et Saint-Sauveur, aux fabriques de drap de Gogney, à la blanchisserie de Sainte-Agathe, aux deux filatures de Domèvre, aux forges et taillanderies de Blâmont, aux moulins de la Vesouze, à la poterie de Tanconville, aux carrières de grès de Cirey, du Val et de Parux. Deux ans plus tard (1836) fut créée la route de Blâmont à Cirey et à Saint-Quirin; en 1845, celle de Blâmont à Badonviller; en 1848, la rectification de la route nationale par Saint-Georges, pour éviter la funeste descente de la Haye-des-Allemands, et, en 1860, la route d'Ogéviller à Badonviller, qui était déjà en projet pendant la Révolution. Ce fut la dernière. Désormais l'attention fut attirée plutôt vers les canaux et les chemins de fer.

Le règne de Charles X, assez favorable en somme, sombra brusquement dans la journée du 30 juillet 1830. Pendant que la Révolution

(1) Le premier concours de ce Comice à Blâmont, eut lieu en 1847; il se renouvela chaque sept ans, puis chaque neuf ans après 1870.

grondait à Nancy et qu'à Lunéville s'affichaient des préférences non douteuses pour le nouveau régime, Blâmont se tint calme et attendit.

3° La Société bourgeoise sous la monarchie de juillet

Louis-Philippe fut vivement approuvé, quand il rétablit la *Garde nationale*, supprimée en 1828 par Charles X. Aussitôt Blâmont consacra 1.800 francs à l'achat de 150 fusils, de tambours et autres instruments de musique; les gardes payèrent eux-mêmes leur uniforme. Un ordre, venu de Paris, en mai 1831, établit son règlement. Le bataillon cantonal, comprenant 596 hommes, fut divisé en huit compagnies : trois de 100 hommes à Blâmont, une de 96 à Frémonville, une de 53 à Barbas et à Verdenal, une de 53 pour Autrepierre, Repaix et Gogney réunis.

Le bel enthousiasme du début fut de courte durée. En 1838, toutes les compagnies furent réduites de moitié, et encore, pour éviter double emploi, elles durent incorporer dans leurs rangs les sapeurs-pompiers. Voici les noms des officiers, élus pour trois ans, en 1840 : chef de bataillon, Julien Lafrogne; porte-drapeau, Louis Duchamp; capitaines, Mézières et Rousselot, de Blâmont, Hatton, de Frémonville, Dedenon, d'Autrepierre, Hovasse, de Barbas, Cosson, de Verdenal. Ces milices, que les malicieux couplets de Nadaud ont rendues fameuses, servirent surtout à parader dans les banquets et à constituer un auditoire pour les discours officiels. Elles plaisaient néanmoins à la bourgeoisie de ce temps, et c'est avec peine que le peuple les vit disparaître, quand le décret du 11 janvier 1852 restreignit leur nombre aux seules villes importantes, comme Lunéville.

Louis-Philippe affectait des manières bourgeoises qui contribuèrent beaucoup à sa popularité et lui valurent un chaleureux accueil dans toutes les visites qu'il fit en inaugurant son règne. Nos régions eurent le bonheur de le recevoir, en juin 1831. A Lunéville, ce fut le 16. La principale cérémonie fut une revue de toutes les troupes qui composaient son remarquable camp de cavalerie; le défilé des cuirassiers fut particulièrement impressionnant. Aux côtés du Roi figuraient les jeunes ducs d'Orléans et de Nemours, ses deux fils, le maréchal Soult, ministre de la guerre, le maréchal Gérard, le comte d'Argout, ministre du commerce, les généraux Baudrand et Athalin, ses aides de camp.

En se rendant à Phalsbourg, le lendemain, la Cour traversa Blâmont et s'y arrêta. La réception que lui fit la petite ville est restée légendaire dans le pays, et les circonstances de cette journée mémorable ont fait l'objet de maints récits pittoresques, bien capables d'émerveiller nos jeunes oreilles. Une foule immense se massait sur la place; les villages atteignaient alors le chiffre maximum de leur population; toutes les rues étaient encombrées de calèches, de chars-à-bancs, des véhicules les plus divers. La Garde nationale au grand complet et revêtue de son imposant uniforme présentait les armes. Quand le Roi fut descendu de son carrosse, le maire, Adrien Lafrogne, se présenta pour lire son compliment. Les politesses du Roi à l'égard de deux notables de Montreux, Aubert et Fromental, à qui Sa Majesté serra la main, furent très remarquées. Ce dernier, en guise de salutation, avait récité cette stance, qui n'a rien du lyrisme de Lamartine :

Fêtons le passage
Du Roi juste et sage.
C'est l'ami des hommes.
Oui, tous, tant que nous sommes,
Fêtons le passage
Du Roi juste et sage.

Un autre assistant, s'adressant à Mlle de Montauban, avait imaginé un quatrain non moins lyrique :

Vive Louis-Philippe et son auguste race!
Adoptons pour toujours le chemin qu'il nous trace;
Avec les sciences, la paix, les bons beaux-arts,
Nous aurons du commerce aussi les bonnes parts.

Le Roi entendit avec bonhomie et sans sourciller ces poésies naïves, pendant que son entourage se déridait franchement. Chaque jour, du reste, lui donnait l'occasion de savourer ces improvisations populaires. La fête fut trop courte en sa sincère cordialité. Le brillant cortège reprit aussitôt sa marche, au milieu des vivats enthousiastes. Pour caractériser l'aisance de ce temps et l'administration débonnaire de ce règne, les anciens répétaient volontiers que ce fut l'époque des *pièces de cent sous.*

Malgré l'incontestable progrès de l'agriculture et de l'industrie, nombre de personnes partaient alors vers l'Amérique, pour y faire fortune. Etait-ce la conséquence d'une population trop abondante, ou l'effet d'un courant d'émigration, comme il en souffle parfois? Peu importe. Ce mouvement ne dura guère, et les déceptions furent fréquentes. S'il y eut quelques colons heureux — les fameux oncles d'Amérique — la plupart des émigrants revinrent bientôt, plus pauvres qu'avant leur départ.

Dans la mère-patrie, du reste, on était servi à souhait. Des édiles intelligents et probes dotaient la ville de Blâmont de toutes les améliorations désirables : réverbères à huile, pour l'éclairage des rues (1833), écoles de filles agrandies (1835); subventions pour l'hôpital et pour l'Association des Dames de Charité; création d'une synagogue et d'un cimetière pour la communauté israëlite (1).

---

(1) Cette Communauté comptait alors une centaine de membres; elle eut, pour ministres officiants : MM. Lévy, mort en 1870, et Marx, jusqu'à 1903. Herbéviller eut aussi des familles israëlites jusque vers 1880; une cloche de l'église honorait le trépas de leurs membres, parce qu'elles avaient voulu participer aux frais de la sonnerie. D'autres éléments non catholiques sont aussi à signaler en divers lieux : à *Blâmont*, une colonie de Réformés de l'Eglise de Metz, au nombre de trente, amenée à Blâmont, vers 1841, par Gogelein, brasseur; une autre de la Confession d'Augsbourg, introduite vers 1848, toutes deux disparues bientôt après; à *Herbéviller* et surtout à *Repaix*, une colonie d'Anabaptistes, originaires d'Alsace, perpétuée jusqu'à nos jours.

A cette époque, on eut peu d'épreuves à subir. En 1833, apparurent des cas isolés de choléra. Le 14 juillet 1846, une grêle terrible ravagea le canton, surtout Gondrexon et Remoncourt. La nuit du 16 août 1847 vit s'allumer à Blâmont un violent incendie, qui dévora sept maisons de la rue des Voileurs, et jeta sur le pavé dix-huit ménages, composés de soixante-deux personnes.

A l'activité déjà fiévreuse vinrent s'ouvrir des champs nouveaux, au grand profit de la richesse publique et du bien-être général. La rumeur populaire annonçait la création d'un canal destiné à unir la Marne au Rhin. Où passerait-il et qui en bénéficierait? Le Blâmontois s'y crut un instant intéressé, mais ce pays fut jugé trop accidenté et la région des étangs lui fut préférée. On décida qu'à partir de Dombasle le canal remonterait la vallée du Sanon, passerait au large de Réchicourt et de là gagnerait Sarrebourg. Les travaux commencèrent en 1835. Les services d'une voie navigable peuvent s'étendre au loin; ils semblent cependant avoir peu contribué à la prospérité de notre industrie locale.

Une invention plus merveilleuse ne tarda pas à captiver l'attention des esprits. Ne parlait-on pas de chars de feu, capables de traîner, sur des voies ferrées, des charges énormes et à une vitesse inusitée? Des expériences, faites autour de la capitale, paraissaient concluantes.

En 1838, le Ministre saisit les Chambres d'un projet de ligne reliant Paris à Strasbourg. Trois ans se passèrent sans qu'on pût soupçonner la direction qu'elle prendrait, ou même si Nancy serait sur son parcours. Enfin, en 1841, ce dernier point fut décidé. Aussitôt Lunéville offrit 100.000 francs pour que la voie traversât son territoire, au lieu de suivre le canal vers Einville, comme il en était question. Blâmont, à son tour, s'empressa de faire savoir que, n'ayant pas d'argent, il donnerait volontiers une partie de ses forêts, pour bénéficier de ce nouvel agent de progrès.

En 1842, les Chambres approuvèrent le trajet par Nancy, en réservant le mode à adopter pour la traversée des Vosges, difficulté paraissant très considérable à ce moment.

Trois projets furent alors présentés. Un premier songeait à emprunter la vallée de la Moder, par Vic, Dieuze et Sarralbe; mais le voisinage de la Bavière parut au génie militaire un danger réel, qu'il fallait éviter, et l'on n'en parla plus. Un second voulait gagner la Bruche, par Raon et Schirmeck; mais il réclamait un tunnel de 13 kilomètres sous le Donon, et ce travail parut alors impraticable. Un troisième projet proposait de rejoindre Saverne, en utilisant la trouée de la Zorn. Il y avait encore là nombre de difficultés, cependant elles furent jugées moins ardues. Restait à préciser le trajet entre Lunéville et Sarrebourg.

Dans sa séance du 29 août 1843, le Conseil général de la Meurthe estima qu'il convenait de remonter la Vesouze. La municipalité de Blâmont se hâta d'appuyer cet avis, en indiquant deux moyens de gagner Sarrebourg, à savoir : passer par Saint-Georges, ou par La Frimbole et Lorquin. Ce parcours, pourtant rationnel, fut rejeté pour des raisons inavouées. Des familles influentes de Cirey, Blâmont et Bénaménil, craignirent, dit-on, le renchérissement du bois nécessaire à leurs industries; les paysans, ajoute-t-on encore, redoutèrent pour leurs récoltes la noire fumée des locomotives. Toujours est-il qu'à partir de Marainviller, le tracé s'engagea dans une région maussade, pour atteindre Avricourt et Héming. Une halte était prévue seulement à Avricourt. Une autre fut demandée pour Réchicourt, en 1851. La station d'Emberménil fut concédée plus tard, et celle de Laneuveville-aux-Bois, vers 1895.

Commencés en 1844, les travaux furent activement poussés. Lyautey, ingénieur à Sarrebourg, fut chargé de la 4e subdivision, allant de Leintrey à Hommartin; du House, ingénieur à Nancy, s'occupa de la 3e, allant de Dombasle à Leintrey. Les premiers trains circulèrent en 1850, et l'inauguration solennelle, par le prince Louis-Napoléon, alors président de la République, eut lieu, le 18 juillet 1852. La pluie, ce jour-là tombait à torrents. Le Prince se contenta d'aller de Lunéville à Lutzelbourg et d'en revenir, sans même se montrer à la portière, puisque, par ce temps affreux, personne n'était venu pour le saluer.

Quand les progrès récents eurent substitué la houille au bois dans les puissants foyers des usines, Blâmont, et plus encore Cirey, regrettèrent de n'avoir pas accepté la voie ferrée. C'est pour réparer la faute commise, que la famille Chevandier de Valdrôme voulut créer l'embranchement qui relie Cirey à la grande voie. Mais encore fallut-il ici décider si la nouvelle voie desservirait les importants villages de la Vesouze jusqu'à Marainviller, ou si elle rejoindrait Avricourt, point le plus rapproché. De vives discussions s'engagèrent, qui ne sont pas encore oubliées. Le sénateur Varroy trancha le débat en imposant la ligne la plus courte, qui compte seulement dix-sept kilomètres. Le tracé commença en 1866 et l'inauguration eut lieu, en mai 1870. La construction de la voie coûta 1.624.000 francs. La guerre suspendit son trafic jusqu'en 1872.

Quel régime, en ce siècle, a été capable de donner satisfaction complète? Malgré sa popularité, le roi Louis-Philippe dut abdiquer et s'enfuit, le 26 février 1848, devant une révolution provoquée par la réforme électorale. Dès que cette nouvelle fut connue, la municipalité de Blâmont cessa ses fonctions; une commission provisoire fut nommée, le 11 mars, et Collesson remplaça Lafrogne à la mairie. Son premier acte fut de protester contre la suspension du juge de paix Vaultrin, mais sa démarche fut vaine, et Quintard fut envoyé pour rendre la justice jusqu'en 1851. Les élections du 4 juin reconstituèrent le corps municipal, avec Collesson pour maire et Spire et Cholet pour adjoints : le budget dépassait 25.000 francs.

Les arbres de Liberté furent de nouveau en faveur, et la plupart des communes s'empressèrent d'en planter. A Blâmont, la cérémonie eut lieu, le 9 avril, et passa inaperçue. Il en fut de même dans les environs, sauf à Leintrey, où se produisirent de graves désordres. Les partisans de Boiselle, maire suspendu, arrachèrent à deux reprises l'arbre de la Liberté, maltraitèrent Masson, le nouveau maire, et pillèrent la caisse communale. La justice intervint et, jugeant les gendarmes trop peu nombreux pour rétablir l'ordre, fit appel à cinquante hussards de

Lunéville. Neuf des principaux coupables furent emprisonnés (1). Les fêtes de la *Fraternité* (28 avril) et de la *Concorde* (21 mai) n'eurent aucun succès et il n'en fut même plus question. Peu après, la suppression des ateliers nationaux provoqua des bagarres sanglantes à Paris. On apprit avec émotion que plusieurs enfants du pays y étaient mêlés. Boris, de Blâmont, capitaine au 52e de ligne, se couvrit de gloire, en combattant pour l'ordre, et fut récompensé par le grade de chef de bataillon. Marchal, de Merviller, sergent de grenadiers, fut promu sous-lieutenant, pour avoir pris un drapeau aux insurgés et forcé une barricade. Par contre, Vigneron Jules, d'Ogéviller, et Moniel, de Badonviller, se virent condamnés à la déportation, pour s'être trouvés parmi les factieux.

L'opinion de Blâmont ne se montra pas favorable à la République : rien n'y fut modifié à la suite du nouveau régime. Dans la plupart des communes, au contraire, les maires furent changés aux élections de juillet. Lorsqu'il s'agit, le 10 décembre, de choisir entre Napoléon et Cavaignac, notre canton prouva son bon esprit, en donnant 2.566 voix au premier et 410 seulement au second; nul autre canton n'émit un vote aussi sage. Le prince Napoléon ralliait les partisans de la Royauté et ceux de l'Empire, et n'effarouchait pas outre mesure les républicains, tandis qu'à Lunéville, ces derniers criaient sous les yeux souriants du sous-préfet : « Vive la République ! Vive Napoléon ! » (2).

L'année 1849 fut marquée par la troublante apparition du choléra. Le fléau, heureusement, resta limité à trois foyers : Bertrambois, qui eut quelques victimes; Emberménil, qui eut 58 cas et 17 décès; Vého, qui eut 35 cas et 15 décès. Le reste du canton en fut quitte pour la peur.

Dès 1850, on pouvait deviner le changement de constitution que devait réaliser le coup d'Etat du 2 décembre 1851. L'autorité du Prince-Président était si bien assise que le pouvoir lui fut offert, peut-on dire, par la faveur du peuple. Le plébiscite recueillit dans notre canton 3.216 *oui* et 162 *non*. Après la proclamation de l'Empire, le second plébiscite de ratification fut plus unanime encore, puisque, sur 3.682 électeurs inscrits, 25 bulletins seulement furent réservés, 63 négatifs, et les autres affirmatifs. Mieux que tout autre indice, ces chiffres font connaître le véritable esprit de la contrée.

---

(1) *Petites Affiches de Lunéville*, 8 avril 1848.

(2) *Journal de Lunéville*, 13 janvier 1849.

IV

Sous le Second Empire

1° Prospérité persistante

L'aisance et le progrès continuèrent sous le règne de Napoléon III, comme au temps de Louis-Philippe. Deux années, cependant, 1853 et 1854, furent mauvaises : les récoltes furent médiocres et le choléra fit de nouvelles victimes. La date de 1854 reste toujours terrifiante, à cause des brusques effets de ce mal asiatique. Blâmont compte trois décès; Ancerviller, quarante-huit; Nonhigny, deux; Remoncourt, quatre; Frémonville, un. Les médecins prodiguèrent leurs soins; les sœurs de l'hospice coururent à Neuviller, Frémonville, Avricourt, partout où les appelaient les familles. Le fléau reparut deux ans plus tard, mais sans pénétrer dans le Blâmontois. La guerre de Crimée (1853) et la guerre d'Italie (1858) causèrent aussi quelques angoisses, mais ce furent les seuls points noirs dans une période de vingt années.

Les statistiques de la population, publiées par l'Annuaire du département, accusent les chiffres les plus élevés, vers 1848 : Blâmont, 2.521 habitants; Ancerviller, 789; Autrepierre, 333; Domèvre, 1.116; Domjevin, 530; Harbouey, 622; Herbéviller, 619; Leintrey, 664; Vého, 337. Depuis ce temps, le niveau ne cessa de s'abaisser.

Avec une population aussi florissante, le pays ne pouvait que présenter la plus vive animation. Aussi quelle allégresse dans la bruyante affluence des *fêtes patronales*, des *séances de conscription*, des jours *de vente* ou *de marché*. Chaque vendredi, Blâmont faisait l'effet d'une fourmilière affairée, se précipitant vers les *Halles*. Au point du jour, c'était le vacarme du marché aux petits porcs; peu après, le murmure confus de la vente du beurre, de la volaille, des œufs; plus tard, le silence plus grave des opérations froidement calculées sur le blé et les autres céréales. Les *ménagères* avaient vite fait leurs emplettes et n'encombraient pas la rue, mais les *messieurs* s'attardaient plus volontiers, sauf à rentrer avec la face enluminée. Il fallait cela, croyait-on, pour *faire marcher le commerce*. De fait, il se brassait une masse d'affaires où le

Cliché Pierson.

Eglise de Blamont

juge de paix, les notaires, le banquier, même les hôteliers avaient à intervenir, au grand profit de leur considération et le leur fortune.

La petite ville restait vraiment le centre de la région et montrait ce que peuvent l'intelligence, le bon esprit et l'entente réunis. Elle eut, du reste, la bonne fortune de posséder alors plusieurs hommes de haute valeur. Son maire, Emile Mathis de Grandseille (1), nommé en 1853, justifia pleinement la confiance de ses concitoyens et occupa son poste jusqu'en 1876. Chef indiscuté du parti royaliste, dénommé *blanc,* on peut dire qu'il personnifia l'*esprit conservateur.* Son nom a gardé toutes les sympathies. Le docteur Lahalle (2) fut non seulement un médecin savant et dévoué jusqu'à s'exposer à la mort au cours de l'épidémie de 1812, mais encore un agronome avisé, qui améliora la pomme de terre et la luzerne, vulgarisa le sainfoin à deux coupes, étudia la fermentation du raisin, montra les avantages de l'irrigation pour les prairies et mérita, pour ses essais multiples, le grand prix de la Société d'Agriculture. Sa bienfaisance l'avait placé en si haute estime qu'aussitôt connue sa maladie, la foule courut à l'église pour demander sa guérison et lui fit, après sa mort, des funérailles triomphales. Le docteur Lesaint (3), son gendre, fut, comme lui, un praticien habile, un savant et un philanthrope. D'autres, d'une moindre renommée, tels que les Lafrogne, les Collesson, les Vaultrin, les Duchamp, les Rousselot, furent aussi des hommes bienfaisants et environnés d'estime.

Bon nombre de personnes s'appliquaient à rendre plus florissante l'œuvre charitable de l'hôpital. Les legs Chatton, de Sailly-Pindray et Fidry avaient un peu relevé les ressources de cet établissement, en partie ruiné sous la Révolution et l'Empire, mais c'était encore insuffisant. La ville dut lui venir en aide, sous forme de subventions annuelles, qui furent constamment renouvelées depuis 1820. Un conseil d'administration, composé de sept membres, qui avait comme président, le maire, et comme receveur, le percepteur, fut chargé de gérer ses intérêts. Une *Association de Dames de Charité* (4) lui fut annexée, en 1838, pour distribuer des aumônes, en dehors du *Bureau de Bienfaisance,* qui existait depuis 1826. Grâce à tous ces concours, l'hôpital disposait, en 1840, de quatorze lits fondés, pouvait abriter gratuitement vingt orphelines et recevoir plusieurs malades ou infirmes payants.

Bientôt ses finances furent assez prospères pour permettre d'agrandir certains locaux insuffisants (1860) et de restaurer la chapelle actuelle, qui fut inaugurée solennellement, en avril 1866.

---

(1) Emile Mathis, fils de Louis, propriétaire de Grandseille depuis 1814, fut capitaine de Pontonniers et d'Artillerie, chevalier de la Légion d'honneur. Il se maria à Blâmont avec Catherine Batelot, qui lui donna : *Claire-Marie,* mariée à Charles Haldat du Lys; *René,* né en 1847, garde-général des forêts; *Marie,* mariée à Frédéric d'Hausen. Elu conseiller d'arrondissement après son père, puis conseiller général, de 1865 à 1874, il mourut à Blâmont, en mars 1889, âgé de 85 ans.

(2) Jean-Baptiste Lahalle, né à Vomécourt (Vosges), en 1776, étudiant à Strasbourg, élève à Paris du célèbre chirurgien Bichat, conseiller d'arrondissement vers 1815, mort en 1843. Sa biographie a été publiée par le Docteur Lesaint, son gendre.

(3) Jules Lesaint, né à Azerailles; établi à Blâmont, vers 1825, après son mariage; mort vers 1895; auteur de plusieurs rapports sur la science zoologique, notamment sur l'*Hélix personnata* et sur le saurien, dénommé par Meyer : *Simosaurus gaillardotii.*

(4) Cette association reçut, en 1869, un legs important de M. Vaultrin, pour l'habillement de vingt pauvres et pour l'achat de costumes devant servir aux premiers communiants.

Il est juste d'attribuer aux Sœurs de Saint-Charles une part importante dans ces succès. Elles n'étaient que trois, au sortir de la Révolution : *Sœur Monique Petit,* qui mourut du typhus en 1813, âgée de 59 ans; *Sœur Agnès Comtois,* morte en 1808, âgée de 73 ans; *Sœur Joseph Leclair,* morte en 1828, âgée de 76 ans.

Les supérieures suivantes furent : *Sœur Adelaïde Pant,* dont la mort, en 1830, causa d'unanimes regrets; *Sœur Odile Debord,* morte en 1845; *Sœur Denise Granier,* qui obtint de porter à sept le chiffre de sa communauté. Toutes ses religieuses montrèrent un dévouement héroïque, en

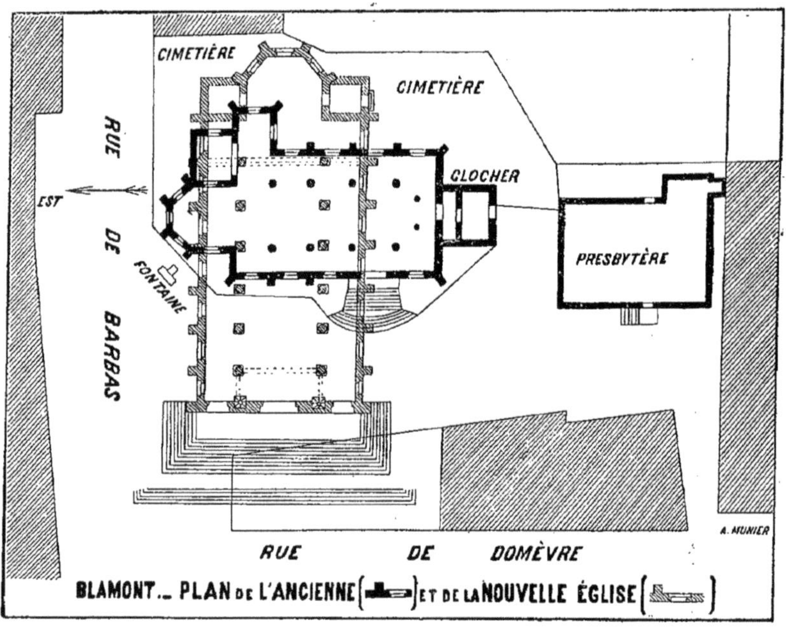

BLAMONT.— PLAN DE L'ANCIENNE ( ) ET DE LA NOUVELLE ÉGLISE ( )

1854, pendant l'épidémie de choléra. Elle mourut le 25 avril 1872. Lors de ses funérailles, les habitants rendirent à sa mémoire un hommage inoubliable de reconnaissance; l'infirmité cependant l'avait forcée à céder sa place à *Sœur Philomène Nicolas,* qui fut Supérieure jusqu'en 1878. Nous nommerons encore les religieuses qui reposent au cimetière, dans des tombes gracieusement concédées par la ville : *Sœur Hélène Najean,* morte en 1889; *Sœur Anastase Garré* (1892); *Sœur Gabrielle Germain* (1899); *Sœur Eusèbe Vermerot* (1910). Point n'est besoin de vanter les établissements de ce genre, car les miséreux ne sauraient trouver meilleur refuge que dans un asile situé dans leur pays natal, au milieu d'horizons connus, sous la garde de la charité religieuse.

Une autre entreprise eut aussi le don de susciter de magnifiques efforts et une entente unanime : c'est la construction de la nouvelle église. Depuis un siècle, cette œuvre s'imposait, mais on la retardait, en remaniant, vaille que vaille, l'ancien édifice, resté, malgré tout, trop exigu. Vers 1850, les murailles présentaient des lézardes inquiétantes, la toiture

Cliché A. Munier.

Intérieur de l'église de Blamont

était vermoulue, et le clocher, si endommagé que la petite cloche, dite Fromental, s'en détacha, au risque d'écraser plusieurs personnes. L'Evêque de Nancy, en apprenant le fait, se hâta d'interdire la vieille église.

On décida de faire du neuf; mais en quel emplacement et dans quel style? Ces questions passionnèrent l'opinion, sans hâter l'exécution. Les professeurs du collège donnèrent, un jour, à leurs plus grands élèves, ce sujet de dissertation : « Indiquer les projets concernant la nouvelle église; discuter le pour et le contre. » Jamais devoir de classe ne fut pris plus au sérieux. Un élève, plus tard l'abbé Melnotte, remporta le prix pour son plaidoyer en faveur de l'ancien emplacement. Sa thèse reflétait les sentiments de la population et sauvegardait les souvenirs du passé, mais elle ne prévalut pas. Le conseil municipal et le judicieux curé Mengin (1) décidèrent que la nouvelle église longerait la rue de Barbas, à une faible distance de l'ancienne et dans un milieu plus accessible. L'architecte Vautrin, tout épris d'art gothique, dressa des plans, dans le genre de ceux qu'il exécutait alors à Baccarat, sauf qu'il mit deux tours au portail. L'édifice n'en fut que plus majestueux.

Chacun voulut contribuer aux frais; une souscription fournit 36.000 francs. Une dame Marie Comte fit un legs de 10.000 francs. L'abbé Marsal affrit 35.000 francs, réalisés par l'habile gestion de son collège. La ville prit le reste à sa charge en escomptant une subvention de l'Etat, qui fut seulement de 10.000 francs. Le tout coûta 100.000 francs. C'est pour concourir à cette œuvre que, dans l'hiver de 1852, on imagina une cavalcade historique qui représenta le duc René II, venant prendre possession de sa bonne ville de Blâmont. Toute la contrée accourut pour la voir se dérouler, le 17 février 1853. C'était le lundi gras. Hérault d'armes, trompettes, duc de Lorraine avec quatre pages, gouverneur avec quatre pages, d'autres personnages, tous ornés de costumes splendides, parcoururent les rues, au milieu d'une foule émerveillée. La journée fut splendide : un gai soleil faisait étinceler les frimas, et les trois capucins firent bonne recette en fermant la marche du cortège. En cette fête de carnaval, la petite bourgade se retrouvait toute lorraine et, ce qui est aussi bien, tout aristocratique dans ses goûts.

La première pierre fut posée, le 20 octobre 1852, et l'édifice fut achevé quatre ans plus tard. Dans l'intervalle, les offices furent célébrés dans la chapelle du collège. La bénédiction fut donnée par Mgr Menjaud, le 6 septembre 1856. Le curé-bâtisseur était rayonnant. Poète à ses heures, il servit à ses convives une longue pièce de vers, renfermant des compliments délicats pour toutes les personnes qui l'avaient secondé. Il sentait le poids des ans. Il crut pouvoir chanter son *Nunc Dimittis,* et demanda que son cher abbé Marsal devint son bras droit, pendant qu'il jouirait d'un repos bien mérité. Ses vœux furent exaucés et il resta curé honoraire jusqu'à sa mort, en février 1868.

2° Les Ecoles et le Collège

Après la Révolution, le désir de s'instruire grandit de jour en jour dans toutes les classes de la région. Toutes les communes eurent leur

(1) Joseph Mengin, né à Domjevin, en 1797, curé de Frémonville (1825), de Blâmont (1834) jusqu'à sa mort, très apprécié pour son humeur toujours plaisante.

école primaire, parfois logée misérablement, mais suivie tout au moins pendant l'hiver. Au milieu d'elles, Blâmont fut un vrai foyer de lumière, grâce à des concours multiples habilement utilisés. L'école primaire était encore mixte en 1807; Nicolas Charron, maître vénéré, la dirigeait depuis vingt-deux ans. Un vœu unanime réclama des classes séparées pour les filles. Le conseil, rappelant les traditions de bonnes manières, implantées par les Religieuses de Notre-Dame, obtint, après plusieurs démarches près du Préfet, qu'une sœur Vatelotine, avec l'aide d'une compagne, tînt une école pour « enseigner la lecture, l'écriture, le calcul et les travaux manuels propres aux filles ».

Les deux premières maîtresses furent *Sœur Aprône Robert* et *Sœur Louise Henry*. Dès l'ouverture de leur classe, en 1808, elles eurent 130 élèves, dont 90 payantes. En 1812, une troisième Sœur fut appelée pour diriger les travaux manuels. On en demanda une quatrième, en 1827, et deux autres, en 1842. On songea à créer une salle d'asile, en 1845, et un cours supérieur, avec pensionnat, en 1849. La Congrégation de la Doctrine-Chrétienne se prêta volontiers à ces améliorations, et la ville donna, sans marchander, son appui et ses subsides (1). De 1845 à 1880, l'enseignement congréganiste eut, comme émule, une institution libre, tenue par les dignes demoiselles Tanche (2). De ces deux maisons, qui d'ailleurs vécurent toujours en bonne harmonie, sortirent toutes les dames et demoiselles qui devinrent l'élite de la région.

L'enseignement des garçons fut aussi soigné que celui des filles et fut donné par des maîtres aussi recommandables. Ce furent Louis Tanche, de 1810 à 1832; Joseph Barthélémy, de 1832 à 1842; Michel, de 1842 à 1854; Charles Barthélemy, de 1854 à 1876. On crut utile, vers 1854, d'ouvrir aussi un cours supérieur, et les deux Frères Théodore et Hippolyte, de la Doctrine-Chrétienne, enseignèrent avec succès, dans des locaux ayant appartenu aux Capucins; mais la guerre de 1870 fit tomber leur entreprise. Le plus brillant effort pour développer la science fut sans contredit l'institution du Collège municipal, où, pendant un demi-siècle, la jeunesse de la région reçut l'instruction secondaire.

Cette initiative sembla aux édiles de Blâmont une suite naturelle de la classe de Latinité, qu'avait reprise l'Abbé Fidry (3), en 1802, et que

---

(1) Ne pouvant nommer toutes les religieuses qui passèrent à Blâmont, il nous faut citer au moins les deux Supérieures, dont le souvenir reste vivant parmi les anciennes élèves : *Sœur Hyacinthe Bouissant,* si dévouée à *ses enfants terribles,* et *Sœur Eudoxie,* professeur émérite, dont les succès ne se comptaient plus. Les Blâmontais ne nous pardonneraient pas de ne pas mentionner aussi *Sœur Bernardine Grandadam,* la légendaire maîtresse d'asile, qui émerveilla et moralisa si bien leur première enfance.

(2) Elles étaient filles de Louis Tanche, excellent instituteur, qui préconisa le système dit : *école mutuelle,* consistant à faire répéter les leçons dans les *cercles* d'enfants de même force. Elles donnèrent à leur pensionnat le nom d'Ecole Mutuelle et Manuelle.

(3) Pierre Fidry, né à Metz en 1745, chanoine régulier, marié à Domèvre en 1794, réconcilié et veuf, se fait professeur à Blâmont et y meurt en 1826, âgé de 80 ans; a laissé tous ses biens à l'Hospice.

continua l'abbé Lebon (1), jusqu'en 1819. Pour se conformer à la loi, la ville déclara qu'elle voulait ouvrir une *école normale* ou *collège communal* avec quatre maîtres laïcs. Louis Tanche, instituteur, en était nommé *Principal.* Mais, un an après, il fallut revenir à l'abbé Lebon, que l'on pria de choisir ses aides. Il prit des ecclésiastiques et réussit

COLLÈGE DE BLAMONT

(ancien couvent des Religieuses de Notre-Dame)

assez pour songer à créer un *Internat.* La ville, entrant dans ces vues, acquit et aménagea progressivement les bâtiments des Religieuses de Notre-Dame. En 1827, il y avait dix-huit internes et quantité d'externes, dont les meilleurs enfants de l'école, admis comme boursiers de la ville. Les résultats furent tels que le conseil inscrivit sur son registre ce bel éloge du *Principal :* « L'Abbé Lebon, prêtre plein de zèle et de talent, a fait fleurir le collège au plus haut degré. » Cependant, à bout de forces, le digne ecclésiastique dut abandonner sa tâche, le 7 mai 1833, et la céder à l'abbé George, puis à l'abbé Champion, neveu de Mgr Donnet, qui ne firent que passer. De 1837 à 1841, l'œuvre périclita, au grand regret de la ville, qui voyait prospérer, au contraire, tous les collèges semblables au sien, à Vic, à Fénétrange et ailleurs.

Pour un suprême essai, le conseil s'adressa au vicaire qui, depuis

(1) Louis Lebon, né à Bezange-la-Petite, en 1790, vicaire de Blâmont, curé de Gogney de 1815 à 1841 ; mort à la Collégiale de Bon-Secours en 1871.

quatre ans, se faisait apprécier aux côtés du curé Mengin, l'abbé Marsal (1), et lui laissa toute initiative, en lui promettant tous les subsides nécessaires. Sans plus tarder, l'actif Principal organisa salles d'étude et de classe, dortoirs, cours de récréation et même potagers. Il rêva d'une institution capable de faire obtenir le baccalauréat et chercha des maîtres compétents. Plusieurs furent remarquables : les abbés Guyot, Rolle, Gérard, Richard, Petitcolas. Le célèbre compositeur Marteaux y dirigea une fanfare, que l'on devine excellente. Le règlement fut celui d'un séminaire; l'entrain à l'étude fut merveilleux, l'éducation soignée. L'uniforme comprenait la tunique militaire en drap bleu de roi, avec col bleu clair et boutons d'or, ornés du chiffre B; le pantalon de même avec bande bleu clair; le ceinturon de cuir et le képi à la française avec galon d'or. On a dit que cette gent écolière fut parfois bruyante, voire même indépendante; la vérité est qu'elle n'eut point la crainte qui éloigne du maître et qu'elle usa entre élèves d'une franche camaraderie. Les quatre plus sages avaient le titre et le rôle de sergents et répondaient de l'ordre. Cette surveillance était suffisante et bien acceptée. Pour les offices religieux, on aménagea, en 1848, une magnifique chapelle, dont on peut encore admirer les nervures et les chapiteaux gothiques, malgré les mutilations de la dernière guerre.

Les plus beaux temps de cette institution sont compris entre 1840 et 1860; le nombre des internes s'élevait jusqu'à cent. Il en sortit un grand nombre de médecins, d'officiers, de notaires et d'autres personnalités importantes; il s'y prépara une pléiades d'ecclésiastiques, qui laissèrent des noms vénérés dans le pays.

L'abbé Marsal fut remplacé, en 1856, par le jeune abbé Voinot, qui resta seulement deux ans Principal, et par l'abbé Hauteville, qui prit le titre de Supérieur (1858). Les études furent toujours bonnes, mais la discipline, dit-on, se mit à péricliter, pour avoir excédé de rigueur. Survint à Nancy Mgr Lavigerie, dont le désir d'innover est bien connu et qui voulut rendre diocésains tous les collèges communaux. La rentrée de 1863 se fit avec un personnel tout nouveau : l'abbé Gondrexon, supérieur; l'abbé Georges, directeur; l'abbé Gascon, économe, remplacé plus tard par l'abbé Blondot. Sans que le mérite des maîtres fût en cause, le collège alla en faiblissant jusqu'à la guerre; en 1869, il n'y avait plus que douze internes. A Vic et à Fénétrange, il en fut de même. La vogue était aux grands lycées; les chemins de fer facilitaient l'accès des grandes villes; les gens de la province voulaient avoir mieux que les éléments locaux, qui leur avaient suffi jusque là.

Quand la guerre éclata, en juillet 1870, la date de la sortie fut avancée et il n'y eut plus de rentrée, du moins pour les ecclésiastiques. Pourtant, après l'occupation, en 1873, la ville voulut rouvrir un établis-

---

(1) Jean-François Marsal, né à Saint-Maurice, en 1810, vicaire de Blâmont en 1836, principal du collège, auxiliaire, puis successeur du curé Mengin, jusqu'à sa retraite, en 1877.

sement qu'elle croyait toujours utile. Elle s'adressa à M. Gérardin, précédemment directeur d'un petit pensionnat à Insming, et lui donna comme aides M. Labourel et deux répétiteurs. Les études furent restreintes aux matières scolaires et aux rudiments des lettres. L'Internat fut peu fréquenté et en hiver seulement. Vers 1880, il fallut se résigner à fermer les portes d'une institution, qui n'avait pas manqué de gloire.

3° La Guerre franco-allemande

Vers la fin de l'Empire, l'esprit du Blâmontois s'était grandement modifié. Des rêves de liberté l'avaient détaché de Napoléon III, de sorte qu'au plébiscite du 8 mai 1870, il se trouva 107 bulletins nuls et 414 bulletins d'opposition, sur les 3630 inscrits et les 3.158 votants du canton. Non seulement les villages de la Vesouze se laissaient gagner à l'idée républicaine, mais aussi les autres milieux, plus attachés, jusque là, au parti Conservateur.

Arriva bientôt un cruel lendemain : la guerre déclarée le 15 juillet, et les hostilités commencées de suite.

Sur l'initiative de son maire, Blâmont vota, le 24 juillet, un secours de 1.000 francs pour les blessés, prépara cent lits dans le collège et attendit. La compagnie de la Garde mobile fut organisée par le capitaine Mézières et le lieutenant Genfeld.

On sait les pénibles résultats des batailles engagées, le 6 août, près de Haguenau, et la retraite précipitée du corps d'armée de Mac-Mahon. Le mardi 9, arriva, par la route de Sarrebourg, l'avant-garde, puis le gros des troupes vaincues. C'était une cohue lamentable de soldats de toutes armes, le visage hâve, sans ordre, la plupart sans fusil ou sans sac. Ce spectacle est toujours là dans nos yeux d'enfant. Les cavaliers, dont la mission était plutôt de protéger les fantassins, continuèrent leur route, et laissèrent ceux-ci camper à Blâmont pendant une nuit. Au petit jour, tous avaient repris leur marche, non sans avoir dévalisé auberges, boulangeries et épiceries.

Les fuyards étaient à peine partis qu'arrivaient déjà les Allemands. Le soir même, ils s'étaient emparés de tous les services municipaux et agissaient en maîtres. Leur avance méthodique fut si rapide que, le surlendemain, 12 août, à midi, un escadron de uhlans mettait pied à terre au centre de Lunéville.

Le dimanche 7, tous les conseils municipaux avaient dû être renouvelés, mais il ne sortit du vote que des conseils incomplets. A Blâmont, neuf membres élus constituèrent une commission provisoire, qui fut chargée de parer à toutes les éventualités. Chacun d'eux remplit son mandat avec tact et probité : c'est le témoignage qui se trouve annexé au procès-verbal de mai 1871, alors que finissait ce mandat.

Les troupes allemandes, passant en courant, durant tout le mois d'août, imposèrent ça et là des réquisitions brutales. Le Prince royal avait mis à la charge des communes les rations à fournir; soit deux francs par homme et par jour, et quarante-cinq francs pour les officiers.

Dès le 8 septembre, les troupes d'occupation s'installèrent dans le pays et logèrent les bureaux de leurs services à l'hôtel de ville de Blâmont. Le 15 septembre, le modeste bourg apprit avec stupéfaction qu'il lui faudrait payer une contribution annuelle de 30.907 francs, sans compter les impôts fonciers, qui devaient se lever à part, et les droits indirects, dont un tiers devait être servi aux Prussiens. Pour satisfaire à ces exigences imprévues, le maire, Mathis de Grandseille, obtint de ses amis un prêt à la ville de 20.000 francs. Au 31 décembre, les dépenses pesant sur les habitants atteignirent le chiffre effrayant de 99.300 francs. Peu après, il fallut payer la quote-part de la taxe imposée au département, puis celle de l'amende infligée à cause du pont de Fontenoy. Bientôt les charges de toutes sortes furent telles qu'elles dépassèrent sept fois la valeur globale des revenus fonciers. Le maire, Mathis, crut devoir implorer la clémence de l'empereur Guillaume, en faisant valoir la dette flottante de la ville, qui se montait à 50.000 francs, mais il n'eut pas l'honneur d'une réponse, et il fallut de nouveau recourir à un emprunt de 30.000 francs. Ces embarras financiers s'arrangèrent peu à peu, dans la suite, grâce à l'habileté de la commission municipale, grâce surtout au dévouement de MM. Mathis et Cholet, maire et adjoint, dont le nom ne peut-être oublié.

Les autres villages du canton eurent à résoudre des difficultés pareilles, bien que moindres. Mieux valaient ces plaies d'argent que la dévastations, les incendies ou les massacres, qui souvent viennent les aggraver : c'était la guerre et la France était battue.

La région, relativement préservée, fut prompte à se relever. En deux années, notre généreux pays sut se libérer de l'énorme dette des cinq milliards.

Blâmont subit, jusqu'au dernier jour, la présence des troupes allemandes d'occupation. Elles étaient logées dans des baraquements, dressés près du pont du Xa, dans la prairie qui borde la Voise. C'est le 2 août 1873 que les derniers de ces soldats repassèrent, dans la direction de Saint-Georges, une frontière non éloignée alors, mais aujourd'hui glorieusement reculée jusqu'au Rhin.

CONCLUSION

Nul ne s'étonnera de nous voir clore ici notre étude. Pour être incorporés à l'histoire, les faits ont besoin de lointain et il est toujours délicat de mettre en scène et de juger des personnalités qui peuvent encore exister.

De plus, notre région se trouve à un tournant décisif, qui en a grandement modifié l'aspect. Il est difficile, par exemple, d'établir un parallèle entre les temps que nous venons de décrire et le demi-siècle qui s'est écoulé après la guerre de 1870, tellement les idées, les mœurs et même les ressources matérielles ont changé. Ne faudrait-il pas abandonner notre optimisme, en constatant la mévente de la terre et de ses produits, la diminution de la population rurale par suite de l'abaissement de la natalité et de l'exode vers les centres industriels? Le malaise agricole, causé par la rareté de la main-d'œuvre, est particulièrement sensible dans notre région. La ville de Blâmont, elle-même, privée de ses tanneries et de sa forge, amoindrie dans sa population et dans son commerce, n'est plus l'industrieuse capitale d'autrefois. Quelles causes ont amené cette déchéance relative? Il serait peut-être délicat de le rechercher. Mieux vaut, pour conserver l'union, qui est une source de force, exprimer le confiant espoir que Dieu ramènera, dans un avenir prochain, les prospérités et les joies, qui nous ont souri dans le brillant passé que nous venons d'évoquer.

TABLE DES MATIÈRES

DEUXIÈME PARTIE

La Prévôté et le Bailliage

TROISIÈME PARTIE

Le District et les Cantons

QUATRIÈME PARTIE

Le Canton actuel de Blâmont

TABLE DES GRAVURES

PAGES

IMPRIMERIE VAGNER
3, RUE DU MANÈGE, 3
NANCY
8 — 30

www.ingramcontent.com/pod-product-compliance
Ingram Content Group UK Ltd.
Pitfield, Milton Keynes, MK11 3LW, UK
UKHW020141220726
13923UKWH00001B/296

9 782329 043043